AMOR EN ESPERA

AMOR EN ESPERA

ESPERANDO POR EL ESPOSO
ESPOSO
QUE DIOS TIENE
PARA TI

CINTIA STIRLING

ISBN 979-8-9856938-2-9 (Hardcover)
ISBN 979-8-9856938-0-5 (Paperback)
ISBN 979-8-9856938-1-2 (Digital)

Love on Hold
PO BOX 692207
San Antonio, TX 78269
www.loveonhold.com

Any italicization or words in brackets added to scripture quotations are the
author's additions for emphasis and clarity.

Printed in the United States of America
First Printing, 2022

Dedicado a mi amado esposo Caleb Stirling.
Gracias por motivarme a terminar este libro y creer en el llamado de
Dios para mi vida. Que Dios use nuestro testimonio para bendecir a
muchos.

AGRADECIMIENTOS

Agradezco a Dios y a su Espíritu Santo por haber inspirado el mensaje de este libro de principio a fin. Él puso sus palabras en mi corazón, yo solo las escribí en papel. Gracias por confiarme este proyecto.

Agradezco también a mi amado esposo Caleb, por haber creído en el llamado que Dios puso en mi vida. Sin tu apoyo, este libro no hubiera sido posible. Gracias por amarme; es un privilegio ser tu esposa.

A mis padres, Patricia y Cesar; es debido a su amor, consejo, sabiduría y corrección que recibí la bendición de un maravilloso esposo. Gracias por sus oraciones.

Por último, gracias a todas las mujeres que abrieron su corazón, y compartieron conmigo las historias que han sido incluidas en este libro. Que Dios use sus testimonios para dar esperanza, dirección y motivación a muchas mujeres solteras.

TABLA DE CONTENIDOS

Introducción xi

Capítulo 1: Primer Amor 1

Capítulo 2: Rindiendo tu Deseo de Amor 14

Capítulo 3: Orando por tu Futuro Esposo 28

Capítulo 4: Cuando la Respuesta de Dios Parece Tardar 42

Capítulo 5: Venciendo Tus Temores 50

Capítulo 6: El Espíritu de Orgullo y de Independencia 64

Capítulo 7: Las Tres Tentaciones que Vas a Enfrentar 74

Capítulo 8: Yugo Desigual 83

Capítulo 9: Atributos que Debes Buscar en un Esposo 96

Capítulo 10: La Verdad al Desnudo del Sexo Premarital 111

Capítulo 11: Dejando tu Pasado Atrás 128

Capítulo 12: Escuchando a Dios para Actuar en Fe 140

Capítulo 13: Encuentro Divino 154

Capítulo 14: No Sabía que Él iba a ser mi Esposo 169

Capítulo 15: La Honra a los Padres 184

Capítulo 16: Un Compromiso Mutuo de Pureza 201

Capítulo 17: Valió la Pena la Espera 213

Capítulo 18: Exhortaciones Finales 219

Invitación a Recibir Salvación 225

Preguntas de Discusión 229

INTRODUCCIÓN

Recuerdo la noche en que este libro fue concebido en mi corazón. Me encontraba en mi recámara, clamando a Dios, "¡Por qué, Señor! ¡Por qué! No puedo creer que tú hayas creado el amor así de complicado y doloroso." Estaba molesta y con el corazón hecho pedazos. A pesar de todos mis esfuerzos, no había logrado conseguir lo que más deseaba: encontrar un buen hombre de quien enamorarme y que me amara incondicionalmente. Estaba buscando a alguien que estuviera dispuesto a comprometerse, casarse conmigo y vivir juntos para siempre. ¿Acaso no es ese el sueño de toda mujer soltera? Bueno, pues ese era mi sueño también. Pero no estaba sucediendo.

Mi reloj biológico estaba avanzando. Me acercaba a esa edad, que yo había fijado en mi mente, en la que ya debería de haberme casado y pensaba, "Si no me caso antes de esta fecha, ya habré perdido la oportunidad de encontrar el amor y comenzar una familia." Estaba cansada de iniciar relaciones, crear esperanzas y ser decepcionada una y otra vez. "¿Qué estoy haciendo mal?" —Me preguntaba. "Señor, ¿Qué necesito hacer que no haya intentado ya? ¿Por qué ninguna de las relaciones que comienzo funciona? ¡Por favor, muéstrame! Voy a poner en tus manos esta situación por completo y esperaré a que tú me muestres qué hacer,"—le dije. "Te prometo una cosa: el día que me bendigas con un esposo, voy a escribir un libro para que toda mujer soltera conozca la manera en la que tú permites que suceda el amor entre dos personas."

Nunca imaginé que esos años como mujer soltera, eran precisamente la preparación de Dios, no solamente para presentarme al amor de mi vida, sino además, para inspirarme a escribir este libro.

No fue hasta que me armé de valor, y comencé a dar pasos de fe en obediencia a Dios, que conocí a mi esposo. Y no a cualquier esposo, sino al hombre que Dios había destinado para mí.

Todos deseamos hacer las cosas bien. Nadie inicia una relación esperando que no funcione, tampoco queremos casarnos con la persona equivocada. Lo que todos esperamos es encontrar ese amor incondicional que dura toda la vida y que parece tan escaso o inexistente en nuestros días. Si el deseo de tu corazón es hacer las cosas a la manera de Dios, buscando obedecer su voluntad, Él traerá a esa persona a tu vida, en su tiempo. Porque para Dios, nada es imposible.

Hacer las cosas a la manera de Dios, es toda una aventura que será un privilegio para ti como mujer soltera comenzar. Por algún tiempo, Dios pondrá tu *Amor en Espera* para equiparte y prepararte no solamente a ti, sino también al hombre que será tu futuro esposo. Una vez que el tiempo de Dios haya llegado, estarás lista para recibir, disfrutar y cuidar del amor con el que Él te habrá bendecido.

Posiblemente estés pensando: "¡Oh no! Ya no quiero esperar más. ¡He estado esperando por largo tiempo!" Tranquila, mi querida amiga, esta travesía de *Amor en Espera* es todo, excepto una espera pasiva. Es una preparación que requerirá esfuerzo, compromiso, perseverancia, valor, fe, acción y por supuesto, paciencia. Si quieres obtener lo mejor de Dios, no hay otra forma de conseguirlo. Tú puedes, sin embargo, buscar el amor y hacer las cosas a tu manera; pero ¿Cómo te ha ido hasta el momento en esa área? Aun si tu manera de hacer las cosas funciona, ¿Cuál crees que sea la posibilidad de lograr que tu relación sea exitosa de por vida y cuyo amor crezca y se fortalezca con el tiempo? Solo Dios puede lograr que eso suceda.

Tú no deseas que tu vida amorosa se desmorone por completo frente a tus ojos. Tampoco deseas tomar decisiones apresuradas solo porque sientes que tu reloj biológico está avanzando, o conformarte con alguien que Dios nunca planeó para ti. ¡No!, permite que tu Creador te dirija; que abra puertas para ti, y que cierre aquellas por las cuales nunca debiste haber entrado. Deja que Dios prepare de manera asombrosa ese maravilloso encuentro divino con el hombre que has soñado toda tu vida—tu esposo.

Si eres soltera, quiero que experimentes ese tipo de amor que es verdadero y que dura toda la vida; un amor que es capaz de vencer toda prueba. Este es el tipo de amor que Dios planeó para todos nosotros, ¡sí existe!, ¡puede ser en encontrado!, y lo más importante de todo es que tú lo mereces. Tal vez hayas atravesado ya por el dolor de varias rupturas amorosas. Quizá estás frustrada, desesperada y lastimada, y has llegado al punto de pensar que el amor verdadero es muy difícil de encontrar o que no existe en lo absoluto. Es posible que te hayas preguntado por qué ninguna de las relaciones en tu pasado ha funcionado y has sacado conclusiones tales como: "no soy suficiente," o "necesito esforzarme más." Pero la verdad de las cosas es que Dios nunca planeó que el amor fuera así de difícil.

Las luchas y retos amorosos que has enfrentado, y que la mayoría de los jóvenes solteros están enfrentando, son el resultado de seguir un modelo que simplemente no funciona; un modelo dictado por un mundo que está corrompido. El *noviazgo moderno* que hoy conocemos nunca fue parte del plan de Dios. ¿Por qué? Por las mismas razones que tú y yo ya conocemos—el noviazgo en la actualidad, es complicado y confuso; en este tipo de noviazgo no hay compromiso, y frecuentemente trae como resultado mucho dolor emocional y pecado. Existe un mejor modelo para encontrar el amor, uno que fue diseñado por Dios desde el principio de los tiempos; en el cual hay pureza, compromiso, honra y la intervención del Espíritu Santo. Y es justo lo que estás a punto de descubrir en este libro.

Escribí este libro pensando en toda mujer soltera. Si eres soltera, viuda, divorciada, vives en unión libre, o no has tenido una relación en mucho tiempo y estás activamente buscando pareja, este libro es para ti. Este libro está escrito tanto para las jovencitas que apenas están comenzando a explorar las avenidas del amor, como para las mujeres solteras más grandes; de treinta, cuarenta, y más años de edad. Yo sé que las experiencias de amor que cada una de nosotras hemos vivido son muy diferentes dependiendo de la edad, procedencia y cultura. Sin embargo, dos cosas son universales, nunca cambian y siempre funcionan sin importar cuál sea la situación; estas dos cosas son: la Palabra de Dios y la guía del Espíritu Santo. ¡Este libro está lleno de ambas!

Dios me ha dado una importante tarea; hablar su verdad en tu vida y ayudarte en tu travesía para encontrar el amor. Confío en que este libro será un recurso que estarás consultado frecuentemente y será indispensable en tu caminar como mujer soltera. Yo sé que conforme leas las páginas de este libro, te vas a sentir identificada. Espero que seas bendecida y motivada con las verdades bíblicas y las historias que aquí encontrarás. Espero que para cuando termines de leerlo, hayas decidido ya no continuar buscando el amor a ciegas, sino seguir con valor la dirección que Dios te estará dando. Atrévete a creer que Él orquestará y de manera maravillosa revelará tu historia de amor conforme tú camines en fe.

Con cariño,
Cintia Stirling

I

PRIMER AMOR

La decisión ya estaba tomada; sólo tenía que esperar tres meses más para graduarme de la Universidad, hacer mis maletas, y dejar atrás mi país, familia y amigos, y emprender el viaje hacia una nueva vida al lado del hombre que amaba.

Estaba enamorada, o al menos eso pensaba. La relación parecía prometedora: era emocionante, divertida y apasionada. Ambos éramos muy jóvenes, yo tenía veinte años y él veintitrés. Aunque la distancia nos separaba, nada parecía imposible ni complicado; estábamos determinados a luchar por nuestra relación.

Durante un viaje de estudios a Canadá, yo había conocido a este "verdadero amor." El plan que tenía en mente era vivir y trabajar en este país ilegalmente; al menos temporalmente, hasta que encontrara la manera de arreglar mis papeles para vivir ahí sin problemas.

No obstante, el plan de mudarme a Canadá presentaba algunos obstáculos. Primeramente, no tenía trabajo; y por falta de dinero, aún no me había sido posible comprar un boleto de avión. En segundo lugar, no tenía permiso para residir o trabajar en el país al que pensaba mudarme. En tercer lugar, no contaba con el apoyo ni el permiso de mis padres; para ellos, mi gran idea era algo completamente absurdo y riesgoso. Aun así, nada de esto me preocupaba, nada me iba a detener.

Mi plan era el siguiente: una vez que llegara a Canadá, viviría con mi novio para no tener que gastar en rentar un departamento; buscaría un trabajo por debajo del agua, tal vez en algún restaurant como mesera, o en algún club nocturno como bartender. Después me preocuparía por legalizar mi situación ¡Todo estaba resuelto! ... eso creía yo.

Me encontraba esperando ansiosamente el día de mi graduación con emoción y expectativa. Soñaba con el momento en que estaría al lado del hombre que me hacía feliz. Sin embargo, en el transcurso de esos tres meses, sucedió algo que cambió por completo mis planes y el rumbo de mi vida para siempre: conocí a Dios.

Mi encuentro con el amor transformador e incondicional de Cristo ocurrió en el año del 2006. Él se reveló a mi vida justo antes de que yo perdiera por completo el rumbo. Yo desconocía el peligro, y no había considerado las posibles consecuencias de mis planes; pero Dios lo conocía todo. Él conoce el fin desde el principio, y sabía que el camino que yo estaba por tomar no iba a traer nada bueno a mi vida.

Una tarde de primavera, sólo a un par de meses antes de empacar maletas y dejar atrás, casa y mi familia para siempre, escuché la voz de Dios por primera vez; Él me dijo lo siguiente:

"Cintia, mi hija, en este tiempo he estado trayendo rescate a tu vida. El enemigo ha venido y ha intentado seducir tus sentidos; y quiere desviarte de mis propósitos, presentándote un camino que aparentemente parece algo bueno, pero que el fin es perdición.

Tú has estado intentando caminar en esa dirección; y has sentido frustración porque ves que quieres avanzar y no has podido; hay obstáculos que te lo impiden. Eso que se interpone en tu camino, es mi mano que está tratando de detenerte para que no sigas adelante.

Mi hija: Yo tengo planes, planes de bien para ti. Si tú me rindes tus sueños, Yo abriré puertas de oportunidad, y un camino donde no lo hay. Yo concederé los deseos más profundos de tu corazón. Mientras tanto, quiero que seas dócil a mi mano, y que permanezcas en mi voluntad. Permanece en Mí, y Yo te daré el futuro que tú estas esperando.

Si escuchas mi voz hoy y permaneces en mi voluntad, un día tú estarás lista para partir; y sabrás que el tiempo ha llegado porque Yo te lo voy a revelar. Y Yo iré contigo y te bendeciré, porque tú pusiste tu confianza en Mí."

Mientras Dios me hablaba estas palabras, sentía un fuego que ardía en mi corazón. Antes creía haber conocido el amor con aquel joven en Canadá; pero ese sentimiento no se comparaba en lo más mínimo, al amor que Dios me estaba permitiendo sentir en Su Presencia. La voz de Dios era amorosa, llena de misericordia y compasión. Toda mi vida había caminado lejos de Dios, sin buscarlo, sin siquiera pensar en Él; pero Él no parecía estar molesto u ofendido por ello. Su voz me envolvió en un abrazo lleno de amor y perdón; como un padre amoroso, sentí que me abría sus brazos y me recibía como hija. Pero lo que Dios me estaba pidiendo en ese momento, era para mí sumamente difícil—dejar ir todos esos planes, esos sueños, ese amor, no parecía tener sentido. Mi corazón estaba en conflicto. Yo sentía que amaba a ese hombre, me producía dolor pensar en renunciar a esa relación; pero Dios me estaba advirtiendo que había peligro en la decisión que estaba a punto de tomar.

La Biblia dice:

> Hay caminos que al hombre le *parecen* rectos, pero que acaban por ser caminos de muerte. (Prov. 14:12, NVI)

Aunque mis planes parecían buenos para mí, si no estaban dentro de la voluntad de Dios, no iban a ser nada bueno en lo absoluto. Al contrario, iban a traer destrucción a mi vida. En su libro *¿Bueno o Eterno?*, John Bevere lo explica de esta manera:

No importa que tan bueno algo pueda parecer, que tan feliz te haga, que tan divertido sea, que tan rico o exitoso te hará, que tan profundamente espiritual luzca, que tan sensible parezca, que tan popular o aceptado sea—y la lista sigue y sigue. Si algo es contrario a la sabiduría (o Palabra) de Dios, será al final de cuentas algo perjudicial que traerá dolor a tu vida.[1] (24)

Dios me estaba dando una señal de alerta: "El enemigo está *seduciendo* tus sentidos." Satanás estaba usando conmigo la misma seducción que usó con Eva en el jardín del Edén. Dios le había dicho a Adán y a Eva que podían comer de todo árbol del huerto, excepto del árbol del conocimiento del bien y el mal. Satanás se presentó a Eva, la sedujo y la tentó a comer justo del árbol prohibido.

La mujer vio que el fruto del árbol era *bueno* para comer, y que tenía *buen aspecto* y era *deseable* para adquirir sabiduría, así que tomó de su fruto y comió. Luego le dio a su esposo, y también él comió. (Gén. 3:6, NVI).

Observa cuidadosamente lo que dice esta escritura. Cuando Satanás vino y tentó a Eva por medio de la seducción, el objeto de la tentación tenía tres características: era algo que parecía *bueno*, tenía *buen aspecto* y era *deseable*. Justo así lucía el hombre que conocí en Canadá del cual estaba enamorada. *Seducción* es la estrategia que el enemigo está usando hoy con muchos jóvenes solteros al presentarles hombres y mujeres que tienen apariencia de algo bueno, atractivo y deseable; pero que lo único que harán será desviarlos de los planes y propósitos de Dios.

Aun así, en ese momento, en el que yo tenía que tomar una decisión tan importante acerca de si irme o quedarme, todas estas cosas de la seducción y la tentación no eran tan claras y evidentes para mí como lo son ahora. En aquel tiempo, yo desconocía cómo trabajaba el enemigo. No sabía qué hacer. No quería dejar ir esa relación, pero tampoco quería desobedecer a Dios.

"Señor, ¿Realmente tengo que hacerlo?, ¿Realmente tengo que renunciar a todo esto?"—Me atreví a preguntarle a Dios. Posiblemente Dios podría arreglar las cosas y hacer que todo funcionara para bien.

"No, no tienes que hacerlo,"—me respondió. "La decisión es tuya."

Después de eso, ya no volví a escuchar la voz de Dios por algún tiempo, aun cuando volví a buscarlo muchas veces para recibir más respuestas. Tal vez, Él quedó en silencio a la espera de ver qué hacía yo.

Preguntas y pensamientos invadieron mi mente por varios días. Por una parte, estaba obstinada y quería seguir con mis planes; por otro lado, la emoción y expectativa que sentía al principio se habían esfumado por completo. Algo me había quedado muy claro: perseguir esa relación amorosa y dejar mi casa y mi país no estaba dentro del plan de Dios.

Transcurrido algún tiempo de lucha entre mi fe y mis emociones, finalmente tomé la decisión de entregarle todos mis planes a Dios; incluyendo esa relación. No sabía lo que Dios tenía preparado para mí más adelante, pero Él me había hecho una promesa: "Si me rindes tus sueños, yo abriré puertas de oportunidad y abriré camino donde no lo hay. Yo concederé los deseos más profundos de tu corazón." El deseo más profundo de mi corazón en aquel momento era conocer a un hombre que me amara profunda e incondicionalmente y al cual yo amara de la misma manera. Yo pensaba que ese anhelo sería satisfecho en la relación en la cual me encontraba; sin embargo, Dios me estaba mostrando que no sería así. Él quería entregarme algo mejor.

Decidí entonces poner mis ojos en la promesa que Él me estaba haciendo, y dejar ir ese amor que había estado persiguiendo. A partir de ese momento, mi enfoque ya no fue perseguir el amor de un hombre, sino conocer y profundizar en el amor de Aquel que me amó a mi primero.

TU PRIMER AMOR COMIENZA CON DIOS

He comenzado este libro compartiendo la primera parte de mi historia, porque sé que el mensaje que Dios me dio en el 2006, es el mismo mensaje que Él tiene para cada una de sus hijas solteras el día de hoy— un mensaje de *amor*, de *rescate*, de *esperanza* y de *promesa*.

Sé que hay muchas mujeres que posiblemente se identifican con ese profundo deseo que yo tenía cuando era una mujer soltera; encontrar el amor. Han estado buscando el amor por todas partes desesperadamente sin poder encontrarlo. Algunas lo han dejado todo para ir tras su búsqueda y han sido profundamente lastimadas; otras, tal vez se encuentran en una relación angustiante en la que no se sienten amadas, ni valoradas; y otras más, se encuentran en relaciones complicadas, en las que no saben qué hacer.

En los años subsecuentes a que yo le entregara a Dios esa relación, descubrí que Él es el único que puede realmente saciar el hambre y sed de amor que todas tenemos. Antes de que Dios me entregara a mi esposo, primero me enseñó a amarlo, a encontrar mi contentamiento en Él y a poner en sus manos mi deseo de experimentar el amor en pareja.

Después de algunos años, se llegó el tiempo en el que Dios consideró oportuno entregarme su promesa: un esposo que venía de su parte. Para cuando se llegó ese momento, yo ya había sido transformada en una mujer que sabía encontrar su plenitud emocional en Dios y no en los brazos de un hombre. La mujer necesitada, desesperada e inestable emocionalmente que yo era antes, se había esfumado. Dios había sanado todas las heridas de mi pasado. Estaba lista para amar con plenitud, para avanzar sin temor, y para abrazar con fe y con gratitud la bendición del esposo que Dios me estaba entregando.

La necesidad de amor brota de lo más profundo de nuestro ser, puesto que hemos sido creadas a imagen y semejanza de Dios; y Dios es amor. *Nuestra primera relación de amor no debería de comenzar con un hombre, sino con Dios. Dios nos creó solteros para que podamos conocerlo profundamente poniendo toda nuestra atención en Él, para amarlo completamente sin un corazón dividido, y para hacernos uno con Él antes de hacernos uno con otra persona.* Su plan desde el principio ha sido vivir en una íntima y cercana relación con nosotros.

Dios conoce perfectamente nuestro anhelo de ser amadas, de tener un esposo que nos brinde afecto y nos proporcione protección. Él conoce nuestra necesidad de tener relaciones sexuales e intimidad; pero Él también sabe que no estaremos listas para disfrutar ninguna de estas cosas y apreciarlas en la plenitud de como Él las diseñó, a menos que primero seamos llenas y transformadas por Su amor.

Adán fue el primer hombre soltero en la historia de la creación. Dios había creado macho y hembra de cada especie, pero Adán era un hombre soltero. La Biblia dice que para Adán no se había encontrado compañera, ni ayuda adecuada para él (Gén. 2:20). ¿Acaso Dios había olvidado a Eva? La historia nos puede hace pensar que Dios no se dio cuenta de que Adán necesitaría una compañera, sino hasta más tarde; pero ese no fue el caso. Dios no se olvida de nada; Él conoce el principio y el fin. Eva siempre estuvo en la mente de Dios como la compañera de Adán, desde antes de que Adán fuera creado. *Dios creó al hombre primero y le presentó a su mujer después, a propósito; a fin de que el hombre aprendiera primero a conocer, amar y a obedecer a su Creador.* Era necesario que Adán primero profundizara en su relación con Dios, a fin de llevar a cabo el propósito para el cual había sido creado y a fin de estar listo para recibir la bendición de Eva.

Eva, por su parte, iba a necesitar un hombre que supiera buscar, escuchar, y obedecer a Dios; puesto que ella iba a estar bajo el cuidado, protección y autoridad de Adán.

Desde el principio de la creación, Dios reveló un orden muy importante: la relación entre Dios y el hombre, tomó lugar primero; la relación entre el hombre y la mujer, tomó lugar después.

Quizá has pasado largo tiempo buscando el amor de una pareja por todas partes; de cualquier forma, no será hasta cuando inicies una íntima y personal relación con Dios, que conocerás el amor verdadero; solo entonces, es que podrás llegar a ser capaz de amar con el tipo de amor que Dios te ha amado, y experimentar el amor en pareja como Dios lo diseñó: puro, apasionado, libre de temor, completo e incondicional.

EL MATRIMONIO ES EL PLAN Y DISEÑO DE DIOS

Si has sido soltera por largo tiempo, posiblemente te hayas preguntado si estás destinada a casarte algún día. Esta pregunta existe en la mente de muchos solteros. Yo me la hice varias veces durante el curso de mi soltería, a pesar de que Dios me había dado una promesa de que algún día, Él me bendeciría con un esposo. Sin embargo, conforme los años pasaban y yo seguía sin ver esa promesa cumplida, mi fe en ocasiones se tambaleó y se vio atacada por la duda. La idea de quedar soltera para toda la vida no estaba dentro de mis planes; pero no descartaba que existiera esa posibilidad.

El pensar que podía quedar sola para siempre me hacía sentir triste y angustiada. "¿Será posible que Dios no tenga planeado darme un esposo aun y cuando yo deseo casarme?" "¿Por qué pondría Dios en mí el deseo de casarme, si no habría de cumplirlo?"— me preguntaba. Conforme estudié la Biblia y aprendí que Dios dice que el matrimonio es su plan y su diseño, comencé a cambiar mi manera de pensar, y a dejar las dudas a un lado. Empecé a declarar las promesas que encontraba en Su Palabra y a creer en que esas promesas se llevarían a cabo en mi vida. Empecé a orar conforme a lo que Dios había hablado a mi corazón y no de acuerdo a las dudas y temores que el enemigo estaba sembrando en mi mente acerca de un futuro lleno de soledad y tristeza.

> —¿No han leído —replicó Jesús— que en el principio el Creador "los hizo hombre y mujer", y dijo: "Por eso dejará el hombre a su padre y a su madre, y se unirá a su esposa, y los dos llegarán a ser un solo cuerpo"? (Mat. 19:4-5, NVI)

Jesús dijo que el diseño de Dios desde el principio de la creación fue que el hombre y la mujer se unieran en matrimonio. El matrimonio es una representación del amor de Cristo (el esposo) por su iglesia (la esposa). Cuando un hombre y una mujer se unen en matrimonio, están glorificando a Dios. Dios creó el matrimonio para que cuando el hombre y la mujer se hagan uno solo, ellos reflejen en esa unión el amor de Cristo por su iglesia (Ef. 5:25-27).

Sin embargo, la Biblia describe cuatro casos en los que algunas personas no llegarán a casarse. El primer caso es debido a una falta de *madurez*. Cuando la Biblia habla de madurez, se refiere a nuestro crecimiento espiritual como creyentes en Cristo.

> Jesús dijo, "No toda persona tiene la *madurez suficiente* para casarse. Se requiere de cierta actitud y gracia. El matrimonio no es para todos." (Mat. 19:11, MSG).

Tener la madurez suficiente y el carácter necesario para asumir la responsabilidad de un matrimonio es clave para poder recibir esa bendición. Dios es la fuente de la verdadera sabiduría y madurez. Conforme nos acerquemos a Él y obtengamos conocimiento de Su Palabra, y apliquemos verdades espirituales en nuestras vidas, estaremos recibiendo la madurez necesaria para obtener cada promesa y bendición que Él quiere entregarnos. Mi objetivo durante el curso de este libro es precisamente que adquieras sabiduría proveniente de la Palabra de Dios concerniente a la soltería y el matrimonio.

Los otros tres casos en los que una persona permanecerá soltera se deben a un *don de continencia* (o celibato), y se explican en la siguiente escritura:

> Algunos desde nacimiento, nunca contemplaron la idea de casarse. Otros nunca fueron pedidos o aceptados. Y otros decidieron no casarse por razones del reino. Pero si ustedes son capaces de crecer en la largura del matrimonio, entonces cásense. (Mat. 19:12, MSG)

En el primer caso, algunas personas no se casarán simplemente porque nunca lo han deseado, ellos nacieron con una predisposición natural a quedar solteros. El segundo caso se trata de personas que no serán pedidas en matrimonio debido a alguna condición que se los impide. Y el tercer caso se trata de personas que han decidido apartarse de manera voluntaria para dedicar su vida a servir a Dios. La Biblia menciona que, si alguien tiene el *don de continencia* por alguno de estos tres casos y decide no casarse, él o ella hacen bien en quedar solteros, porque de esta manera podrán poner su atención completa en ocuparse de las cosas de Dios y de cómo agradarlo (1 Cor. 7:32-34).

Sin embargo, pienso que si tú tienes este libro en tus manos, es porque deseas encontrar el amor; deseas casarte. Eso quiere decir que tú no tienes el *don de continencia*. Por lo tanto, a no ser por falta de *madurez espiritual,* es el plan y diseño de Dios que tú tengas un esposo.

UNA ESPERANZA Y UNA PROMESA DE AMOR

Dios no diseñó el amor para que fuera tan complicado como lo conocemos hoy en día. Nosotros hemos complicado el amor porque no estamos buscando a Dios en el proceso. De cualquier forma, para todo aquel que busca y anhela encontrar el amor en pareja y recibir la bendición del matrimonio, hay *esperanza*; y la Biblia está llena de *promesas* de bendición.

La Esperanza

> Yo sé los planes que tengo para ustedes, planes para su bienestar y no para su mal, a fin de darles un *futuro* lleno de *esperanza.* Yo, el Señor, lo afirmo. (Jer. 29:11, DHH)

Dios tiene planes de bien para darnos un futuro y una esperanza. Estas dos palabras tienen un gran significado en sí mismas. *Futuro* significa que la historia aún no se ha terminado. *Esperanza* significa que existe algo mejor que Dios tiene reservado para aquellos que confían en Él. En esta escritura Dios nos garantiza que Él tiene el poder para transformar nuestro mañana y darnos un futuro lleno de bien. No importa cuáles sean tus circunstancias presentes, ni tampoco cuál sea tu pasado. Dios es capaz de darte precisamente aquello que tu corazón tanto ha anhelado. Sin embargo, los planes que Dios tiene para nosotros no se dan por sí solos. Es necesario buscarlo a Él a fin de que sus pensamientos y sus caminos nos sean revelados.

Es alarmante ver lo que está sucediendo alrededor del mundo entre jóvenes solteros que están intentando encontrar el amor. Un estudio reveló que, "En promedio, una mujer soltera besará alrededor de 15 hombres, tendrá siete compañeros sexuales durante su vida, tendrá cuatro encuentros sexuales de una sola noche, se enamorará al menos dos veces, tendrá dos relaciones de larga duración, vivirá con al menos una de sus parejas, y le romperán el corazón al menos dos veces antes de encontrar al hombre indicado."[2] Estas estadísticas revelan que, para la mayor parte de la gente, no solamente es muy difícil encontrar el amor, sino que también es un proceso complicado que normalmente lleva consigo mucho dolor y sufrimiento.

Por otra parte, para aquellos que han tenido éxito en encontrar el amor y casarse, numerosos reportes demuestran que cerca del cincuenta por ciento de todos los matrimonios en Estados Unidos están terminando en divorcio o separación. Y no entremos en los detalles de lo altamente disfuncionales que son otros matrimonios que no han llegado aún al punto del divorcio.

Dentro de la población soltera encontramos también estadísticas devastadoras. En América, "El número de padres que viven juntos sin casarse se ha triplicado en las últimas dos décadas, y cerca de la mitad de los niños nacidos son hijos de madres solteras."[3] "El sesenta y siete por ciento de los americanos piensa que el sexo antes del matrimonio es moralmente aceptable."[4] "Más del sesenta por ciento de mujeres han tenido dos o más parejas sexuales antes de casarse. Y estadísticas ahora demuestran que sólo el cinco por ciento de las novias son vírgenes."[5]

¿Piensas tú, que esto era el plan de Dios? ¡No, no era parte de Su plan en lo absoluto! Dios dice en su palabra:

> Mi pueblo está siendo destruido porque no me
> conoce. (Os. 4:6, NTV)

Cuando no hay conocimiento de Dios y de Su Palabra, y nuestros planes se sobreponen a sus planes, el resultado es sufrimiento, calamidad y destrucción.

Conforme estoy escribiendo este libro, casi se cumplen doce años del día en que Dios me habló para advertirme, que la decisión que estaba por tomar me iba a llevar rumbo al fracaso. ¿Qué hubiera pasado si no hubiera buscado a Dios en aquel entonces? ¿O si no hubiera obedecido su voz? Seguramente me hubiera ido de mi casa, mudado de país, hubiera vivido en unión libre con ese joven, hubiéramos tenido sexo premarital, posiblemente pudiera haber quedado embarazada y eventualmente nos hubiéramos separado; ambos lastimados, con nuestro corazón hecho pedazos, convirtiéndonos así en una estadística más, siguiendo el modelo corrompido del mundo. Y la historia sigue y sigue. Todo hubiera sido un completo desastre. Pero Dios me detuvo porque tuvo misericordia de mí. Él me reveló que tenía un mejor plan, un futuro con planes de bien para darme más de lo que yo estaba esperando; y yo abracé esa esperanza.

Dios también tiene un futuro de bien para ti, preciosa mujer soltera. No importa cuál sea tu pasado o tu presente; Él puede transformar tu mañana y darte el futuro que estas esperando. Para Dios nunca es demasiado tarde para traer rescate, sanidad y restauración.

La Promesa

> Busquen el reino de Dios por encima de todo
> lo demás y lleven una vida justa, y él les dará todo lo
> que necesiten. (Mat. 6:33, NTV)

La Biblia está llena de preciosas y grandiosas promesas. En las escrituras podemos encontrar promesas de descendencia, de provisión económica, de liberación, de sanidad, de restauración, de un mejor futuro, de salvación. Pero en ninguna parte podemos encontrar una promesa ligada específicamente a la provisión de un esposo o una esposa. No obstante, lo que la Palabra de Dios sí dice, es que Dios nos dará *todo lo que necesitamos*, conforme busquemos primeramente: Su reino y Su justicia.

Para muchos, tener alguien a quien amar, y de quien recibir amor, es una necesidad y profundo deseo del alma. Esta necesidad de amor, también va comprendida dentro de las cosas que Dios promete que nos serán dadas, vendrán como resultado de buscarlo a Él primeramente.

Las promesas de Dios, especialmente aquellas que impactarán tan grandemente nuestra vida, como lo son un esposo, un hijo deseado, una carrera o un ministerio, pueden tomar tiempo en cumplirse. Es posible que para nosotros parezcan estar tomando mucho tiempo, pero no lo es así para Dios. De hecho, *si esperamos paciente y confiadamente en los tiempos de Dios, alcanzaremos y obtendremos muchas más cosas y bendiciones en una fracción de nuestra vida, que lo que pudiéramos alcanzar u obtener sin Dios durante el curso de toda ella.* Dios todo lo hace con un plan y un propósito, sea que lo podamos entender o no. Él primero nos preparará para estar listos para recibir sus promesas, para que cuando Él nos las entregue, las sepamos valorar y cuidar, y no las echemos a perder.

Tal vez tú estás enfrentando muchos de los retos que como mujer soltera yo enfrenté. Es por eso que entiendo perfectamente que tu travesía por encontrar el amor no ha sido fácil. ¡Pero anímate querida mujer de Dios!, no pierdas la esperanza. Estás por descubrir el plan de amor que Dios tiene para ti en los próximos capítulos. Todo lo que he aprendido por medio de mi experiencia personal en mi caminar con Dios, y lo que he aprendido de tantas mujeres solteras que compartieron sus historias conmigo, lo he capturado en este libro. Es mi oración que la Palabra de Dios derribe ideas y conceptos equivocados que tienes acerca del amor, y que te de la dirección que necesitas para estar lista para recibir la bendición de un esposo.

2

RINDIENDO TU DESEO
DE AMOR

Ahí me encontraba yo, lo había rendido todo a Dios: mi vida, mi relación, mis planes, anhelos y deseos. Ya no tenía nada más a que aferrarme, solo a la esperanza y a la promesa que Dios me había dado. Sentía que era el fin de todo lo que había soñado; pero estaba equivocada. La rendición era solo el comienzo de un proceso transformador que Dios estaba llevando a cabo en mí—un proceso que casi todo creyente tendrá que atravesar a fin de ver la voluntad de Dios hecha en sus vidas.

Rendir significa someter tu voluntad, tus planes, caminos, sueños y deseos a Dios; a fin de que su voluntad se lleve a cabo. La expresión "rendir" es comúnmente usada entre creyentes; sin embargo, la Biblia usa otro tipo de expresiones, tales como: "ofrecer," "sacrificar," "entregar," "someter," "tomar tu cruz," y "negarte a ti mismo." Todas estas expresiones describen lo que significa el *rendimiento* a Dios. Cuando Dios te pide que le rindas algo, lo que Él te está diciendo básicamente es lo siguiente: "Deja este asunto en mis manos, permite que Yo tome el control y haga las cosas por ti."

Creo que casi todo joven soltero que se acerca a Dios, va a atravesar en algún momento de su vida, por el proceso de tener que rendir una relación, si se encuentra en ella; o rendir el deseo de estar en una relación, si es que no la tiene. Tal vez esto no parezca tener sentido para ti, e inclusive te resulte emocionalmente difícil. Pero Dios sabe lo que es mejor para tu vida. Cuando tú rindes algo a Dios, estás confiando en que tanto sus planes, como sus caminos, traerán un mejor resultado al que obtendrías, si haces las cosas a tu manera.

LA DESOBEDIENCIA ES UN OBSTÁCULO

Es muy importante obedecer a Dios cuando te pide rendirle una relación. La desobediencia se convertirá en el primer obstáculo para recibir las promesas que Él tiene preparadas para ti.

Veamos la historia de Casey:

* * *

Casey es una joven de treinta y un años, que se encontraba en una relación de larga duración. Ella deseaba casarse con el joven con quien llevaba un noviazgo de varios años, y oraba constantemente para que eso sucediera. Sin embargo, había algo en la relación que no estaba del todo bien; el joven siempre evadía hablar acerca de matrimonio. A veces él se mostraba muy comprometido con la relación, y en otras ocasiones se mostraba totalmente indiferente; a veces se mostraba cerca, en otras ocasiones se mostraba distante. Esto dejaba a Casey muy confundida.

Conforme pasó el tiempo, las cosas en la relación no mejoraron. Ella comenzó a orar y a buscar la dirección de Dios en este asunto y a pedir consejo a sus padres. De varias formas Dios le mostró que ese joven no era la voluntad de Él para su vida, y que ella debía de rendirle esa relación. Después de un tiempo de lucha contra sus emociones, Casey decidió confiar en Dios y entregarle ese noviazgo.

Los siguientes meses fueron muy difíciles; ella se sintió devastada y con el corazón destrozado. El hombre con quien ella había tenido un noviazgo de tantos años, no luchó por ella en lo absoluto; lo cual solo confirmó los temores que ella tenía de que él la estaba haciendo perder su tiempo.

Un año más tarde, Casey conoció a alguien que eventualmente se convertiría en su esposo. La relación con este hombre distaba mucho de la relación que ella había dejado atrás. Este joven la cortejó, luchó por ella, la llenó de atenciones, la respetó, y además honró a sus padres cuando él les pidió permiso de ser novio de su hija. Actualmente ella se encuentra felizmente casada con un hombre que la adora. Ella nunca se imaginó que sería tan feliz y que Dios la bendeciría con un esposo tan especial.

* * *

De la historia anterior podemos aprender varias cosas. Si Casey no hubiera rendido su relación a Dios, ella no habría estado lista y disponible para conocer al hombre que Dios le tenía preparado. Casey podría haber desperdiciado valiosos años de su vida en una relación que iba a terminar en nada. ¡Cuántos jóvenes solteros cometen este gran error! Cuánto tiempo irrecuperable de sus vidas se pierde en relaciones que no valen la pena.

Por medio de su obediencia, Casey le demostró a Dios, que para ella era más importante agradarlo a Él, haciendo Su voluntad, que satisfacer su profundo deseo de seguir en esa relación. Su fe estaba puesta completamente en Dios y no en sus circunstancias. Ella no se dejó dominar por su temor de quedar sola para siempre, ni de la edad que tenía. Por último, vemos que Dios bendijo la fe y la obediencia de Casey, trayendo un hombre a su vida que excedía por mucho todas sus expectativas. Ella se dio cuenta de que lo que había dejado ir, no se comparaba a la bendición que Dios tenía para ella.

PROBADA, MOLDEADA Y FORTALECIDA

Cuando rendimos por completo a Dios todo lo que somos, lo que tenemos y lo que anhelamos, bendiciones y recompensas vendrán como resultado. Hay tres cosas que suceden en el tiempo de rendición: tu fe va a ser probada, tu carácter va a ser moldeado, y tu confianza y dependencia en Dios serán fortalecidas.

Tu fe será probada

Estas pruebas demostrarán que tu *fe* es auténtica. Está siendo *probada* de la misma manera que el fuego prueba y purifica el oro. (1 Pe. 1:7, NTV)

En toda la Biblia, podemos encontrar muchos ejemplos en los que Dios *probó* la fe de hombres y mujeres, antes de que Él cumpliera sus promesas y les entregara la bendición que ellos estaban esperando. En Génesis 22, Dios probó la fe y la fidelidad de su siervo Abraham, cuando le pidió que le entregara por medio de un sacrificio a su único hijo Isaac.

Muy seguramente, el corazón de Abraham se entristeció con gran dolor. Tal vez, Abraham se haya preguntado: "¿No me había prometido Dios que me daría una gran descendencia? ¿Cómo podrá ser esto posible, si me está pidiendo que le sacrifique a mi único hijo Isaac?" La Biblia nos dice que, a la mañana siguiente, muy temprano, Abraham fue al lugar donde Dios le había mostrado que tendría que sacrificar a su hijo. Abraham no demoró, no se quedó meditando varios días en si iba a hacerlo o no; tampoco entró en razonamientos para sacarle la vuelta al asunto. Él simplemente *obedeció*.

Dios nunca tuvo en mente quitarle su hijo a Abraham; de hecho, Dios detesta los sacrificios humanos. Lo que realmente Dios quería, era *probar* la fe y la fidelidad de Abraham, y asegurarse de que Abraham no se *negaría* a obedecerle. Esto demostró que Abraham amaba a Dios sobre todas las cosas, aun por encima del gran amor que sentía por Isaac.

Al final, Dios *proveyó* un carnero; y Abraham lo ofreció en sacrificio, en lugar de su hijo (Gén. 22:13-14). *Cuando Dios te pide que le rindas algo, es porque Él ya tiene una provisión lista para ti.* Dios proveerá. Él no se quedará con nada que tú le hayas entregado, sin recompensar tu fe, tu obediencia y tu fidelidad.

> Luego el ángel del Señor volvió a llamar a Abraham desde el cielo. "El Señor dice: Ya que me has *obedecido* y no me has *negado* ni siquiera a tu hijo, tu único hijo... ciertamente te bendeciré. Multiplicaré tu descendencia hasta que sea incontable... y mediante tu descendencia, todas las naciones de la tierra serán bendecidas. Todo eso, porque me has obedecido." (Gén. 22:15-18, NTV)

El sacrificio más grande de Abraham fue su *obediencia*. Dios se complació cuando vio que Abraham lo amaba y confiaba plenamente en Él. Tanto era el amor y la confianza que Abraham tenía en Dios, que estaba dispuesto a entregarle lo que más amaba—el hijo prometido, por el cual había esperado tantos años.

Quiero que tomes un momento y reflexiones en lo siguiente: ¿Quién es tu Isaac?, ¿Qué es aquello que se interpone entre tú y Dios, y que está compitiendo por el lugar que solo a Él le corresponde en tu corazón? Tal vez sea una relación en la que te encuentras, o tu deseo de estar en una relación. Posiblemente, sea algo que es sumamente importante para ti. Sea lo que sea, si Dios te lo pidiera ¿Estás lista para entregárselo?, ¿Estás dispuesta a dejarlo ir y permitir que Dios haga su voluntad en tu vida?

Volviendo a mi historia acerca del hombre que conocí en Canadá, del cual estaba enamorada, yo pude ver que esa relación se había convertido en "mi Isaac." Era una relación que yo valoraba demasiado, y que no quería perder. No deseaba entregársela a Dios; sin embargo, esa relación estaba compitiendo por el lugar en mi corazón, que le corresponde solo a Él. Cuando entendí que Dios me estaba pidiendo que le rindiera esa relación, yo sabía que Él tenía el poder para devolverme aquello que yo le estaba entregando, si esa era su voluntad, o sustituirlo por algo mejor.

La razón por la cual yo sabía que tenía que entregar esa relación a

Dios, era porque estaba en pecado y en yugo desigual; ese hombre no era creyente, ni tenía interés de serlo. Todas estas cosas demostraban que él no era lo que Dios quería para mí. Yo podía decidir continuar en esa relación, pero sabía que caminar fuera de la voluntad de Dios es pecado. Por lo tanto, habría consecuencias, y su bendición no estaría ahí.

Yo entregué mi Isaac (mi relación) a Dios, y Él no me la regresó; pues Él sabía que eso no era lo mejor para mí. Dios, en cambio, me recompensó con un maravilloso esposo años más tarde. Esto no habría sido posible, si yo no hubiera estado dispuesta a rendir mi deseo de amor a Él.

Cuando tú rindes algo o alguien a Dios, debes de estar lista para dejarlo ir por completo y ponerlo en sus manos, sabiendo que pueden ocurrir dos cosas: Dios puede devolverte lo que le entregaste, pero en una forma trasformada, mejorada y restaurada; o puede que Dios te entregue algo totalmente diferente, algo mucho mejor y más grande de lo que tú tenías. En ambos casos, Él *proveerá*. La bendición de Dios vendrá como resultado de tu obediencia.

Tu carácter será moldeado

> Porque ustedes saben que, siempre que se pone a prueba la fe, la *constancia* tiene una oportunidad para desarrollarse. Así que dejen que crezca, pues una vez que su constancia se haya desarrollado plenamente, serán *perfectos* y *completos*, y no les faltará nada. (Sant. 1:3-4, NTV)

Cuando Dios prueba nuestra fe, lo hace con un propósito—que seamos *constantes*; es decir, que perseveremos. La palabra *perseverancia*, proviene de la palabra griega *hypomenō*, que significa, "soportar con paciencia."[6] Una de las cosas más difíciles cuando rendimos algo a Dios, es perseverar durante el tiempo de espera con la actitud correcta: confiando en Dios, orando constantemente, y manteniéndonos firmes a pesar del desánimo, los obstáculos y las dificultades. Este es precisamente el tipo de carácter con el cual Dios quiere formarnos, antes de que Él nos confíe los planes grandes y maravillosos, y las preciosas promesas que tiene para nuestra vida. La perseverancia producirá en nosotros un *carácter* que agrada a Dios.

A menudo pensamos que Dios va a responder en nuestro tiempo y a nuestra manera. Cuando esto no sucede, perdemos ánimo, nos desalentamos, y llegamos a enojarnos con Dios si no vemos una respuesta inmediata a nuestras necesidades y deseos. Pero la realidad de las cosas es que Dios nunca llega tarde. Dios usa el tiempo de espera, si nos rendimos a Él, para desarrollar *madurez* en nosotros.

Si decimos que hemos rendido algo a Dios, y después nos quejamos de que no hemos recibido una respuesta de parte de Él, es como si no hubiésemos rendido nada. Cuando rendimos, es necesario confiar en que Dios hará la obra, que Él proveerá, y que Él abrirá un camino de bendición en su tiempo perfecto y a su manera.

Nosotros podemos retrasar el recibir la promesa, cuando nuestra actitud no es la que Dios desea que tengamos durante el tiempo de espera—una actitud de gratitud, obediencia y completa confianza en Él. Para ilustrar esto, podemos aprender de la travesía de los Israelitas por el desierto. Dios había libertado al pueblo de Israel de vivir bajo el yugo de la esclavitud. El pueblo de Israel había vivido cuatrocientos años bajo opresión, maltrato, crueldad y sufrimiento, por parte de los egipcios. Dios habló a los israelitas y les dijo que los sacaría de Egipto, y que los llevaría a una tierra próspera, fértil y espaciosa donde ya no serían esclavos; la *Tierra Prometida* (ver Éxod. 3:7-8).

Sin embargo, para llegar a esa "Tierra Prometida", el pueblo de Israel tenía que cruzar un desierto. Sería un camino difícil, pero no muy largo. Conforme los Israelitas emprendieron el viaje por el desierto hacia la promesa de Dios, comenzaron a quejarse. El camino por el desierto no estaba libre de pruebas. El corazón del pueblo de Israel se volvió obstinado y se rebelaron contra Dios.

—¿Por qué nos trajiste aquí a morir en el desierto?

¿Acaso no había suficientes tumbas para nosotros en Egipto? ¿Qué nos has hecho? ¿Por qué nos obligaste a salir de Egipto? ¿No te dijimos que esto pasaría cuando aún estábamos en Egipto? Te dijimos: "¡Déjanos en paz! Déjanos seguir siendo esclavos de los egipcios. ¡Es mejor ser un esclavo en Egipto que un cadáver en el desierto!" (Éxod. 14:11-12, NTV)

Esta historia se asemeja en muchas maneras a la travesía de la persona soltera. Hay solteros que se comportan exactamente como los Israelitas. Ellos ponen su confianza en Dios, y creen que Él va a bendecirlos en su tiempo con un esposo o esposa. Pero después comienzan a desalentarse cuando ven que la promesa está tomando tiempo en llegar. Pierden la fe y se apartan de Dios. Dejan de esperar con la actitud correcta. En lugar de ser obedientes, hacen las cosas a su manera: se involucran en nuevas relaciones sin buscar la dirección de Dios, sostienen relaciones sexuales fuera del matrimonio, y hacen muchas cosas que a Dios no le agradan. Y después se preguntan por qué siguen solos, por qué Dios no los ha bendecido, por qué las relaciones que inician no están funcionando. Son como el pueblo de Israel, se quejan y se rebelan contra Dios y dicen:

¿Para qué me pediste que te entregara mi relación?, ¿No me habías prometido un esposo? Ya me imaginaba que esto iba a pasar, mejor me hubieras dejado como estaba. ¡Era mejor tener una relación, aunque con problemas, que quedar solo! (Versión parafraseada de Éxodo 14:11-12 aplicado a *Amor en Espera*).

Si somos inconstantes, si no esperamos con paciencia, y no nos esforzamos en tener el carácter y la actitud correcta durante el tiempo de espera, nosotros mismos retrasaremos nuestras bendiciones; no alcanzaremos nuestra *Tierra Prometida*.

Mi querida mujer soltera, ¿no te ha mostrado Dios su gloria y su misericordia? No permitas que tu desobediencia y tu terquedad te lleven a retardar o perder lo que Dios te ha prometido. Aun cuando obres en tus propias fuerzas y consigas obtener a un hombre que se quede a tu lado, tal vez, sin darte cuenta, estés dejando ir para siempre el esposo que Dios había preparado para ti. Tal vez termines con alguien que no estaba destinado a ser tu esposo, o que no se compara en nada a la bendición que Dios había planeado para tu vida.

El propósito principal de esperar en Dios, es morir a los deseos de nuestra carne. Es dejar ir aquello que nosotros queremos, en el tiempo y en la manera en que lo queremos, para que Dios sea exaltado y glorificado, y nuestra dependencia en Él sea completa. Este tiempo de espera, traerá como resultado que nuestro corazón sea purificado, y que nuestro carácter sea moldeado, para que refleje cada vez más el carácter de Cristo—un carácter lleno de amor, manso, apacible, humilde y totalmente sometido a la voluntad de Dios.

Tu confianza y dependencia en Dios serán fortalecidas

> El Señor su Dios marcha al frente y peleará por ustedes, como vieron que lo hizo en Egipto y en el desierto. Por todo el camino que han recorrido, hasta llegar a este lugar, ustedes han visto cómo el Señor su Dios los ha guiado, como lo hace un padre con su hijo. (Deut. 1:30-31, NVI)

En efecto, el desierto es un lugar de sequedad y de necesidad, un lugar de aislamiento y soledad. A lo largo de nuestra vida, Dios nos llevará por desiertos espirituales, a fin de que fortalezcamos nuestra confianza y dependencia en Él. En la travesía por el desierto, podemos tener plena confianza de que no estamos solos. Él nos guiará y nos sostendrá a lo largo del camino, como un padre cuida a su hijo, hasta llevarnos a nuestra Tierra Prometida.

La soltería a veces es semejante a caminar por un desierto debido a la soledad, expectativas no alcanzadas y dolor emocional. No es fácil ser soltero, especialmente conforme nuestra edad avanza. Sin embargo, la soltería es una etapa de bendición que Dios diseñó. Durante la soltería, Dios nos prepara y equipa para los propósitos que Él tiene para nuestro futuro.

¿Has conocido a alguien, usado grandemente por Dios, que no haya tenido primero que atravesar por un tiempo de espera; o haya tenido que rendir primeramente sus planes a Dios? En la Biblia, vemos innumerables ejemplos de personas que tuvieron que atravesar por tiempos de aislamiento en sus vidas, por pruebas y dificultades. Jesús mismo fue llevado al desierto por cuarenta días, antes de que pudiera consumar su obra de redención de la humanidad; y en el desierto, fue probado. Tal parece ser, que todo aquel que quiera ser usado grandemente por Dios, tendrá primero que atravesar por un tiempo de espera, un tiempo que parece ser de soledad, pero que no se trata de otra cosa, más que de un tiempo de apartamiento y de preparación.

Desde el momento en que le entregué a Dios mi vida, hasta el momento que Dios me entregó a mi esposo, pasaron en total siete años. Durante todos esos años, estuve orando por mi esposo. La espera no fue fácil; tuve momentos en los que perdía la esperanza. Me sentía deprimida, me atormentaba el temor de quedar sola para toda la vida. Pero después, sin tener otra alternativa, retomaba nuevamente mi confianza en Dios y me mantenía firme perseverando en fe. Fijaba mis ojos en la promesa de que algún día, si yo seguía confiando en Dios y lo obedecía, Él sería fiel y justo para bendecirme con un esposo. Al final de esos siete años, pude distinguir la sabiduría que había adquirido y el carácter que Dios había formado en mí, mientras pasé esos años aparentemente en soledad, pensando que nada estaba sucediendo.

Puedo reconocer que la preparación de Dios durante esos años es ahora tan vital para el éxito de mi matrimonio, y para el cumplimiento de mi llamado. De no haber sido por todo ese tiempo de espera, este libro no existiría. Hoy entiendo que uno de los propósitos, por los cuales Dios permitió que yo esperara todo ese tiempo como mujer soltera, fue para que algún día, yo plasmara aquí todo lo que Él me enseñó, y poder compartirlo contigo. Yo no podría entender tu angustia, o identificarme con tu necesidad de amor, si yo no hubiera experimentado lo mismo. Dios usa el tiempo de espera para prepararnos y equiparnos, para cumplir su propósito en nosotros.

Debemos estar siempre confiando en que Dios nos ama, y que Él nos llevará por el camino que es mejor para nuestras vidas. Él te entregará el esposo que necesitas, y lo hará en su tiempo perfecto, cuando estés lista. *A veces Dios no permitirá que gocemos de una satisfacción temporal, a fin de darnos aquella satisfacción que dura toda la vida. A veces parecerá que estamos estancados en el mismo lugar, y que no progresamos; sin embargo, Dios está trabajando a nuestro favor, a fin de que sus propósitos sean cumplidos.*

Si estás soltera en este tiempo, piensa en que Dios está haciendo algo en ti y en el hombre que va a ser tu esposo. Él los está preparando a ambos; tal vez hay cosas que Dios desea hacer primero mientras tú estás soltera. Sin duda, Él te está dando madurez y sabiduría. Te está enseñando a depender completamente en Él.

¿CUÁNDO RENDIR UNA RELACIÓN A DIOS?

Tal vez te estás preguntando, cómo puedes saber si Dios te está pidiendo que le rindas una relación. Hay tres maneras comunes de saber si debes rendirle una relación a Dios por no estar dentro de su voluntad:

• *Cuando la relación te produce tristeza.*

La bendición de Jehová es la que enriquece, y *no añade tristeza con ella.* (Prov. 10:22, RVR1960)

De acuerdo a la escritura anterior, si la relación en la que te encuentras es una bendición que viene de parte Dios, entonces no debe de haber tristeza o angustia en ella; ya que la voluntad de Dios es buena, agradable y perfecta (Rom. 12:2).

La angustia puede presentarse de muchas maneras, tales como: tristeza, dudas constantes, confusión, ansiedad, temor, inseguridad y falta de paz. Es posible que también tengas problemas de comunicación con tu pareja, o que peleen constantemente. Todos los casos anteriores son ejemplos por medio de los cuales, Dios te esté mostrando que no estás con la persona correcta y que necesitas alejarte de esa relación. (Esto es aplicable en el contexto de relaciones de noviazgo solamente.)

• *Cuando la relación se encuentra en pecado sexual.*

Si te encuentras en una relación donde existe inmoralidad sexual, debes de rendirla a Dios; a menos de que tú y la otra persona reconozcan su pecado, se arrepientan y se aparten completamente de él. Para muchas personas que se encuentran en relaciones donde existe pecado sexual, es imposible resistir la tentación. Ellos tal vez no saben qué hacer; o posiblemente sí saben, pero no quieren hacerlo. Solo Dios puede convencernos de nuestro pecado y darnos dominio propio para crucificar los deseos de nuestra carne, y decir *no* a la inmoralidad sexual. Si apartarte del pecado sexual es muy difícil para ti, lo mejor que puedes hacer es rendir esa relación a Dios, y pedirle fortaleza y dominio propio para abstenerte de tener relaciones sexuales hasta el matrimonio.

• *Cuando el Espíritu Santo te dice que debes hacerlo.*

La angustia y la inmoralidad sexual no necesariamente tienen que estar presentes en una relación para saber que tienes que rendirla a Dios. Habrá ocasiones en las que simplemente vas a saber en tu corazón que Dios te está pidiendo que te apartes de ella, que se la entregues. El Espíritu Santo va a comenzar a incomodarte de alguna u otra manera. Cuando esto ocurra, no quiere decir que dejarás de tener sentimientos por la otra persona; de hecho, puedes sentirte enamorada, y al mismo tiempo saber que tienes que apartarte de ella. Esto es porque tu carne desea seguir con esa persona, pero el Espíritu Santo te está guiando a hacer lo contrario.

> Pero, cuando venga el Espíritu de la verdad, él
> los guiará a toda la verdad, porque no hablará por su

propia cuenta, sino que dirá solo lo que oiga y les anunciará las cosas por venir. (Juan 16:13, NVI)

El Espíritu Santo cumple varias funciones: Él nos enseña, nos guía, nos consuela, intercede por nosotros, y nos redarguye de pecado. Él será tu mejor guía a la hora de elegir pareja. Él es quien te mostrará y confirmará si esa persona con quien deseas comenzar o mantener una relación, viene de parte de Dios. De no ser así, Él te convencerá de que te apartes de ella.

Hay varias maneras en las que el Espíritu Santo puede hablarte. La más confiable es por medio de la Biblia, que es la Palabra de Dios; pero el Espíritu Santo también puede hablarte por medio tus padres, tus pastores o a ti directamente. Es importante siempre comparar que lo que otras personas están diciendo, o lo que tú crees que el Espíritu Santo te está hablando, no contradice la Palabra de Dios.

Muchos creyentes saben que deben de dejar una relación, ya sea por estar en pecado, por estar en yugo desigual, o simplemente porque Dios se los ha pedido. Es aquí, donde a muchos de ellos se les hace difícil obedecer a Dios. Solo conociendo a Dios y amándolo, es que podemos verdaderamente obedecerlo. *Una evidencia de madurez espiritual es cuando nuestro amor a Dios da como resultado negarnos a nosotros mismos y rendir a Él todo lo que somos, lo que deseamos y esperamos, aun cuando esto sea difícil y doloroso.* Dios es glorificado cuando de buena gana lo obedecemos, cueste lo que cueste. Cada vez que rendimos algo a Él y lo obedecemos, crecemos espiritualmente; y cada vez que desobedecemos, retardamos nuestro crecimiento, nuestras bendiciones y el cumplimiento de lo que Él nos ha prometido.

Si te encuentras en una relación o contemplando comenzar una relación, me gustaría animarte a orar por sabiduría y dirección, y que le preguntes a Dios si esa relación es su voluntad para ti. Estoy segura de que no tomará mucho tiempo antes de que conozcas cuál es su respuesta. Camina valientemente y sin temor en la instrucción que Dios te estará dando, aun cuando eso signifique rendir lo que tanto anhelas y deseas. No serás decepcionada. Después de perseverar por un tiempo y de haber cumplido la voluntad de Dios, recibirás lo que Él te ha prometido (Heb. 10:35-36).

3

❧

ORANDO POR TU FUTURO ESPOSO

Cuando era soltera, intenté muchas cosas a fin de encontrar el amor, pero ninguna de ellas funcionó. En lugar de hacer mejorar mi situación, normalmente solo lograba hacerla peor. Después de varios intentos y relaciones sin éxito, finalmente logré entender, que nada de lo que yo hiciera en mis propias fuerzas funcionaría, si yo no estaba constantemente orando por el hombre que sería mi esposo. Orar por tu futuro esposo (aunque aún no lo conozcas) será tu arma más poderosa y la que más obrará a tu favor, para obtener la bendición que estás esperando.

La manera en la que Dios opera es muy contraria a la manera del mundo. Si tú sigues la corriente de este mundo para encontrar pareja, entonces muy seguramente harás cosas tales como: vestir provocativamente para llamar la atención de los hombres, tener sexo antes del matrimonio, vivir con tu novio antes de casarte, dejarte llevar por los deseos de tu corazón sin escuchar el sabio consejo de tus padres y sin buscar la dirección de las escrituras. Esta es la fórmula para el desastre. Si la sigues, no solamente terminarás sola igual que al principio, sino además frustrada, agotada y con el corazón destrozado.

El estilo de Dios es muy diferente. La clave para obtener las bendiciones de Dios se encuentra en la *oración*.

> *Pidan*, y se les dará; *busquen*, y encontrarán; *llamen*, y se les abrirá. Porque todo el que pide, recibe; el que busca, encuentra; y al que llama, se le abre... Pues si ustedes, aun siendo malos, saben dar cosas buenas a sus hijos, ¡cuánto más su Padre que está en el cielo dará cosas buenas a los que le pidan! (Mat. 7:7-8,11; NVI)

La escritura anterior habla de tres cosas que debes hacer mientras oras: *pedir, buscar* y *llamar*. La clave de una oración efectiva es que *pidas* a Dios por lo que necesitas, como si fueras una persona que vaga por el desierto y que pide agua para beber; que *busques* con desesperación, con el deseo de encontrar una respuesta; que *llames* y toques a la puerta, como una persona que desea que esa puerta se abra para poder entrar. Conforme tú busques a Dios en oración, Él trabajará a tu favor y manifestará su gloria en tu vida. ¡Cosas grandes que aún no te imaginas van a suceder!

La oración consiste no solamente en hablar con Dios, sino también en escucharlo. El principal propósito de la oración es desarrollar una relación con Él. Conforme tú te enfoques en Dios, Él va a responder, revelando cosas a tu espíritu que de otra manera no podrías saber o entender.

¿Quieres saber cuáles son los tiempos de Dios para tu vida?, ¿Te gustaría saber qué debes hacer o dejar de hacer para recibir sus promesas?, ¿Te gustaría obtener sabiduría para tomar las decisiones correctas? Si tu respuesta es *sí* a alguna o a todas las preguntas anteriores, entonces ¡ora, ora, y ora un poco más! Todas las respuestas a estas cosas y más, Dios te las puede revelar en oración. La Biblia dice que cuando clamamos a Dios, Él nos responderá, revelándonos misterios que no conocemos (Jer. 33:3).

LA ORACIÓN DA REVELACIÓN

Sin embargo, como está escrito: «Ningún ojo ha visto, ningún oído ha escuchado, ninguna mente humana ha concebido, lo que Dios ha preparado para quienes lo aman». Ahora bien, *Dios nos ha revelado esto por medio de su Espíritu*, pues el Espíritu lo examina todo, hasta las profundidades de Dios. (1 Cor. 2:9-10, NVI)

Las cosas que Dios ha preparado para aquellos que le aman, van mucho más allá de lo que nosotros podamos pensar o imaginar. Los anhelos de nuestro corazón son finitos y limitados comparados al destino y los planes de Dios; pues éstos son eternos y llenos de su gloria y grandeza. Algunas de estas cosas son misterios que Dios quiere revelarnos, y es solamente por medio de la oración y de tener una cercana relación con Él, que estas revelaciones nos serán dadas.

La Biblia nos dice que Dios nos revelará cosas *grandes* y *ocultas*. Debemos de sumergirnos en la palabra de Dios y en la presencia de su Espíritu por medio de la oración, a fin de poder ver, oír, sentir y discernir las cosas que Dios está haciendo. Si no pasamos tiempo con el Espíritu Santo y no cultivamos una relación con Dios, nunca podremos realmente caminar en el destino al cual Él nos ha llamado.

Así como en lo natural tenemos cinco sentidos (oído, vista, tacto, olfato y gusto); así también en lo espiritual tenemos sentidos para ver, escuchar, sentir y discernir cosas espirituales. En ocasiones, Dios nos dará visiones de lo que habrá de venir; en otras, Dios hablará a nuestro espíritu cosas que necesitamos saber; y en otras ocasiones más, Dios nos dará discernimiento acerca de situaciones y personas que se atraviesan en nuestro camino, y nos mostrará qué hacer al respecto.

El tipo de revelaciones que Dios nos da no pueden ser entendidas con la lógica, la razón o los sentidos naturales, ya que como está escrito:

El que no tiene el Espíritu no acepta lo que procede del Espíritu de Dios, pues para él es locura. No puede entenderlo, porque *hay que discernirlo espiritual-mente.* (1 Cor. 2:14, NVI)

En otras palabras, las cosas que Dios nos revela por medio de su Espíritu Santo, solo pueden ser entendidas y discernidas espiritualmente. No pueden ser explicadas de manera natural. De hecho, pueden parecer absurdas o sin sentido; pero si vienen del Espíritu Santo de Dios, son poderosas para darnos victoria y desatar milagros en nuestra vida.

Tener este tipo de revelación es sumamente poderoso para toda clase de circunstancias. Al momento de tomar la decisión más importante de tu vida—elegir con quién te vas a casar, el Espíritu Santo va a ser tu Guía más confiable.

Si un hombre comienza a pretenderte y te dice: "Tú eres la mujer que tanto he estado buscando," el Espíritu Santo te dará discernimiento acerca de esa persona, si tú has estado buscando su dirección en oración. Podrás comparar lo que Dios ha revelado a tu espíritu, con lo que se está presentando frente a ti. Por lo tanto, podrás entender si esa persona viene de parte de Dios o no. Si no estás segura, debes seguir orando hasta sentir una completa confirmación o una clara revelación.

***

Teresa es una joven que había estado orando por un esposo. Ella conoció a un hombre que inmediatamente comenzó a pretenderla. Cuando Teresa lo vio por primera vez, ella pensó que él era físicamente atractivo; era alto, esbelto y tenía una carismática sonrisa. Él mostró mucho interés en ella desde el principio y le dijo que quería seguir conociéndola.

Conforme comenzaron a salir y a conocerse un poco más, él le dijo que era un hombre cristiano y que también había estado orando por una esposa. "Yo creo que tú eres la mujer por la cual he estado orando," le dijo. Sin embargo, por alguna extraña razón, Teresa comenzó a sentirse muy incómoda a su lado. Había algo acerca de él que la inquietaba y no sabía qué era. Después de todo, él era amable, atento y guapo. ¿Qué podía estar mal?

Teresa continuó orando y le dijo a Dios, "Señor, si este hombre no viene de tu parte, por favor quítalo de mi vida. No quiero perder mi tiempo si no eres tú quien lo ha enviado." Ella recordó que la Palabra de Dios dice, "Confía en el Señor de todo corazón, y no en tu propia inteligencia. Reconócelo en todos tus caminos, y él allanará tus sendas" (Prov. 3:5-6, NVI).

El joven siguió llamando a Teresa por un par de semanas. No obstante, entre más él la llamaba, más incómoda se sentía. Ella sabía que no debía aceptar ninguna otra invitación de su parte. No podía encontrar una razón lógica para tomar esta decisión, mas que su intuición de que algo en él no estaba bien.

Al poco tiempo, Teresa recibió una llamada de una mujer a quien ella no conocía. La mujer le dijo: "Hola, te llamo porque acabo de ver en el teléfono de mi esposo que él te ha estado llamando y enviando mensajes; soy su esposa, solo llamo para saber, ¿Quién eres tú?" ¡Teresa se quedó en shock! Afortunadamente, ella ya había decidido no volver a ver a ese hombre nunca más, porque su corazón estaba en sintonía con la guía y dirección, del Espíritu Santo.

***

El resto de la conversación es historia. La cuestión es que Dios puso al descubierto las intenciones y el corazón de ese hombre. Esa incomodidad que Teresa sintió desde el principio no era otra cosa, sino el Espíritu Santo dándole discernimiento, alertándola de que había peligro, y de que ese hombre no era digno de confianza. Teresa hizo bien en mantenerse orando y esperar a que Dios le revelara qué hacer. La Biblia dice que no debemos de juzgar a nadie antes de tiempo. Dios sacará a la luz nuestros secretos más oscuros y revelará nuestras intenciones más íntimas (1 Cor. 4:5, NTV).

Estar en sintonía con el Espíritu Santo, te dará claridad y dirección. Él te ayudará a no cometer grandes errores. Por lo tanto, mantente alerta y guarda tu corazón. Ora continuamente por tu futuro esposo, y también por sabiduría y discernimiento para no ser engañada, y para no terminar enamorándote de la persona equivocada.

¿CÓMO DEBEMOS ORAR?

Nadie nace sabiendo cómo orar; es algo que todos debemos de aprender. La instrucción de Jesús fue que entremos en nuestro cuarto, cerremos la puerta, y oremos a nuestro Padre del cielo que está en lo secreto (Mat. 6:6). Existen tres aspectos para tener una oración efectiva:

1. *Orar* conforme a la voluntad de Dios;
2. *Creer* que todo aquello que pidamos en oración, lo recibiremos; y
3. *Orar* en el nombre de Jesús.

Orar conforme a la voluntad de Dios

> Esta es la confianza que tenemos al acercarnos a Dios: que, *si pedimos conforme a su voluntad*, Él nos oye. Y si sabemos que Dios oye todas nuestras oraciones, podemos estar seguros de que ya tenemos lo que le hemos pedido. (1 Jn. 5:14-15, NVI)

Existe una condición para que Dios escuche nuestras oraciones y las responda: *que oremos conforme a su voluntad*. Aun cuando Dios responde a todas nuestras oraciones, muchas veces su respuesta será *no*; porque nuestra oración no concuerda con lo que Él quiere.

Es posible que pasemos mucho tiempo orando por algo y no veamos una respuesta, porque no estamos orando como conviene. Puede ser que no estemos orando conforme a la voluntad de Dios, aún y cuando parezca que lo que estamos pidiendo es algo bueno.

***

Selene es una joven mujer que oró a Dios durante años, por el hombre con quien compartiría su vida y formaría una familia. En sus oraciones, ella pedía por cosas que le parecían buenas: un hombre que fuera al menos cinco años mayor que ella, que estuviera activamente involucrado en algún tipo de ministerio de la iglesia, y que trabajara en el campo de la medicina, ya que ella era enfermera. También pedía por ciertas características físicas. Definitivamente su lista de requisitos era bastante larga y detallada. Constantemente rechazaba a cualquier hombre que no reuniera todos los requisitos. Ella no estaba dispuesta a aceptar nada menos, que aquello por lo cual había estado orando.

A lo largo de los años, Selene conoció muy pocos jóvenes con la apariencia y los requisitos que ella había pedido. Cuando conocía a alguien que se acercaba a la descripción del hombre que ella tenía en mente, inmediatamente pensaba: "¡Este es!" Sin embargo, tan pronto como ella comenzaba una relación, se llevaba grandes decepciones una y otra vez. Algunos de ellos eran engreídos, otros muy inmaduros, otros inestables, otros no estaban listos para un compromiso.

Un día, Selene conoció a Gabriel, un hombre que no reunía la amplia lista de características por las cuales ella había estado orando. Gabriel estaba interesado en Selene, pero Selene estaba tan enfocada en lo que ella quería, que no le puso atención. Gabriel era un hombre fiel a Dios, que había estado orando por su futura esposa. Él tenía un corazón humilde, además era responsable, trabajador, íntegro y respetuoso. Gabriel asistía a la iglesia, pero no estaba involucrado en ningún ministerio. Cuando Gabriel conoció a Selene, él pensó que ella era la mujer por la cual él había estado orando. Sutilmente comenzó a pretenderla, pero ella lo ignoró por completo, ya que él no encajaba con su modelo ideal.

Poco a poco, él comenzó a llamar su atención. Selene se dio cuenta de que había cosas acerca de Gabriel que realmente le gustaban—él la hacía sentir especial, hermosa y valorada. Siempre se divertían juntos y tenían conversaciones interesantes. Selene finalmente comenzó a orar para que Dios le revelara cuál era su voluntad acerca de Gabriel. Ella sintió en su espíritu que Dios le dijo:

"Por mucho tiempo, has estado orando por lo que tú quieres, pero Yo tengo algo mejor para ti. Te has enfocado tanto en tu lista de requisitos, que has pasado por alto lo más importante—conocer el corazón de la otra persona. Gabriel es un hombre conforme a mi corazón."

Cuando Selene recibió esta revelación, se sintió muy arrepentida de haber estado orando egoístamente por lo que ella quería, y no conforme a la voluntad de Dios. Ella reconoció que había falta de humildad en su corazón, y eso se había convertido en un gran obstáculo para apreciar la bendición que Dios estaba poniendo frente a su vida. Finalmente, Selene se dio cuenta que Gabriel era la bendición que Dios le estaba entregando, y lo que su corazón realmente anhelaba. Una vez que ella aceptó ser su novia, pudo valorar a Gabriel por lo que realmente él era, un regalo del cielo. Ellos se complementaban perfectamente, y al poco tiempo de haber comenzado un noviazgo, se comprometieron y se casaron.

Hoy en día ella suspira y dice: "Dios fue mucho más allá de lo yo hubiera soñado o imaginado encontrar en un esposo."

***

Dios no siempre nos dará lo que queremos, pero siempre nos dará lo que necesitamos, lo que Él sabe que es mejor para nosotros. Selene recibió discernimiento de parte del Espíritu Santo, para entender que Gabriel era el hombre destinado por Dios para su vida. Si ella no hubiese sido sensible a escuchar la voz de Dios mediante la oración, tal vez seguiría soltera, llevándose decepción tras decepción.

Quizá te estás preguntando: "¿Como sabré si estoy orando conforme a la voluntad de Dios?" En realidad, eso toma tiempo y práctica. Nadie nace sabiendo cómo orar de acuerdo a la voluntad de Dios. La manera más eficaz de orar conforme a su voluntad, es conociendo su Palabra, que es la Biblia. Aun así, tenemos también un ayudador, el Espíritu Santo. Si nosotros le pedimos al Espíritu Santo que nos ayude a orar, Él nos guiará en oración.

> Además, el Espíritu Santo nos ayuda en nuestra debilidad. Por ejemplo, nosotros no sabemos qué desea Dios que le pidamos en oración, pero el Espíritu Santo ora por nosotros con gemidos que no pueden expresarse con palabras. (Rom. 8:26, NTV)

Cuando ores por tu esposo, pídele al Espíritu Santo que te ayude a orar conforme a la voluntad de Dios. Tú puedes orar de la siguiente manera: "Señor, tú sabes que yo quiero un esposo así, pero que no se haga mi voluntad, sino la tuya." Esto es *rendirte* a Dios, ¿recuerdas? Si oras de esta manera con un corazón sincero, Dios se complacerá de tu humildad, ya que estás reconociendo que tú no tienes la sabiduría suficiente para saber qué es lo mejor para ti, pero Dios sí lo sabe. Posiblemente tendrás que renunciar a ciertas expectativas que te habías formado acerca del hombre de tus sueños. Permite que Dios ponga ahora sus sueños en ti. Tal como lo expliqué en el capítulo anterior, tarde o temprano, deberás rendir tu deseo de amor a Dios, si quieres recibir lo mejor que Él tiene para ti.

Pedir con fe y no dudando

> Les digo, ustedes pueden orar por cualquier cosa y si creen que la han recibido, será suya. (Mar. 11:24, NTV)

Pueden existir muchas circunstancias que estás enfrentando, que te hagan pensar que Dios no puede hacer la obra y traer el esposo que esperas. Déjame compartirte mi experiencia personal para ilustrar esto con un ejemplo. Cuando yo era soltera, trabajé siete años desde mi casa para una compañía extranjera. Mi trabajo requería que yo pasara horas sentada en un escritorio, frente a una computadora, sin tener ningún tipo de contacto físico con el mundo exterior, hasta terminar mi jornada de trabajo. A veces, amanecía y anochecía, y yo seguía en el mismo escritorio trabajando.

Mi trabajo era demandante y me mantenía muy aislada. Mi oficina era la recámara donde dormía, un pequeño cuarto con una cama, un closet, un escritorio en la esquina y una silla. En aquel tiempo vivía con mi familia, y ellos eran las personas con las que convivía a diario. Tenía amistades en la iglesia, que era una congregación muy pequeña. Por las noches, después de terminar mi trabajo, asistía a una clase de gimnasia en la cual yo era la única gimnasta adulta; todas las demás gimnastas eran niñas de menos de dieciséis años, mientras yo tenía veintiocho. Y eso era todo. En resumen, esa era mi vida y el grado de interacción social que tenía. Como podrás darte cuenta, no era un escenario ideal para conocer a mi príncipe azul ¿verdad? Todas estas circunstancias me hacían preguntarme: ¿Cómo será posible conocer a mi futuro esposo? ¿Cómo es que Dios lo traerá a mi vida? A veces pensaba bromeando, si acaso Dios lo enviaría a tocar a la puerta de mi casa; pero en el fondo de mi corazón sentía mucha tristeza. ¡Realmente se requería de un milagro! No tenía idea de cómo es que Él lo iba a hacer.

Hoy en día, puedo entender que todos esos años en los que me sentí tan sola y aislada, eran de hecho años de preparación. Dios me tenía justo ahí, en ese lugar y en esa situación con un propósito. Al final de cuentas, mi situación tan particular no fue ningún obstáculo que Dios, creador del universo, no pudiera vencer para bendecirme con mi esposo. Esos años de espera fueron de hecho algo que Dios usó completamente a mi favor, a fin de prepararme para recibir su promesa.

A veces nuestra mente finita es tan limitada que solo podemos ver nuestras circunstancias, pero no logramos entender que Dios tiene infinidad de recursos para llevar a cabo su obra. Dios fue fiel y trajo a mi esposo a mi vida, a pesar de todas las circunstancias que estaban en mi contra. Más adelante, en este libro, te contaré cómo fue que Él lo hizo.

Si Dios te ha prometido un esposo, y tú has estado confiando en Él y caminando en obediencia, debes estar segura de que Dios cumplirá su promesa. Si has estado orando, debes de creer que, en su perfecto tiempo, Dios lo traerá a tu vida. Tal vez sientas que tus circunstancias son un impedimento para recibir la bendición de Dios. Quizá tu edad, el lugar donde vives, tu trabajo, o que conoces poca gente, está causando preocupación y que tu corazón esté afligido. Todas estas cosas pueden traer cierto grado de duda y temor, en cuanto a que si Dios puede hacer la obra o no. Pero recuerda que, cuando Dios le prometió a Abraham un hijo, a pesar de que él era un hombre de cien años y su esposa Sarah era una mujer estéril, Abraham obtuvo la promesa porque *creyó y no dudó* que Dios tenía el poder, para cumplir lo que había prometido (Rom. 4:20-21).

La clave está en *creer* a pesar de las circunstancias. Jesús dijo: "Para el que cree, todo es posible." (Mar. 9:23 NVI). No debemos desanimarnos, no hay que perder la fe, no debemos de poner nuestros ojos en nuestras circunstancias sino en Dios. Dios no se limita por nuestras circunstancias; los únicos que podemos poner un límite a lo que Dios puede hacer somos nosotros. Cuando dejamos de orar, cuando dejamos de creer, cuando comenzamos a hacer las cosas en nuestras fuerzas, es entonces cuando el poder de Dios deja de operar. Nuestra fe y nuestras oraciones son el combustible que Dios usa para manifestar su poder y su gloria en nuestras vidas. ¿Cómo reconocer que Dios ha hecho algo por nosotros si jamás le buscamos, o si nunca le pedimos? Más bien, nuestra fe se fortalece cuando recibimos lo que le hemos pedido en oración.

> No se inquieten por nada; más bien, en toda ocasión, con oración y ruego, presenten sus peticiones a Dios y denle gracias. Y la paz de Dios, que sobrepasa todo entendimiento, cuidará sus corazones y sus pensamientos en Cristo Jesús. (Fil. 4:6-7, NVI)

Para muchas mujeres es difícil esperar que llegue el amor sin sentir ansiedad, angustia o desesperación. No dudo que haya mujeres que no experimenten angustia en cuanto a este asunto; sin embargo, aún no he tenido el gusto de conocer a una de ellas. Es normal experimentar ansiedad en algunos momentos de nuestra vida; lo que no es normal es vivir ansiosos o afanados por algo todo el tiempo. La Biblia nos enseña que no debemos preocuparnos por nada, en lugar de ello debemos de orar por todo, incluyendo aquello que nos hace sentir ansiosos. Si has estado atravesando por un tiempo de angustia, si constantemente estás preocupada por no saber si algún día vas a casarte, la oración traerá un increíble alivio. Cuando oras y pones tus peticiones en las manos de Dios con una fe genuina, puedes experimentar paz y descanso, confiando en que Él tomará el control.

Muchas veces Dios no peleará nuestras batallas, hasta que dejemos de intentar pelearlas nosotros mismos. No podemos esperar que Dios nos entregue un esposo, cuando vamos a los lugares incorrectos en busca de pareja. Tampoco podemos esperar recibir un hombre de Dios que nos honre y nos respete, cuando sostenemos relaciones sexuales fuera del matrimonio o dejamos que nos acaricien inapropiadamente. Será en vano esperar recibir un hombre que luche por conquistar nuestro corazón, cuando somos nosotras quienes los buscamos y vamos tras de ellos. Si le estás pidiendo un esposo a Dios, entonces mantente firme en tu caminar con Él, no te desvíes de su voluntad, esfuérzate en llevar una vida íntegra y actúa conforme a lo que estás pidiendo.

> Pero pidan con fe, sin dudar, porque quien duda es como las olas del mar, agitadas y llevadas de un lado a otro por el viento. Quien es así no piense que va a recibir cosa alguna del Señor; es indeciso e inconstante en todo lo que hace. (Sant. 1:6-8, NVI)

Una mujer indecisa e inconstante en su fe se comporta de la siguiente manera:

- Un día cree que Dios hará la obra en su vida, pero al día siguiente ya no está segura.
- Pide por un hombre íntegro, pero ella no sabe guardar su corazón y lo entrega fácilmente a un hombre y luego a otro.
- Ella le pide a Dios por un esposo, pero va a buscar pareja en los lugares incorrectos (como por ejemplo en bares y clubs nocturnos).
- Termina con una relación que estaba en pecado, y después de corto tiempo quiere regresar a ella.

¿Ya captas la idea?

No seas una mujer de fe inconstante, que es movida de un lado al otro como las olas del mar. Debes pedir con fe y no dudando, pues Dios tiene todo el poder y todos los recursos para traer la respuesta que estás esperando.

Pedir en el nombre de Jesús

> Cualquier cosa que ustedes pidan en mi nombre, yo la haré; así será glorificado el Padre en el Hijo. Lo que pidan en mi nombre, yo lo haré. (Juan 14:13-14, NVI)

Este es tal vez el aspecto más importante de una oración efectiva: que cualquier cosa que pidamos, la pidamos en el nombre de Jesús. Este es un principio básico que tal vez resulta obvio para muchos creyentes; sin embargo, muchas personas no tienen conocimiento del mismo y considero fundamental mencionarlo. En el nombre de Jesús, hay poder. Jesús dijo que todo poder y toda autoridad le fueron dados en el cielo y en la tierra (Mat. 28:18). Cuando tú ores, siempre termina tu oración diciendo, "Pido estas cosas en el nombre de Jesús, Amén."

Espero que este capítulo te haya ayudado a entender lo importante y poderoso que es orar por tu futuro esposo y cómo debes de orar. El principal propósito de la oración no es recibir algo de Dios, sino más bien, escuchar su voz y desarrollar una relación con Él. Su respuesta a nuestras oraciones vendrá como resultado de clamar a Él y caminar en obediencia en la instrucción que Él nos estará dando.

Es posible que tú hayas estado orando por mucho tiempo, tal vez algunos meses o quizá años, y aún no hay respuesta. El esposo no llega, sigues soltera, nada ha cambiado; ¿Qué está pasando? En el siguiente capítulo, hablaré de por qué en ocasiones la respuesta de Dios parece tardar. Puede haber ciertos obstáculos u oposición espiritual; o tal vez Dios quiera llevar a cabo un propósito en ti y en tu futuro esposo antes de presentarlos. Quiero tranquilizarte diciéndote lo siguiente: tu oración no es en vano. Mientras tú oras, Dios está obrando grandemente a tu favor.

4

CUANDO LA RESPUESTA
DE DIOS PARECE TARDAR

A menudo esperamos que Dios responda a nuestras oraciones en nuestro tiempo y a nuestra manera. No quiero desanimarte, pero rara vez sucede así. Una oración puede ser contestada de manera instantánea, pero también puede tomar meses o incluso años antes de que veamos una respuesta; especialmente cuando estamos orando por un esposo. Es aquí donde muchas personas dejan de perseverar en la oración y se dan por vencidas. Este es un gran error. El único momento en que debemos de dejar de orar por algo es cuando lo hayamos recibido.

Aunque el tiempo pase y no veamos una respuesta a nuestra oración, eso no quiere decir que nada está sucediendo. Muchas veces podemos pensar que Dios no nos ha escuchado, o que nuestra oración no ha tenido efecto. Sin embargo, Dios no descansa; Él siempre está obrando a nuestro favor. Aunque *parezca* que su respuesta no llega, no te des por vencido. Tu *perseverancia* te hará una persona madura en la fe (Sant. 1:3-4), preparándote para recibir todo lo que Dios tiene para ti.

Antes de ser bendecida con mi esposo, pasé años orando por él, pidiéndole a Dios que lo prepara para mí. Se llegó el tiempo en el que sentí estar totalmente lista para recibir mi bendición, y la respuesta de

Dios no llegaba. Conforme pasaron los años, comencé a desalentarme. Le pregunté a Dios por qué se estaba tardando tanto en bendecirme. Aparentemente, nada estaba sucediendo en mi vida que me hiciera pensar que la respuesta venía en camino; al menos nada que mis ojos pudieran ver. Pero sin yo saberlo, Dios estaba alineando cosas, personas y eventos, abriendo el camino para presentarme al amor de mi vida.

Años más tarde descubrí que en ese tiempo de espera, cuando parecía no haber respuesta, Dios estaba trabajando arduamente a mi favor. Eso lo descubrí el día en que mi esposo me propuso matrimonio. Él se hincó en su rodilla, me preguntó si quería ser su esposa, y cuando yo le respondí que *sí*, me miró a los ojos y dijo: "Wow, estoy tan sorprendido de como obra Dios. ¡Sus tiempos son perfectos! Él te trajo a mi vida justo en el momento que yo estaba listo; no te trajo antes, ni después." Sus palabras me dejaron muy pensativa.

"¿Por qué piensas que antes no estabas listo?" Le pregunté. Entonces él respondió: "Si te hubiera conocido dos años atrás, yo hubiera estropeado esta relación. Yo no era en aquel tiempo el hombre que soy ahora, el hombre que tú necesitas como esposo. Dios estaba trabajando en mi fe y en mi carácter. Me estaba dando dirección. Y cuando al fin estuve listo, entonces Él te trajo a mí."

¡Yo me quedé en shock! Fue un momento muy revelador para mí. ¡Al fin pude entender la razón por la que Dios parecía estar tardando tanto! Mientras yo pasaba años angustiada, llorando, pensando que Dios no me había escuchado, muchas cosas estaban sucediendo. Simplemente yo no podía verlas. A pesar de que yo pensaba estar lista para el matrimonio, en realidad no lo estaba, y mi esposo tampoco. Ese día entendí, que mis oraciones no habían sido en vano, que la respuesta de Dios no se había tardado, sino que Dios estaba usando nuestras oraciones de manera poderosa, para prepararnos el uno para el otro.

Dios estaba abriendo el camino, para bendecirnos con el esposo que cada uno necesitábamos. Durante el tiempo de espera, Dios estaba preparando nuestros corazones y fortaleciendo nuestra fe, para que pudiéramos tener el matrimonio que tenemos hoy—un matrimonio fuerte, centrado en Cristo, saludable y lleno de amor.

¿Por qué toma tanto tiempo?

Si tú has estado orando por un esposo, y no has recibido una respuesta a tus oraciones, muy seguramente te has de estar preguntado: ¿Acaso Dios me ha escuchado? Yo me pregunté eso muchísimas veces. Imagínate, desde el momento que comencé a orar para que Dios me bendijera con un esposo, hasta el momento que Dios lo trajo a mi vida, pasaron siete años. No quiero que te preocupes pensando en cuánto tendrás que esperar. Dios tiene tiempos muy diferentes para cada uno de nosotros, y sus tiempos son perfectos. Sin embargo, si alguna vez has dudado si Dios ha escuchado tu oración, la respuesta es la siguiente: si has estado orando conforme a su voluntad, desde el primer día que comenzaste a orar, tu oración no solamente fue *escuchada*, sino que también fue *respondida*.

Muchas veces, Dios ya ha respondido a nuestras oraciones, pero la respuesta aún no la hemos recibido. Hay algo que puede demorar la respuesta, y se llama *oposición espiritual*.

OPOSICIÓN ESPIRITUAL

Para todo aquello por lo que tú ores, existe oposición espiritual que puede retardar la respuesta a tus oraciones. La *oposición espiritual* es una lucha entre el bien y el mal; una *resistencia* que Satanás opondrá en contra de la obra de Dios. Esta lucha toma lugar en la dimensión espiritual, un mundo invisible que no podemos ver con nuestros ojos físicos, y que únicamente podemos percibir con los sentidos espirituales. En este lugar existe una batalla continua, que afecta nuestras vidas todos los días.

En todo tiempo estamos viviendo una guerra espiritual, ya sea que estemos consientes de ella o no. La Biblia nos enseña que las cosas naturales o terrenales, es decir las cosas que podemos ver, son un reflejo de las cosas espirituales, es decir las cosas que no podemos ver. Nuestras oraciones son armas de guerra que desatan batallas, y ángeles guerrean por nosotros. De hecho, si nuestros ojos espirituales fuesen abiertos a tal grado que pudiéramos ver lo que sucede en la dimensión espiritual, tal vez quedaríamos paralizados sin poder dar crédito a lo que vemos. Veríamos ángeles y demonios luchando todo el tiempo y otras muchas cosas inimaginables. Dios quizá no permite que podamos ver esta dimensión espiritual a fin de protegernos, ya que nuestro cuerpo, nuestra mente y sentidos terrenales no están listos para entender todas estas cosas, excepto aquellas que Dios nos quiera revelar para sus propósitos.

En la Biblia se relata la historia de Daniel, un hombre que comenzó a orar y a ayunar por la restauración de la ciudad de Jerusalén, que se encontraba cautiva por Babilonia. Después de orar y ayunar por mucho tiempo, Daniel comenzó a preguntarse por qué sus oraciones no estaban siendo contestadas. Lo que él no sabía, era que la respuesta a sus oraciones estaba siendo obstaculizada por oposición espiritual. Un ángel se le apareció a Daniel y le dijo:

> No tengas miedo, Daniel. Tu petición fue *escuchada* desde el primer día en que te propusiste ganar entendimiento y humillarte ante tu Dios. En *respuesta* a ella estoy aquí. Durante veintiún días el Príncipe de Persia *se me opuso.* (Dan. 10: 12-13, NVI)

El ángel Gabriel conforta a Daniel, diciéndole que su oración fue *escuchada* y *respondida* desde el primer día en que Daniel se dispuso a orar y a buscar a Dios. ¿Y por qué no obtenía una respuesta? Porque el Príncipe de Persia *opuso resistencia* contra él. El Príncipe de Persia no era una persona física, sino un demonio enviado por Satanás, para detener la respuesta de Dios a la oración de Daniel. En otras palabras, el Príncipe de Persia era una *oposición espiritual.*

Daniel obtuvo una respuesta a su oración mucho más tarde de lo que él hubiera esperado. Lo que Daniel percibió como una respuesta en *demora* de parte de Dios, en realidad, era una oración *respondida* pero obstaculizada por oposición. Como creyentes, debemos saber que para cualquier bendición que esperemos recibir de parte de Dios, nosotros también experimentaremos cierto grado de oposición o guerra espiritual. Aunque esta guerra se está llevando a cabo en la dimensión espiritual, algunas veces podremos sentir sus efectos en nuestro espíritu, experimentando cansancio, pesadez, estrés y falta de paz.

En lo relacionado a encontrar esposo y formar un matrimonio de éxito, déjame decirte la manera en la que se va a presentar la oposición espiritual en tu vida. El enemigo puede usar muchas técnicas para desviarte de los propósitos de Dios y afligirte. Algunas muy comunes son:

- *Inspirando temor en ti*, haciéndote pensar que no eres digna, que nunca vas a ser amada, que no eres suficientemente valiosa, etc.
- *Seduciéndote con personas atractivas*, que no tienen buenas intenciones, y que solo te desviarán del propósito de Dios y te lastimarán.
- *Desanimándote y metiéndote en depresión*, para que dejes de orar y dejes de buscar a Dios y pierdas la esperanza de que Él tiene un esposo para ti.
- *Atormentándote con un espíritu de orgullo y arrogancia*, para que tengas un muy alto concepto de ti misma, y llegues a pensar que nadie es lo suficientemente bueno para ti.
- *Sembrando en tu corazón raíces de resentimiento e inseguridad*, debido a personas que te lastimaron en el pasado, impidiendo que puedas confiar y amar con libertad en el futuro.

¿Alguna de las anteriores te suena familiar? Estos son algunos de los obstáculos espirituales que afectan tu alma, y que el enemigo está usando contra ti para que no puedas encontrar el amor; pero existen muchos más. La única manera en que podemos ganar batallas espirituales y vencer la oposición espiritual, es por medio de la oración; no podremos ganarlas por nosotros mismos. Solo Jesús puede hacernos libres de ataduras emocionales, y del temor que está afectando nuestras vidas. Debemos de arrepentirnos verdaderamente y pedirle a Dios que limpie nuestro corazón y nos haga libres de todo aquello que está deteniendo nuestro progreso.

LA ORACIÓN TRAE SALVACIÓN Y LIBERACIÓN

Dios usa nuestras oraciones para obrar en nosotros y usarnos para bendecir a otras personas. Tus oraciones tienen poder para llevar salvación, restauración y libertad al hombre que será tu futuro esposo.

Veamos la historia de Adriana y Héctor.

* * *

Adriana ha sido cristiana toda su vida y por muchos años ella oró por un esposo. Ella tuvo varias relaciones, algunas largas y otras de corta duración. Una y otra vez, sufrió grandes decepciones y rupturas amorosas. A pesar de sentirse desanimada, ella continuó orando y decidió guardar su corazón, y no entregarlo a nadie más, hasta estar convencida de que Dios había traído al hombre que sería su esposo.

Cuando Héctor y Adriana se conocieron, ella ni siquiera se imaginaba que ese hombre sería su esposo. Héctor había vivido apartado de Dios toda su vida. Él había tenido múltiples relaciones y encuentros sexuales con otras mujeres. Además, él tomaba demasiado alcohol y consumía drogas. Héctor tenía apenas un par de meses asistiendo a la iglesia donde Adriana se congregaba. Fue invitado por un amigo, y después de esa invitación, continuó asistiendo cada domingo. Aunque Héctor no era cristiano, su madre sí lo era, y ella continuamente oraba para que su hijo conociera a Dios y le entregara su vida. Conforme Héctor comenzó a acudir a la iglesia, Dios empezó una transformación en él y cambió su corazón. Héctor se alejó por completo de su vida pasada y se arrepintió de todos sus pecados. Dios también lo libró de sus problemas de alcohol y de abuso de drogas.

Eventualmente, Adriana y Héctor se conocieron en un grupo de estudio bíblico para jóvenes solteros mayores, y se hicieron amigos. Muy seguramente, Adriana tuvo que armarse de mucha fe, cuando Dios le reveló que Héctor iba a ser su esposo. Después de conocerse por un año, decidieron comenzar una relación; y antes de que pasara otro año, se comprometieron y se casaron.

Hoy en día, Héctor es un hombre completamente transformado por

Dios. Es un esposo amoroso y un excelente padre. Él es un testimonio de lo que Dios puede hacer en la vida de una persona que ha caminado toda su vida alejada de Dios y después decide entregarle su vida a Cristo.

Después de haber escuchado la historia de Héctor, y ver la transformación que Dios hizo en su corazón, Adriana entendió que todos aquellos años en los que ella había estado orando por su esposo, Dios había estado trabajando en él. Dios estaba muy ocupado trayendo rescate y preparando el momento en el cual, Héctor llegaría a tener un encuentro con el amor incondicional de Jesús y ser salvo.

* * *

Dios deseaba darle a Héctor la oportunidad de arrepentirse y recibir salvación. Las oraciones de Adriana por su futuro esposo lograron esto y más. Dios sabía que Héctor no estaba listo para recibir la bendición de una joven como Adriana; pero también sabía, que él tenía el potencial para convertirse en la bendición por la cual ella había estado orando. Dios ve mucho más allá de nuestras circunstancias presentes. Él no se limita por nuestros errores, ni tampoco por nuestras debilidades, sino que Él ve quiénes somos en Cristo: "Más que vencedores por medio de Aquel que nos amó," (Rom. 8:37). En otras palabras, Él ve la mejor versión de nosotros mismos y todo nuestro potencial en Cristo Jesús. ¡Amén!

> En realidad, no es que el Señor sea lento para cumplir su promesa, como algunos piensan. Al contrario, es paciente por amor a ustedes. No quiere que nadie sea destruido; quiere que todos se arrepientan. (2 Pe. 3:9, NTV)

Adriana siempre pensó que su futuro esposo sería un hombre cristiano de toda la vida, tal como lo era ella, pero no fue así. Lo que sí Dios le entregó, fue un hombre transformado, restaurado y listo para ser el esposo que ella necesitaba. Nunca sabremos cuáles son los designios y planes de Dios, Él no tiene moldes, ni protocolos. *Dios no necesariamente escoge a los más calificados, pero Él siempre califica a los que escoge.*

Mientras oramos, Dios está trabajando en nosotros y por medio de nosotros, aun cuando no podemos ver lo que Él está haciendo. Si has estado orando por un esposo y Dios no lo ha traído a tu vida todavía, muy seguramente es porque Dios está trabajando en ambos. Tal vez creas estar lista, pero la verdad de las cosas es que Dios les está enseñando a ti y a tu futuro esposo a confiar en Él, y Él sabe cuál será el mejor momento para presentarlos.

Pídele al Espíritu Santo que te muestre qué tipo de oposición u obstáculos pueden estar retrasando la respuesta a tus oraciones. Probablemente hay cosas en tu pasado, como heridas y decepciones, que te han dejado lastimada y te están deteniendo de seguir adelante. Puede ser que tu futuro esposo también necesite liberación en algunas áreas de su vida. ¡Posiblemente también necesite recibir salvación! Ora por ti y por él, pídele a Dios que los prepare el uno para el otro.

Cuando oras conforme a la voluntad de Dios, puedes estar segura de que desde el primer día que te dispusiste a orar, tu oración fue escuchada; y si fue escuchada, puedes confiar en que Dios va a responderla. Esta es la promesa que Él nos ha dado en la Biblia, y Dios no falla a su palabra. Aun cuando la respuesta tarde un tiempo, no debes de dudar, ni tampoco debes dejar de orar. El hombre que va a ser tu esposo necesita de tus oraciones en todo momento. Las necesita desde antes que lo conozcas y aún más las necesitará una vez que seas su esposa.

Si llevas largo tiempo orando por un esposo, no te des por vencido, más bien persevera. Tus oraciones están siendo usadas de manera poderosa; simplemente aún no puedes verlo. Es posible que un día Dios te sorprenda al revelarte todo lo que Él hizo en ti y en quien será tu esposo mientras orabas. Así que no te desanimes, ya que desde el primer día en que te humillaste delante de Dios y comenzaste a orar, tu oración no solamente fue *escuchada*, sino también fue *respondida*. Y la respuesta ya viene en camino.

5

VENCIENDO TUS TEMORES

Uno de los principales obstáculos que impide a muchas personas tener éxito en el amor, es el temor. Gran número de personas destruyen sus relaciones o huyen de ellas, porque no han logrado vencer temores y traumas del pasado. La respuesta común del ser humano ante el temor, es huir de aquello que parece amenazante; aun cuando la aparente amenaza ni siquiera exista. Es por ello, que toda persona soltera que vive en temor, y que no sea capaz de enfrentarlo y vencerlo efectivamente, terminará quedando sola o en una relación infeliz. El temor es contrario a la fe en Dios, no es otra cosa mas que una fe negativa. Es creer y esperar que algo malo va a ocurrir. Así como la fe en Dios nos lleva a obtener sus promesas y sus bendiciones, el temor tiene poder para traer a nuestra vida aquello que tanto tememos.

La mayor parte de los temores tienen su raíz en algo que nos sucedió en el pasado. Si has sido lastimada anteriormente, posiblemente vas a temer volver a ser lastimada. Tal vez te vuelvas muy cautelosa en tus relaciones futuras, pensando que el mismo escenario se puede repetir.

El temor nos hace inseguros y desconfiados; nos hace preguntarnos si realmente tenemos todo lo necesario para ser amados y aceptados.

Es por ello, que el temor a veces ocasiona que las personas se vuelvan posesivas, celosas, demandantes, e incapaces de confiar, y sofocan tanto las relaciones que las destruyen.

¿Alguna vez has filtrado tus relaciones basándote en los siguientes pensamientos?

- No quieres cometer los mismos errores que cometieron tus padres.
- No quieres ser lastimada como la última vez que abriste tu corazón.
- Simplemente sientes que no mereces ser amada.
- Piensas que necesitas jugar a hacerte la difícil para atraer la atención de un hombre.
- No quieres que nadie se aproveche de ti.
- No quieres ser vulnerable, y escondes tus emociones y sentimientos.

Todos los anteriores son pensamientos cuya raíz es el temor; están conectados con decepciones pasadas, dolor y sufrimiento. El temor no nos permite ser libres para experimentar y recibir el amor que tanto deseamos y merecemos.

Hubo varios momentos en mi vida en los que abordé relaciones de manera muy cautelosa, especialmente si me sentía muy atraída a la otra persona. Relaciones pasadas me habían enseñado que cuando me sentía muy atraída por alguien, normalmente terminaba involucrando mi corazón y mis emociones, más que la otra persona. La otra persona se aprovechaba de la situación y comenzaba a actuar como un patán. Por esta razón, mi mecanismo de defensa se convirtió en ocultar mis emociones y sentimientos, y jugar a hacerme la difícil. Realmente no estaba siendo yo misma; sino que me estaba comportando de la forma que yo creía que la otra persona se sentiría atraída. A pesar de que esta estrategia funcionaba temporalmente, no era sustentable a largo plazo. Esas relaciones se volvían superficiales, vacías, falsas, calculadoras, emocionalmente desgastantes y nunca funcionaban.

Como creyentes, no hemos sido llamados a vivir en temor, sino a vivir en la libertad plena que solo puede ser experimentada mediante la fe en Cristo Jesús. Esta fe nos lleva a vivir confiadamente, y nos libra de las heridas y los traumas del pasado.

Dios sabe que durante el curso de nuestra vida, el temor nos va a asaltar de diferentes maneras. Vivimos en un mundo donde los problemas existen, es fácil experimentar temor por diversas circunstancias que parecen amenazantes. Sin embargo, la instrucción de Dios siempre ha sido la siguiente: no temas.

> Así que no temas, porque yo estoy contigo; no te angusties, porque yo soy tu Dios. Te fortaleceré y te ayudaré; te sostendré con mi diestra victoriosa. (Is. 41:10, NVI)

Como puedes ver en la escritura anterior, "el antídoto para contrarrestar el temor, es tener la convicción de que Dios está con nosotros y lucha por nosotros."[7]

Existen tres pasos para vencer el temor:

Paso 1: Identificación—¿De qué tengo miedo?
Paso 2: Conocer la raíz—¿Qué originó este temor?
Paso 3: Confrontación—¿Qué dice la Palabra de Dios que me ayude a erradicar este temor?

La única manera de conquistar nuestros temores es *confrontándolos*, es decir, seguir avanzando con valor a pesar de ellos, siguiendo la dirección de Dios con obediencia aún y cuando estemos atemorizados. Poco a poco esos temores cederán ante tu valor, perderán su fuerza y serán cosa del pasado.

LOS TEMORES MÁS COMUNES DEL AMOR

Cuando se trata de encontrar el amor, existen una gran cantidad de temores que afligen a los solteros. En esta sección, hablaré de cinco temores comunes que enfrentan las personas solteras. Para cada uno de ellos, aplicaré los tres pasos para vencer el temor.

Temor a la soledad

Identificación: Temor a quedar sola y no tener nadie a tu lado.

La soltería es una etapa creada por Dios con un buen propósito. Aun cuando tu anhelo sea encontrar a un hombre que te ame y casarte, no debes de permitir que ese anhelo robe tu gozo y te meta en ansiedad por ser soltera.

El temor a la soledad no es lo mismo que sentirse solo. Sentirse solo es una parte inevitable de la vida; estaremos solos muchas veces a lo largo de ella, pero eso no debe de ocasionarnos temor. Quien experimenta *temor a la soledad*, no puede permanecer por largo tiempo sin estar en una relación. Esa persona siempre está buscando su plenitud emocional, física y hasta financiera, en alguien más. Tan pronto termina con una relación, buscará iniciar otra. Este tipo de personas no encuentran satisfacción en la soltería, se sienten infelices e incompletas si no tiene una pareja; incluso quienes sufren este tipo de temor, prefieren estar en relaciones abusivas donde no hay amor.

La raíz: La fuente de este temor es la falsa creencia de que necesitas de alguien más para que cuide de ti. Si cuidas de ti misma emocional, física y financieramente, lo más probable es que no sentirás este tipo de temor.

Confrontación:

> No digo esto porque esté necesitado, pues he aprendido a *estar satisfecho* en cualquier situación en que me encuentre. Todo lo puedo en Cristo que me fortalece. (Fil. 4:11, 13; NVI)

El apóstol Pablo aprendió a estar *contento* y *satisfecho* con lo que tenía, ya fuera que tuviera poco o mucho, que lo tuviera todo o nada. Esto lo logró, porque él encontró que Cristo era más que suficiente.

Como creyentes debemos aprender a encontrar nuestra plenitud y contentamiento en Cristo. Debemos aceptar con gozo y gratitud cualquier etapa de la vida en la que Dios nos tenga, ya sea que seamos solteros o estemos casados. Nuestro contentamiento y nuestra plenitud debemos de alcanzarla en Dios, mucho antes de que Él nos entregue un esposo. De hecho, encontrar nuestra plenitud en Dios, aunque no tengamos pareja, es una de las principales señales de madurez espiritual, que indica que uno esta alistándose para recibir la bendición del matrimonio.

Aún cuando Dios no nos haya entregado un compañero, Jesús es y siempre será nuestro esposo; en Él encontraremos fortaleza para enfrentar cada circunstancia en nuestra vida. Si Dios dijo, "No es bueno que el hombre esté solo, haré ayuda idónea para él," es porque Él conoce nuestra necesidad de amor y compañía. Cuando se llegue el tiempo señalado, y si así lo considera apropiado, Dios se encargará de suplir esta necesidad de tu corazón.

Temor a no ser digna de amor (temor al rechazo)

Identificación: Temor a que nadie te ame, porque crees que no mereces ser amada o que no eres suficiente.

Este temor es uno de los más comunes y también uno de los más sutiles, a veces es casi imperceptible para la persona que lo padece. La baja autoestima, la inseguridad y el nerviosismo ante personas del sexo opuesto por las cuales te sientes atraída, son señales claves de que eres víctima de este tipo de temor.

La raíz: Rechazo

Este temor tiene su origen en el rechazo. Tal vez has experimentado cierto grado de rechazo desde temprana edad. Por ejemplo, si tus padres te hicieron sentir que no cumplías con sus expectativas de vivir bajo ciertos estándares de conducta, orden, limpieza, disciplina o desempeño en ciertas funciones de tu vida, quizá te hicieron sentir rechazada. Palabras tales como, "eres una buena para nada," "siempre haces las cosas mal," "me decepcionas," "nunca lograrás nada en la vida," comienzan a sembrar pequeñas semillas de rechazo en tu corazón. Esas semillas darán como fruto: temor al fracaso, a no ser aceptada, o a no hacer las cosas bien para que una relación funcione.

El temor a no ser digna de amor, también se alimenta de experiencias dolorosas por relaciones amorosas del pasado que no funcionaron. Este es uno de los temores que yo misma tuve que enfrentar y vencer. La decepción de varias relaciones que terminaron en ruptura me llevó a creer que había algo malo en mí, que tenía que esforzarme más, que yo no era suficientemente y que por tal razón no estaba siendo aceptada y nadie se estaba interesando en mí.

Cualquier tipo de abuso verbal, físico, emocional o psicológico que hayas experimentado, puede ser altamente destructivo. Estas heridas del pasado tardan tiempo en sanar, y solamente Jesús es quien puede hacernos libres del dolor que esas experiencias nos ocasionaron. Conforme el amor de Jesús comience a sanarte, te será posible ganar confianza en ti misma y conocer tu valor como persona.

Confrontación:

> Espero que puedan comprender, como corresponde a todo el pueblo de Dios, cuán ancho, cuán largo, cuán alto y cuán profundo es su amor. Es mi deseo que experimenten el amor de Cristo, aun cuando es demasiado grande para comprenderlo todo. Entonces *serán completos* con toda la plenitud de la vida y el poder que proviene de Dios. (Ef. 3:18-19, NTV)

El primer paso para ser libre del temor que te hace creer que no eres digna de ser amada, es entender cuán valiosa eres para Dios, y cuán grande es Su amor por ti; esto te hará una persona *completa*, y no necesitarás la atención o aprobación de nadie. Todos deseamos ser amados y aceptados, pero no siempre será así. Jesús mismo fue humillado y rechazado; pero Él no vino a complacer al mundo, sino a hacer la voluntad de su Padre. De igual forma tú encontrarás que, al hacer la voluntad de Dios, perderás la aceptación de ciertas personas, y esto es perfectamente normal.

Es posible que algunos hombres que inicialmente estaban interesados en ti, pierdan el interés cuando no cedas ante sus deseos o expectativas de tener sexo, de vestir provocativamente, o de comportarte de alguna manera que no es digna de una mujer de Dios. Pero no te desanimes ni te angusties, *tú no necesitas a ninguno de esos hombres*. Mientras te mantengas firme en hacer la voluntad de Dios, Él quitará todo lo que estorba de tu camino, y tarde o temprano te recompensará por tu obediencia y fidelidad, con un hombre que realmente reconozca tu valor como mujer.

El tiempo me hizo comprender que aquellas relaciones que no funcionaron en mi vida, en las que no me sentí amada y valorada, no fueron porque hubiera algo malo en mí, sino porque ninguna de esas relaciones era la voluntad de Dios para mi vida. El corazón de esas personas no estaba listo para amarme porque ese no era el plan de Dios, simplemente Dios tenía a otra persona para ellos, y a alguien más para mí. Otra cosa que aprendí fue a no ceder a las expectativas, preferencias o gustos de nadie; sino a ser auténtica, a ser yo misma, y a vivir bajo los estándares de Dios y no bajo los estándares de los hombres.

Finalmente, cuando conocí a mi esposo, pude experimentar una libertad y paz completa en su amor. Este amor era puro, sincero e incondicional. Él siempre me respetó y nunca intentó hacer algo que pusiera en riesgo nuestra integridad y pureza ante Dios. Su corazón estaba listo para amarme y para aceptarme tal y como yo era. El día que conozcas al hombre que Dios tiene para ti, muy seguramente te darás cuenta de que no tendrás temor, no tendrás que esforzarte tanto y podrás ser tú misma sin temor al rechazo. Este es el tipo de amor que Dios tiene por nosotros y es el mismo tipo de amor que Dios quiere entregarnos.

Si el temor a no ser digna de amor se presenta en tu vida, no le abras la puerta, no permitas que siga sembrando raíces en ti.

Tú puedes orar:

"Señor, ayúdame a vencer mis inseguridades y mi baja autoestima; y a descubrir mi valor y belleza como persona. No por lo que los demás digan o piensen de mí, sino porque yo soy tu hija, soy tu princesa y Tú eres mi Padre. Y como hija del Rey de reyes, Tú tienes un príncipe para mí que me amará verdaderamente, me respetará y cuidará mi corazón. Amén."

Temor a ser lastimada (otra vez)

Identificación: Temor de que alguien lastime tus sentimientos o se aproveche de ti.

Cuando hemos sido lastimadas, solemos construir un escudo de protección—comenzamos a esconder nuestros verdaderos sentimientos y emociones, nos volvemos más cautelosas en verbalizar pensamientos, en compartir detalles de nuestra vida y en mostrarnos tal cual somos. El problema aparece cuando nuestra posición de defensa y autoprotección nos impide formar relaciones genuinas basadas en la confianza y honestidad. Si nos volvemos demasiado calculadoras, incapaces de expresar sentimientos y emociones asertivamente, o si nos volvemos excesivamente desconfiadas e inseguras, las relaciones que formemos con otras personas serán meramente superficiales.

La raíz: Rechazo, ruptura y decepciones pasadas.

El temor a ser lastimada se desarrolla cuando hemos experimentado una ruptura amorosa o rechazo. Esto es muy común entre personas que han sufrido divorcio, infidelidad, o abandono. Las heridas y el dolor de relaciones pasadas que no funcionaron, dejan marcas que son difíciles de borrar o de ignorar. Desarrollamos entonces un temor de ser lastimadas una vez más, y como resultado, nos volvemos demasiado cautelosas.

Confrontación:

> Sin embargo, les daré salud y los curaré; los sanaré y haré que disfruten de abundante paz y seguridad. (Jer. 33:6, NVI)

El amor de Dios es la principal fuente de sanidad para cualquier herida de nuestro pasado. Hay que tener siempre presente que Dios jamás enviará a alguien que te haga sufrir. Si esperas en el Señor, y dejas que Él elija a tu pareja, no debes temer ser lastimada otra vez; ya que su Palabra dice, que Él hará que disfrutaremos de abundante paz y seguridad.

Sea cual sea tu situación, no permitas que la decepción causada por relaciones del pasado habite en tu mente y en tu corazón permanentemente.

Recuperarte del dolor y dejar que tu corazón sane, es un proceso que tomará tiempo. Debes de estar lista para que el Señor sane esas heridas, te restaure, y te muestre el nuevo camino que has de seguir. Quizá en este tiempo, Dios quiera que te enfoques y te dediques por completo a Él. Dios restaurará lo perdido, Dios hará algo nuevo en ti (Is. 43:19), Dios te librará del dolor.

Temor al compromiso

Identificación: Temor a unirte a otra persona por el resto de tu vida.

El compromiso y el matrimonio son una decisión de fe. Cuando sientes temor a comprometerte o a casarte, la primera pregunta que debes hacerte es: "¿Creo firmemente que esta es la persona que Dios tiene para mí?" Si vacilas en tu respuesta, entonces entiendo perfectamente por qué sientes temor ¡Yo también lo tendría!

En la decisión más importante de tu vida—escoger a la persona con quien te vas a casar—debes de estar segura de que Dios está guiando tus pasos. Su dirección será revelada a ti por medio de su Palabra y por medio de la oración. Si no tienes la convicción de que Dios te está guiando en esta decisión, no te precipites. Deja que pase el tiempo, hasta que estés plenamente convencida de lo que Dios dice al respecto. Ora, pide una señal, busca el consejo de tus padres y toma decisiones sabias. Te garantizo que cuando Dios te confirme lo que debes de hacer, ya sea casarte o no con esa persona, todo temor se habrá esfumado.

La raíz: Falta de convicción o confirmación de parte de Dios.

Es posible que pienses que hay alguien mejor allá afuera que la persona con la que actualmente te encuentras. Esta manera de pensar es común cuando no existe una convicción de que Dios te ha unido a ella. Si esta es tu forma de pensar, ¿Cuál es el motivo de seguir en esa relación? No pierdas tu tiempo, y no se lo hagas perder a alguien más. Nadie merece estar con alguien para quien no lo somos todo, para quien no somos suficiente. O quizá te encuentras en una relación donde tu pareja piensa de esta manera. ¡Déjalo ir! Deja que él siga buscando lo que aún no ha encontrado, tú mereces tener a tu lado alguien que te ame verdaderamente.

Confrontación:

> Por eso dejará el hombre a su padre y a su madre,
> y se unirá a su esposa, y los dos llegarán a ser un solo
> cuerpo. (Ef. 5:31, NVI)

El matrimonio fue diseñado por Dios, es una bendición, y es algo bueno. No hay razón por la cual debamos temer al matrimonio o al compromiso, a menos de que la decisión de casarnos no haya sido guiada por Dios. La Biblia dice que aquel (o aquella) que halla esposa (o esposo) encuentra un tesoro, y ha alcanzado el favor del Señor (Prov. 18:22).

Si tienes temor al matrimonio, quizá exista una raíz oculta que necesitas identificar. ¿Acaso tus padres tuvieron muchos problemas en su matrimonio o se divorciaron? ¿En el pasado, estuviste en una relación en la que abusaron de ti? ¿Estuviste comprometida anteriormente, y se rompió el compromiso? Todos estos son ejemplos de traumas que pudieron haber afectado tu perspectiva acerca del matrimonio.

Si hay una raíz de temor y puedes identificarla, tráela a los pies de Jesús, pídele al Espíritu Santo que te libre de este trauma o temor, y que guíe tus pasos para elegir la pareja indicada. Mientras Dios dirija tus pasos y tu decisión de casarte, no debes de tener temor.

Temor a cometer los mismos errores que tus padres

Identificación: Temor a repetir o cometer los mismos errores de tus padres.

Al momento de elegir con quien te vas a casar, debes permitir que sea el Espíritu Santo quien te guíe. El temor de los errores que cometieron tus padres, o los padres de tu pareja, no deben influir en ti para tomar esta decisión.

Es muy probable que repitamos patrones de comportamiento que vimos en la relación de nuestros padres. Su ejemplo va a influir en nosotros de manera determinante en la manera en que manejamos nuestras relaciones; ya sea de forma positiva o negativa. Si crecimos en una familia donde ellos se faltaban al respeto, donde había ira, falta de perdón, deshonra, o abuso físico y verbal, es posible que repitamos este mismo modelo destructivo de comportamiento en nuestro matrimonio. La buena noticia es que podemos romper estos patrones negativos de conducta.

La raíz: Traumas del pasado, abuso durante la infancia, divorcio entre los padres, abandono.

Vivimos en una sociedad regida por matrimonios disfuncionales, donde el índice de divorcios va cada vez más en aumento. Hay una gran cantidad de problemas maritales, tales como la violencia física y verbal, infidelidad, pobreza, falta de comunicación y entendimiento entre parejas; entre otros. Es común ver estos patrones destructivos de comportamiento repetirse por varias generaciones dentro de la misma familia. La Biblia llama a este tipo de pecados, *iniquidades* que los padres heredan a los hijos y a los nietos, y pueden ser repetidos hasta la tercera y cuarta generación (Éxod. 34:7).

En su libro, *Matrimonio sobre la Roca*, el autor Jimmy Evans explica que, "La palabra *iniquidad* viene de la palabra hebrea *avon*, que significa pecado o problema que fue creado en ti, debido a que ese fue el modelo que viste en tus padres. Así como un árbol es estremecido por el viento una y otra vez, y crece inclinado en la dirección hacia donde el viento ha soplado, así también el comportamiento de un niño crecerá inclinado en la dirección que observe de sus padres."[8]

Si tú provienes de una familia disfuncional, donde los problemas entre tus padres destruyeron la armonía de tu hogar, es muy probable que hayas desarrollado ciertos temores a cometer los mismos errores. Sin embargo, estas iniquidades pueden ser destruidas para siempre cuando recibimos salvación por medio de Cristo, y Dios trae su redención y restauración (Deut. 5:9-10).

Confrontación:

> Así que, si el Hijo los libera, serán ustedes verdaderamente libres. (Juan 8:36, NVI)

Cuando recibes salvación por medio de Jesús, también recibes libertad. Debes dejar a un lado todo temor acerca de tu pasado o de los errores que cometieron tus antepasados, porque si estás en Cristo, eres una nueva creación, las cosas viejas pasaron, todas son hechas nuevas (2 Cor. 5:17).

Para confrontar este temor, tu manera de pensar debe de ser la siguiente: "Mi vida será diferente, mis acciones y mis decisiones serán diferentes, y mi matrimonio será diferente. Será un matrimonio de bendición y no de maldición, porque Jesús es mi Señor y mi Salvador, y Él será el centro de mi matrimonio."

Por último, puedes orar y pedir a Dios que te haga libre de cualquier pecado o iniquidad que hayan cometido tus antepasados:

> Señor Jesús, te pido que rompas esta iniquidad
> y me hagas libre de ella. Yo perdono a mi padre y a mi
> madre por los errores (pecados) que ellos cometieron y
> por el daño que me ocasionaron (y se ocasionaron a sí
> mismos). Yo bendigo a mi padre y a mi madre, y te pido
> que desde este momento, tú me hagas libre de cometer
> los mismos errores (pecados) que ellos cometieron.

¡La iniquidad debe ser quebrada en ese mismo momento! No es tu responsabilidad cargar con los errores de tus padres, ni tampoco arreglarlos, o jugar el papel de intermediario entre ellos. Lo más efectivo que puedes hacer para ayudarlos, es orar por ellos y pedirle a Dios que restaure su relación.

LA FUENTE DEL TEMOR

> Pues Dios no nos ha dado un espíritu de temor
> y timidez sino de poder, amor y autodisciplina. (2 Tim.
> 1:7 NTV)

El temor no proviene de Dios. Dios nos ha dado al Espíritu Santo, quien nos capacita para llevar a cabo toda tarea que Dios nos pida, con valor, fortaleza y poder. El temor proviene de Satanás; él inspira mentiras en nuestra mente. Es por ello que él es llamado el padre de la mentira (Juan 8:44). Satanás quiere que creamos que cosas desastrosas van a suceder. Él hace esto para paralizarnos, y así evitar que sigamos adelante en los propósitos que Dios tiene para nosotros.

Si eres soltera, Satanás constantemente estará sembrando pensamientos en tu mente, tales como:

- "Tal vez Dios no quiere que me case."
- "Dios no está escuchando mis oraciones."
- "Quedaré sola para siempre."
- "Ya estoy demasiado grande para encontrar el amor."
- "Nadie se fijará en mí."
- "Si llego a casarme, seguramente mi matrimonio fracasará."
- "No soy suficiente."

El objetivo de Satanás al inspirar estas mentiras en tu mente, es atormentarte, robarte el gozo y controlar tus acciones. Si das suficiente poder a tus temores, terminarás creyendo las mentiras de Satanás, y le estarás abriendo la puerta a tu enemigo para que gane territorio en tus pensamientos, tus emociones y tus decisiones.

Existe solamente una manera de vencer al diablo y a los temores que él inspira en nuestro pensamiento, y es la siguiente: ¡resistiéndolo!

> Así que sométanse a Dios. Resistan al diablo, y
> él huirá de ustedes. (Sant. 4:7, NVI)

Resiste al diablo cuando él susurre pensamientos de temor en tu mente. Es importante que primeramente los identifiques, que recuerdes que es Satanás quien los está inspirando, y después les pongas un alto. Esos pensamientos no están siendo inspirados por Dios, esos pensamientos tampoco son tuyos, el diablo los ha puesto ahí para afligirte y para manipular tu vida y tus emociones. Tú puedes derribar estos pensamientos, y desacreditar las mentiras de Satanás con la verdad que habla la Palabra de Dios.

Así que, se te ha dado ya un plan de acción para vencer todo temor: 1) identifícalo, 2) busca cuál es la raíz, y 3) usa la Palabra de Dios para confrontarlo. No te rindas ante el temor; más bien, haz que el temor se rinda ante ti al enfrentarlo con valor, conforme el Espíritu Santo te muestre como serán realmente las cosas. Declara en tu vida las promesas que se encuentran en la Palabra de Dios. Tarde o temprano, encontrarás un hombre que te ame con el mismo tipo de amor que Dios te ha amado—un amor que echa fuera todo temor (1 Jn. 4:18).

6

❦

EL ESPÍRITU DE ORGULLO Y DE INDEPENDENCIA

A través del tiempo que he convivido y conocido jóvenes solteros, muchas veces he observado repetirse un mismo patrón. Los jóvenes solteros más atractivos, exitosos y que han alcanzado más metas en su vida, por lo general son quienes más batallan en encontrar el amor y mantener relaciones exitosas. Resulta irónico que aquellos que parecen tenerlo todo, son precisamente los que más dificultad tienen para realizarse en su vida amorosa. Un ejemplo de esto, son las famosas estrellas de cine, modelos y celebridades; observa y verás este patrón al que me refiero. Algunos de ellos, a pesar de su fama, fortuna y atractivo físico, no logran casarse y permanecen solteros para toda su vida. Otros, piensan haber encontrado el amor y se casan, solo para anunciar a los pocos años divorcios multimillonarios. Son escasos aquellos que llegan a experimentar la plenitud del amor y que permanecen en él. Cierto día, mientras oraba y meditaba sobre esto, Dios me mostró la razón de este patrón tan común. El alma de muchas personas está siendo dominada por un *espíritu de orgullo* y un *espíritu de independencia*.

Los espíritus de orgullo e independencia son dos espíritus inmundos que operan bajo la influencia de Satanás; su único propósito es alejarnos de Dios. Quienes están regidos por estos espíritus obran en sus propias fuerzas, conforme a intereses personales, siguiendo su voluntad, no la del Padre. Personas dominadas por tales espíritus están llenas de arrogancia y egocentrismo, y se consideran superiores a otros; son también muy orgullosos y piensan que pueden hacerlo todo por ellos mismos. El Señor me mostró que el orgullo y vivir independiente de Dios, ocasiona que muchas de estas personas no reciban sus bendiciones, promesas y la unción que tiene destinada para ellas.

Las personas que viven bajo el control de estos dos espíritus, frecuentemente no experimentan plenitud en sus vidas amorosas. Quieren enamorarse, pero no logran encontrar a la persona correcta. Aun y cuando la tengan enfrente no podrán reconocerla, debido a que el orgullo que los domina los ha cegado, ha endurecido su corazón y ha oscurecido su entendimiento. Es importante identificar lo que estos espíritus están haciendo en sus vidas y librarse de ellos; de lo contrario, pueden terminar solos o en relaciones muy destructivas.

EL ESPÍRITU DE ORGULLO

Una persona con *espíritu de orgullo* pone su confianza en sus habilidades, sus posesiones, su apariencia física y su intelecto. Este espíritu por lo general va acompañado de *soberbia, arrogancia y vanidad.* Cuando una mujer soltera está siendo dominada por orgullo y conoce a algún hombre que la pretende, ella a menudo piensa para sí, que él no es suficiente y lo rechaza. Es posible que ella lo perciba como un hombre poco exitoso o no tan atractivo como ella quisiera. Ella puede incluso, sentirse superior a él en preparación, conocimiento, los bienes materiales que posee, y aún en su espiritualidad.

El orgullo y la arrogancia son de naturaleza diabólica. Son las razones por las cuales Dios arrojó a Satanás del paraíso, cuando él se rebeló contra Dios.

A causa de tu hermosura te llenaste de orgullo.
A causa de tu esplendor, corrompiste tu sabiduría. Por
eso te arrojé por tierra, y delante de los reyes te expuse
al ridículo. (Ezeq. 28:17, NVI)

Antes de su caída, Satanás tenía una posición muy privilegiada y
exaltada en la alabanza del cielo. Se cree que él orquestaba la música
del cielo. Él era un ángel muy hermoso, el modelo de perfección.
Estaba lleno de sabiduría, y era grande en belleza y hermosura. Estaba
adornado con piedras preciosas y oro. Sin embargo, su corazón se hizo
orgulloso debido a su belleza. Su esplendor corrompió su espíritu. Dios
lo expulsó del paraíso porque pecado y maldad fueron encontrados en
él. ¿Y cuál fue la raíz de su pecado? Orgullo.

Desafortunadamente, en cada uno de nosotros hay orgullo. Es parte
de nuestra naturaleza caída y del pecado. A Dios no le agrada esto
porque el orgullo da toda la gloria y crédito a uno mismo y no a Dios.
El orgullo pierde de vista que todo lo que uno es, todo lo que uno tiene
y todo lo que uno ha logrado, ha sido por Dios y para la gloria de Dios.
Sin Él, simplemente no somos nada y nada podemos hacer.

Así dice el Señor: "Que no se gloríe el sabio de
su *sabiduría*, ni el poderoso de su *poder*, ni el rico de
su *riqueza*. Si alguien ha de gloriarse, que se gloríe de
conocerme y de comprender que yo soy el Señor". (Jer.
9:23-24, NVI)

La escritura anterior describe tres cosas de las cuales las personas se
enorgullecen de sí mismas: *sabiduría, poder y riqueza*; sin embargo, Dios
advierte que no nos gloriemos en ninguna de estas cosas, porque el
único que es digno de toda la gloria es Él.

Si eres una mujer exitosa, con muchas habilidades, conocimiento
y talento; nunca olvides reconocer que es Dios quien te ha dado esa
habilidad para hacer riqueza y para ser exitosa. Todo cuanto Él te ha
dado, es para ser usado para su gloria. La bendición que Él ha puesto

en tus manos, no debe ser nunca razón de orgullo o vanagloria, ni para tu propia exaltación. Tampoco debe convertirse en tu estándar para encontrar pareja.

> No se te ocurra pensar: "Esta riqueza es fruto de mi poder y de la fuerza de mis manos." Recuerda al Señor tu Dios, porque es Él quien te da el poder para producir esa riqueza. (Deut. 8:17-18, NVI)

El orgullo puede ser tan sutil, que no nos damos cuenta que está controlando nuestras vidas. Solo la luz de Dios puede revelar nuestra naturaleza pecaminosa y hacernos ver si hay orgullo en nuestro corazón. Yo no me había dado cuenta del grado de orgullo que había en mi ser, hasta que Dios me bajó del pedestal que había creado para mí misma. Por años, había sido una mujer exitosa en mi profesión. Todo lo que emprendía prosperaba, a tal grado que llegué a ganar reconocimiento, fama y prosperidad financiera. Sabía que la mano de Dios estaba sobre mi vida, y que todo lo que había logrado era gracias a Él. Pero poco a poco, de manera muy sutil y silenciosa, el orgullo estaba echando raíces en mi corazón. Con el tiempo, comencé a ver mi éxito como el resultado de *mi* capacidad y *mi* talento, y me olvidé de que Dios era quien me había dado la habilidad para ser exitosa.

Sin embargo, Dios me llevó a un tiempo de extrema enfermedad que duró por varios años. Experimenté mucha debilidad física, psicológica y mental. Si pudiera describir el estado en el que me encontraba en una sola palabra, lo describiría como *discapacitada*. Estaba discapacitada en todos los aspectos, incapaz de hacer absolutamente nada de lo que antes hacía. Toda esa fortaleza y habilidad de la que antes me jactaba, se fueron por completo. Pero Dios todo lo permite con un propósito, aún las cosas más dolorosas que nos ocurren en la vida. Durante ese tiempo, Él me permitió ver mi vulnerabilidad y fragilidad como ser humano. Entonces fui capaz de recordar algo que había olvidado: sin Él y sin su gracia no soy nadie; ni tampoco puedo hacer absolutamente nada (Juan 15:5). Muchas veces, las mismas bendiciones que Dios nos da, son aquellas que nos llevan a alejarnos de Él. Esas bendiciones pueden hacernos orgullos, si no reconocemos de quien hemos recibido lo que tenemos.

El Señor dice:

> Yo te cuidé en el desierto, en esa tierra árida y se-
> dienta; pero una vez que comiste y quedaste satisfecho, te
> volviste orgulloso y te olvidaste de mí. (Os. 13:5-6, NTV)

Lee esto con atención. Creo firmemente que el orgullo está impidiendo que muchos hombres y mujeres solteros, se realicen y tengan éxito en su vida amorosa. Muchas personas han permanecido solteras, porque en su limitado entendimiento de lo que consideran que es lo mejor para ellos, no han encontrado una persona que reúna toda su exhaustiva lista de requerimientos. Es bueno tener estándares, la pregunta es: ¿Están estos basados en lo que Dios quiere para tu vida; o en base meramente a los deseos de tu carne?

Si las cualidades que buscas en un hombre son: que ame a Dios y sea un hombre lleno de fe, honesto, íntegro, respetuoso, trabajador, responsable, proveedor de su casa, te ame y cuide de ti—todas estas cosas están basadas en la Palabra de Dios. Pero si las características de lo que piensas sería tu hombre ideal son: que mida más de 1.80m, tenga buen trasero, sea físicamente atractivo, tenga buen auto o casa, sea de un tipo de raza o nacionalidad específica, y cosas por el estilo; entonces tus estándares están basados en deseos de la carne. Dios puede bendecirte con un hombre que reúna todas tus demandas físicas; sin embargo, estas no deben de dictar como deberás elegir pareja. En mi experiencia, la mayor parte de los hombres y mujeres que eligen pareja basándose meramente en sus deseos carnales, eligen incorrectamente y se llevan grandes decepciones. Solo Dios puede santificar y purificar tus expectativas, y guiarte a elegir la persona correcta de acuerdo a su Palabra y a su voluntad, que son los estándares más confiables para tomar tus decisiones.

EL ESPÍRITU DE INDEPENDENCIA

El espíritu de independencia no tiene nada que ver con la capacidad de mantenerte a ti misma, tener tu propio departamento o asumir tus propias deudas y responsabilidades. Tiene más bien que ver con caminar y vivir una vida alejada de Dios, y no someterse a la autoridad que Él ha establecido sobre ti. Una mujer con espíritu de independencia dirige su propia vida, y no se somete a la autoridad de nadie. Es una persona que gusta de hacer las cosas a su manera, para satisfacer sus intereses personales. Si es soltera, no rinde cuentas ni obedece a sus padres. Si es casada, tiene problemas en someterse a la autoridad de su esposo. Ella es una persona que simplemente no quiere reconocer a nadie como su autoridad, porque ella es su propia autoridad.

El espíritu de independencia nos separa de Dios y nos impide que llevemos a cabo sus planes y propósitos. Sin embargo, Satanás promueve este espíritu como una cualidad muy atractiva en la sociedad moderna. Algunas mujeres se vuelven tan independientes, que les resulta muy difícil o imposible someterse a la autoridad de nadie. Ellas piensan: "Yo he hecho las cosas por mí misma toda la vida. No necesito que nadie me diga qué hacer o cómo hacerlo."

Algunos hombres solteros se ven atraídos por mujeres que se proyectan fuertes e independientes. Otros hombres, con preferencia más conservadoras, se sienten intimidados por mujeres como estas; pues mujeres así pueden parecer inaccesibles.

Le pregunté a algunos hombres solteros, qué es lo que piensan cuando conocen a una mujer que se proyecta autosuficiente e independiente (sin autoridad sobre ellas). Esto es lo que dijeron:

> Cuando conozco a una mujer así, me pregunto cómo será realmente ella en el fondo. Ella se proyecta fuerte, confiada y segura; pero ¿será ella tan inaccesible, calculadora, enfocada en sí misma como parece? O

¿acaso será amigable, amable, dócil y abierta a conocer a alguien como yo?

— Tomás, 35 años

En ocasiones creo que una mujer demasiado independiente siente que no necesita de un hombre. Bueno, al menos eso es lo que proyecta. Por lo que hombres como yo, nos alejamos. A nosotros nos gusta sentir que ellas nos necesitan y que nosotros podemos proporcionar protección.

— Jaime, 41 años

Una mujer que tiene su camino muy establecido y la vista muy fija en sus objetivos personales, puede que no coincida con los objetivos del hombre que la quiera pretender. La pregunta es ¿Qué tan dispuesta estará ella a comprometer sus objetivos, para formar una relación y/o matrimonio?

— Esteban, 37 años

Pienso que una mujer demasiado independiente, puede no querer seguir los roles tradicionales de la mujer en el contexto del matrimonio, y a algunos hombres como yo no nos agradaría eso.

— Kevin, 37 años

Ser una mujer fuerte, segura de sí misma, con determinación y motivación, es algo muy bueno. El problema ocurre cuando todas estas características comienzan a distorsionarse y entran en conflicto con el modelo original de Dios para la mujer. Fuimos creadas para depender completamente de Dios; y si elegimos casarnos, debemos de ser capaces de someternos al amor, protección, cobertura y dirección de nuestro esposo.

Ahora bien, quiero que entiendan que Cristo es *cabeza* de todo hombre, mientras que el hombre es *cabeza* de la mujer y Dios es *cabeza* de Cristo. (1 Cor. 11:3, NVI)

La escritura anterior dice que todos, tanto hombres como mujeres, debemos de tener una *cabeza* (autoridad) sobre nosotros. En el caso de la mujer soltera, la *cabeza* o autoridad que Dios ha establecido sobre ella, son sus padres o tutores. En el caso de la mujer casada, su *cabeza* es su esposo (Ef. 5:23). Es aconsejable que aquellas mujeres que son viudas o divorciadas busquen la cobertura de una persona con madurez espiritual, quien pueda proporcionar consejo sabio, instrucción y corrección. Esta persona o personas pueden ser sus padres o algún otro miembro familiar, un pastor o líder de la iglesia, o algún mentor espiritual. Hablaré más sobre este concepto de *autoridad* en el capítulo La Honra a los Padres.

Toda autoridad ha sido puesta por Dios. Es necesario que aprendamos a ser enseñables y moldeables, y someternos a la autoridad que Dios ha puesto sobre nosotros, para que nuestras vidas sean bendecidas. La única excepción a este principio, es cuando la autoridad que está sobre nosotros nos pide que hagamos algo que va en contra de la voluntad de Dios o que es pecaminoso. En este caso, es necesario obedecer primeramente a Dios antes que a los hombres (Hech. 5:29).

Una Independencia Correcta

Si eres soltera, aspira ser una mujer que pueda hacerse cargo de sus responsabilidades sociales y financieras, pero que dependa completamente de Dios y que se someta a su autoridad. En la sociedad actual, es común ver que tan pronto una mujer comienza a trabajar y a ganar su propio dinero, se vuelve tan autosuficiente que se olvida de vivir bajo autoridad. Ella deja su casa a veces desde muy temprana edad. No hay quien le dé consejo, no hay quien la guíe, o le muestre el camino a seguir; porque ella ha decidido dirigir su propio destino. No le rinde cuentas a nadie, ni recibe corrección de nadie cuando es necesario. Ella tal vez piensa: "Si yo puedo mantenerme a mí misma, ¿por qué habría de hacer lo que mis padres me dicen o seguir viviendo con ellos? Ya estoy bastante grande para eso." A menos de que ella enderece el rumbo y busque seguir la dirección de Dios; es muy probable que tendrá tropiezos y dificultades, y estará expuesta a muchos peligros. Dios no diseñó a la mujer para que ande sola por el mundo, sin tener una cabeza (autoridad) sobre ella que le proporcione protección.

La cultura puede tener un gran impacto en cómo viven los jóvenes solteros. La idea de que la mujer soltera viva en casa con sus padres hasta el día que contraiga matrimonio, es vista en muchos lugares como una costumbre demasiada conservadora, y cada vez menos común y aceptada por la sociedad. En países de América del Norte y Europa, muchos jóvenes solteros dejan sus casas desde temprana edad, a veces antes de cumplir los veinte años, para irse a estudiar, o en busca de trabajo. Sin embargo, en otros lugares con culturas más conservadoras, como en algunos países de América Latina y Asia, la idea de que una mujer soltera deje su casa antes de casarse, puede ser visto por muchas familias como inapropiado, una falta de respeto y hasta como un acto de rebeldía. Al comparar estos dos escenarios culturales tan diferentes, quiero enfatizar que los patrones culturales de cada región o país tienen una influencia significativa en el estilo de vida, decisiones y elecciones de las personas. Entonces, ya sea que decidas vivir con tus padres hasta el día en que te cases, o dejar tu casa antes de que eso suceda, eso es cuestión de tu cultura, tus valores, y de lo que tú y tu familia consideran bueno, apropiado, seguro y oportuno.

En cualquiera de los dos casos, si eres una mujer soltera que ha vivido en el hogar paterno toda la vida o que dejaste tu casa desde temprana edad, lo importante es que nunca dejes de buscar la dirección de Dios y de tus padres. Aunque no vivas con tus padres, puedes seguir buscando su consejo, corrección e instrucción. Ellos son la autoridad que Dios ha establecido sobre ti hasta el día en que contraigas matrimonio. Se requiere de mucha humildad para que una persona económicamente independiente, fuerte y madura que puede hacerse cargo de sí misma, busque diligentemente el consejo y la dirección de una autoridad y la obedezca. La *humildad* es simplemente poner tu fortaleza bajo el control de alguien más. Jesús es el más claro ejemplo de una persona con gran poder, pero completamente sometido a la voluntad de su Padre. Él mostró gran humildad cuando hizo todo lo que su Padre le dijo que hiciera y nunca actuó por sí mismo.

Procura ser una mujer de espíritu manso y humilde; primeramente, reconociendo que necesitas a Dios, pues sin Él, nada puedes hacer. Nunca olvides que todo lo que eres, cuanto posees y has alcanzado, es gracias a Él; así que no permitas que tu corazón se vuelva orgulloso por ninguna de estas cosas. En segundo lugar, reconoce que Dios ha puesto sobre ti una cabeza (autoridad). Mientras camines bajo esa autoridad, habrá protección y bendición. Es importante resistir la tentación de hacer las cosas a tu manera, independiente de Dios y sin seguir la guía de tus padres. Los espíritus de orgullo e independencia no te llevarán a ningún lado, pero la humildad y dependencia en Dios siempre te guiarán a tomar las decisiones correctas.

7

LAS TRES TENTACIONES QUE VAS A ENFRENTAR

El amor rara vez llega sin tentación. El amor que vemos en las relaciones de hoy en día, está muy lejos de ser el tipo de amor que describe la Biblia. De acuerdo a 1 Corintios 13:4-7, el amor no deshonra a otros, no busca que las cosas se hagan a su manera, ni tampoco es celoso, ni orgulloso. El amor no se deleita en la maldad, sino se deleita en la verdad. El amor es paciente y bondadoso. Todo lo cree, todo lo espera y todo lo soporta. Sin embargo, muchas parejas están teniendo sexo antes del matrimonio, lo cual contradice el principio bíblico "el amor no deshonra a otros." Además, es común ver que las personas tienen múltiples relaciones al mismo tiempo, lo que contradice el principio bíblico "el amor no se deleita en la maldad." Por otra parte, las personas se están casando por razones incorrectas, ya sea por interés, por presión de la sociedad, o simplemente por pura atracción física y sexual; lo que contradice el principio bíblico "el amor no busca la suyo." La raíz de todas estas acciones es la tentación.

La palabra *tentación* significa, "hacer aquello que es malo, por lo cual Satanás es también llamado 'el tentador' (Mateo 4:3)."[9] Satanás intentó hacer caer en tentación a Jesús para que desobedeciera a Dios. Su objetivo es el mismo cuando nos tienta a nosotros. Desobedecer a Dios es pecado y nos separa de Él. Satanás usa la tentación para desviar a las personas de los planes de Dios y de sus propósitos.

> No amen al mundo ni nada de lo que hay en él.
> Si alguien ama al mundo, no tiene el amor del Padre.
> Porque nada de lo que hay en el mundo —*los malos deseos del cuerpo, la codicia de los ojos y la arrogancia de la vida*— proviene del Padre, sino del mundo. El mundo se acaba con sus malos deseos, pero el que hace la voluntad de Dios permanece para siempre. (1 Jn. 2:15-17, NVI)

De acuerdo a la escritura anterior, existen tres tipos de tentación que Satanás usará para seducirte a hacer lo malo: *los malos deseos del cuerpo, la codicia de los ojos y la arrogancia de la vida*.

Los *malos deseos del cuerpo*, o *deseos de la carne*, son deseos intensos por obtener placer físico. *La codicia de los ojos* es un deseo insaciable de poseer cosas que tienen un atractivo visual. *La arrogancia de la vida* es aquello que nos seduce a auto-exaltarnos o enorgullecernos de nuestros logros o posesiones. Estas tres tentaciones son lo que la Biblia llama el *mundo y sus malos deseos*, y amar estas cosas es contrario a amar a Dios.

Satanás usó estas tres tentaciones para engañar y hacer caer a Adán y Eva, y logró su objetivo. Años más tarde, Satanás usó estas mismas tácticas de tentación con Jesús, pero sus esfuerzos fueron en vano, ya que Jesús resistió toda tentación. Estas mismas tentaciones que Satanás usó con Adán, Eva y Jesús son aquellas que usará contigo para hacerte pecar. En este capítulo, explicaré cada una de estas tentaciones a detalle, y daré mi perspectiva de cómo es que pueden afectar tu éxito en encontrar el amor.

LOS DESEOS DE LA CARNE

La inmoralidad sexual es el resultado de un *deseo carnal*. No obstante, los *deseos carnales* no siempre son sexuales; pueden también estar relacionados con deseos insaciables por comer (glotonería), consumir alcohol, usar drogas y abusar de ciertas substancias. Satanás a menudo seduce a personas solteras a tener intimidad sexual fuera del matrimonio. Él conoce nuestras debilidades perfectamente, y buscará oportunidad de tentarnos precisamente en esas áreas de vulnerabilidad. Posiblemente él te presente hombres que despierten en ti pasiones y deseos sexuales. Ya sea que desees sentirte amada y deseada por un hombre, o simplemente disfrutar del placer y la diversión que el sexo ofrece, tú puedes ser vulnerable a caer en esta tentación.

El sexo es bueno y hermoso. Es permisible siempre y cuando tome lugar dentro del matrimonio; ese es el único lugar donde Dios va a bendecirlo. El sexo fuera de este contexto es pecado de *fornicación*, si lo practicas siendo soltero; o es pecado de *adulterio*, si siendo casado tienes intimidad con otra persona que no es tu cónyuge. En cualquiera de estos dos casos, el sexo solo traerá condenación, dolor y sufrimiento.

Dios creó el sexo para nuestro deleite y para formar una familia; pero el practicarlo fuera de los límites que Él ha establecido es pecado, y como tal, traerá consecuencias desastrosas a nuestra vida. Satanás constantemente nos estará seduciendo a cruzar y violar esos límites para hacernos pecar; así como sedujo a Eva, en el jardín del Edén, a comer del árbol que Dios le había dicho que no comiera (Gén. 3:2-4).

Deseo compartirte la historia de Elena. Ella es una joven soltera de treinta y dos años, que aún espera conocer a su príncipe azul. Esto es lo que ella compartió conmigo.

* * *

Comencé a tener relaciones sexuales desde que tenía veinticuatro años. Todo comenzó cuando el novio que tenía, me presionó diciéndome que, si no hacíamos el amor, nuestra relación muy difícilmente iba a funcionar. Yo sentía que no estaba lista. Quería reservar mi virginidad para el hombre que sería mi esposo algún día. Pensaba que sería él.

Cuando platiqué de estas cosas con mis amigas más cercanas, quienes no eran vírgenes, ellas me dieron su opinión y consejo al respecto.

"Elena, ¿Por qué quieres guardar tu virginidad para el matrimonio?

Una vez que lo hagas la primera vez, las siguientes veces no será difícil," me decían.

"Claro que quiero experimentar el tener relaciones sexuales con mi novio, pero siento que no es correcto si no estoy casada," les respondí.

"No hay nada de malo en ello, todo el mundo lo hace," insistieron. "Es la mejor manera de conocerte a ti misma y conocer a tu pareja. El sexo los va a unir más. ¿Cómo vas a saber si tú y él son sexualmente compatibles? Es importante que sepas eso antes de casarte, ¿no crees?"

Todos estos comentarios solo me hacían dudar si mi convicción de esperarme al matrimonio era después de todo algo ridículo, pasado de moda e infantil. Comencé a ver mi virginidad como algo vergonzoso y no deseable, y sentí que debía deshacerme de ella lo más pronto posible. Por tal motivo accedí a tener relaciones sexuales con mi novio. Pero tan pronto lo hicimos, un terrible sentimiento de culpa y remordimiento comenzó a atormentarme. El sexo, aunque me brindó un placer momentáneo, no fue para mí una experiencia gratificante una vez consumado. Más tarde, mi relación con ese chico, en lugar de fortalecerse, se fue deteriorando poco a poco hasta que terminó. Se había convertido en una relación meramente física, pero vacía de amor, comunicación y confianza.

Me apena admitir que también tuve sexo con mi siguiente novio y luego con otro. Entregué mi corazón y mi cuerpo muchas veces, solo para ser lastimada y quedar nuevamente sola y vacía. Hoy me arrepiento de haber entregado mi cuerpo tan joven y a hombres que al final de cuentas no fueron el esposo que Dios tenía reservado para mí. Ya no quiero seguir haciendo lo mismo. Aunque ya no puedo recuperar mi virginidad, he decidido guardar mi cuerpo en pureza para Dios y esperar hasta el día en que me case. Aun así, he de confesar que la tentación sexual es algo que me resulta muy difícil resistir a partir de aquella ocasión que lo hice por primera vez.

* * *

¿Te das cuenta cómo es que Satanás tentó a Elena? Él usó el consejo de sus amigas, para aparentar que el sexo fuera del matrimonio era algo bueno, atractivo y divertido. Pero en realidad, todas estas cosas eran solo un engaño, pues el sexo fuera del matrimonio nunca será algo bueno. Al contrario, la fornicación es pecado, y como tal, puede destruir la salud mental, emocional y física de las personas. Satanás no le contó la historia completa a Elena, él solo le mostró el lado deseable de tener sexo antes de casarse. Tristemente, ella descubrió el lado indeseable más tarde, el cual estaba lleno de culpa, vergüenza, angustia, remordimiento y dolor.

LA CODICIA DE LOS OJOS

La *codicia de los ojos* es una tentación que te hará desear cosas de este mundo por encima de Dios. Esas cosas que tanto deseas se convierten entonces en un ídolo (o idolatría). Satanás usará algo o alguien externamente atractivo para generar codicia en ti. Si no eres lo suficientemente astuta para identificar que aquello que estás deseando no viene de Dios, comenzarás a perseguirlo.

Cuando Satanás tentó a Eva a comer del fruto prohibido, dice la Biblia que Eva vio que el fruto del árbol *tenía buen aspecto* (Gén. 3:6). Eva fue seducida por la deseable apariencia del fruto, pero la historia hubiera sido muy diferente si Satanás hubiera tentado a Eva con una manzana podrida y llena de gusanos. El diablo siempre presentará algo externamente atractivo para hacernos caer en tentación. Como ya lo había mencionado, él solo te mostrará el lado deseable de las cosas y tirará el anzuelo. Si muerdes el anzuelo, más tarde, tú misma descubrirás, el lado obscuro y destructivo de la tentación que estaba encubierto.

¿Cómo es que Satanás te va a tentar con la *codicia de los ojos*? Cuando tú desees a un hombre por su atractivo físico, popularidad, influencia, prosperidad económica o por las cosas materiales que él tiene, entonces tú habrás caído en esta tentación. Satanás te va a seducir con una persona que tenga este tipo de características, para distraer tu atención de aquello en lo que realmente Dios quiere que estés enfocada.

Una mujer soltera de edad avanzada y muy exitosa en su carrera, una vez me dijo lo siguiente:

* * *

"Yo solo quiero casarme con un hombre guapo y que tenga mucho dinero."

Al escucharla, supe inmediatamente que ella, sin darse cuenta, estaba cayendo en la tentación de la codicia de los ojos. Entonces le pregunté, "Y si Dios te presentara un hombre de apariencia distinta a lo que tú esperas, que no tenga mucho dinero, pero sea muy trabajador y puede darte una vida modesta; y Dios te dijera: 'Este es el hombre a quien yo he escogido para que sea tu esposo,' ¿Qué harías?"

Ella guardó silencio por un momento y se quedó muy pensativa, y después de una pausa respondió: "Pienso que Dios conoce los deseos de mi corazón, y Él los hará realidad. Porque no tiene nada de malo el quererme casar con un hombre del cual me sienta atraída físicamente. Tampoco no hay nada de malo en querer tener prosperidad financiera, ¿O sí?"

* * *

Esta joven tenía razón, no hay nada malo en desear casarse con un hombre atractivo y próspero. El problema es poner tus deseos por encima de querer hacer la voluntad de Dios. Ella solo puso atención en la primera parte de la pregunta, que incluía la descripción del hombre— su apariencia física y lo que tenía para ofrecer—pero no puso atención en lo que Dios dijo: "Este es el hombre a quien yo he escogido para que sea tu esposo." Confiaba más en lo que deseaba y suponía sería lo mejor para ella, en lugar de confiar en Dios.

La respuesta de esta chica denotó que no estaba dispuesta a aceptar lo que Dios tenía preparado para su vida; a menos que fuera la imagen exacta del hombre que estaba buscando. Tal vez, en el pasado Dios le presentó al hombre adecuado para ser su esposo y no supo reconocerlo por estar tan enfocada en obtener lo que ella quería. Lo cierto es que ninguna de las relaciones que inició con hombres que reunían sus expectativas, resultó ser una relación exitosa.

> Y, cuando piden, no reciben porque piden con
> malas intenciones, para satisfacer sus propias pasiones.
> (Sant. 4:3, NVI)

El problema de caer en la tentación de la *codicia de los ojos* es que nos enfocamos en obtener aquello que tanto queremos, que pasamos por alto lo que realmente es bueno, y viene de parte de Dios. Muchas de las bendiciones que recibimos de Dios pueden ser asombrosas y deslumbrantes; pero también habrá ocasiones en que sus más grandes bendiciones, simplemente vengan envueltas en papel periódico. Si no somos sensibles a su voz diciéndonos, "Este regalo viene de mi parte," posiblemente no lograremos reconocerlas.

LA ARROGANCIA DE LA VIDA

La *arrogancia de la vida* es aquella tentación que tiene como objetivo la auto-exaltación. Las personas que caen en esta tentación están llenas de orgullo y arrogancia. Codician tener poder, control, fama y popularidad. Desean promoverse a sí mismas para obtener reconocimiento e influencia.

Satanás sedujo a Eva a comer del árbol prohibido, diciéndole que no iba a morir, sino que se le abrirían los ojos, y que *llegaría a ser como Dios* (Gén. 3:5) Eva deseó ser como Dios y tener su poder y sabiduría; por lo tanto, comió del fruto prohibido y después le ofreció a su marido (Gén. 3:6-7). Satanás también tentó a Jesús a aprovecharse de su posición como Hijo de Dios y auto-exaltarse. Sin embargo, Jesús fue humilde y permaneció en su condición de hombre en lugar de exaltarse a sí mismo y adelantarse al plan que Dios tenía para él.

Muchas mujeres solteras aspiran casarse solo por obtener un *status* de casadas. Otras aspiran tener una relación con el hombre guapo y popular que todas sus amigas desean, solo para presumir que fueron ellas las afortunadas en obtener a ese hombre. Otras quieren casarse con el hombre adinerado, solo para hacer alarde de las cosas materiales que él puede ofrecerles. Todos estos casos son ejemplos que muestran *la arrogancia de la vida*. En cada uno de estos escenarios, el deseo o motivo de tener una relación es incorrecto. ¿Estás con ese hombre porque realmente lo amas? ¿O estás con él para obtener un falso sentido de seguridad y status social? Todo aquello que despierte orgullo, arrogancia, vanidad, sentimientos de superioridad, deseos de popularidad, y desvíe tu adoración a Dios, para ponerla en ti misma; inevitablemente te hará caer en esta tentación.

Esta es la historia de Chelsy.

* * *

Chelsy creía estar enamorada de Rayan. En realidad, no lo amaba; más bien, ella estaba enamorada del estilo de vida, comodidades y seguridad financiera que él le proporcionaba. Aunque Rayan era mucho mayor en edad que ella, y no era un hombre guapo, tenía algo a su favor que a ella le gustaba—era un hombre con mucho dinero. Rayan manejaba un flamante auto deportivo y también tenía un lujoso departamento con todas las comodidades; frecuentemente la llevaba a restaurantes lujosos, eventos de la alta sociedad y fiestas de gente adinerada. Continuamente viajaba por el mundo debido a su exitosa empresa internacional y en muchas ocasiones invitaba a Chelsy a acompañarlo en sus viajes de negocios y de placer.

Rayan había atravesado por dos divorcios en su vida. No tenía interés en volverse a casar, ni deseaba tener más hijos; ya tenía cuatro, como resultado de sus dos matrimonios. Lo único que deseaba era tener una mujer joven y atractiva a su lado, una acompañante. A cambio de comodidad, seguridad y una vida lujosa, Chelsy aceptó ser su amante. Pero en lo profundo de su corazón, sabía que no lo amaba. Simplemente ella no era feliz, sentía un gran vacío. La relación carecía de la chispa, el romance y la pasión que solo se da cuando existe el verdadero amor. Lo más triste del caso era que nunca podría hacer realidad su deseo de ser madre. Algunas veces ella lamentaba su decisión de estar en esa relación donde no había amor, solo interés. Pero ese fue el precio que ella decidió pagar a cambio de una vida llena de lujos y comodidades.

* * *

Lamentablemente, Chelsy es una mujer infeliz, que fue seducida por la *codicia de los ojos* y la *arrogancia de la vida*. Su deseo por un status, prosperidad y reconocimiento, la llevaron a tomar una terrible decisión. En más de una ocasión pasó por su mente dejar a Rayan, y tratar de encontrar la felicidad al lado de un hombre que en realidad la amara. Ella anhela amar a alguien de manera profunda y verdadera, y sueña en tener hijos algún día. Pero el temor de no encontrar a la persona adecuada, y perder la seguridad que tiene con Rayan, es algo difícil de superar. Chelsy no pudo resistir la misma tentación que Satanás le presentó a Jesús, cuando llevándolo a una montaña muy alta, le mostró todos los reinos del mundo y su esplendor y le dijo: "Todo esto te daré si te postras y me adoras." (Mat. 4:8-9). Jesús hizo lo correcto; no aceptó ninguna de las riquezas que Satanás le ofrecía. Él resistió la *arrogancia de la vida*, y en su lugar, decidió hacer la voluntad del Padre. Chelsy, en cambio, tomó la decisión equivocada. Ella escogió amar lo que el mundo ofrece, en lugar de seguir la voluntad de Dios.

Te animo a que identifiques qué tipo de tentaciones —si los deseos de la carne, la codicia de los ojos, o la arrogancia de la vida— han influido en ti al elegir pareja, o han tenido mayor impacto sobre las decisiones que has tomado en tu vida amorosa. Una vez que las identifiques, ríndele estas áreas de debilidad a Dios, y pídele fortaleza y sabiduría para resistirlas. La mejor manera de reconocer las bendiciones de Dios, y separarlas de las tentaciones que Satanás nos presenta, es pidiéndole a Dios que alinee nuestras expectativas a su voluntad, y que nos de discernimiento para reconocer al maligno, y sabiduría para tomar las decisiones correctas.

8

YUGO DESIGUAL

Elena es una mujer cristiana soltera, que enfrentó los desafíos de estar en una relación con un hombre que no creía en Dios. Al principio, las diferencias espirituales parecían pequeñas, manejables y aceptables; pero con el tiempo, solo crearon una gran división entre los dos. La mala comunicación, falta de entendimiento, intolerancia, desacuerdo, tristeza, confusión, frustración y pecado, son por lo general, el resultado de una relación sin Dios. Ellos experimentaron todos estos problemas, y aún más. Conforme la relación se deterioraba, Elena se dio cuenta de que habría terribles consecuencias si se casaba con un incrédulo.

"Yo sé que Dios puede transformar su corazón," pensaba; pero, "¿qué pasará si eso no sucede?" Abrumada con preguntas sin respuestas, ella se sentía desesperada y confundida. Elena lo amaba, pero las cosas en la relación no iban nada bien. Estaba atrapada en un gran dilema. ¿Acaso debía continuar con esa relación, a pesar de las diferencias de fe que había entre ambos? ¿O debería dejarlo ir, confiando en que Dios tenía a alguien mejor para ella?

Esta es su historia.

Una Relación sin Dios

Elena y Jaime trabajaban juntos en la misma compañía. Lo que comenzó como una relación de amistad, rápidamente se convirtió en un romance. Ellos se llevaban muy bien, tenían largas e interesantes conversaciones acerca de temas que los dos disfrutaban. Jaime tenía muchas virtudes que Elena estaba buscando en un hombre. Él era alto y guapo, tenía una agradable personalidad, valores familiares, educación y éxito profesional.

Jaime inmediatamente se sintió muy atraído hacia Elena y comenzó a pretenderla. Inevitablemente llegó el día en que él le preguntó si quería ser su novia, y ella muy emocionada respondió que sí. Ella sabía que Jaime no era el tipo de hombre que le haría perder el tiempo. Después de todo, ambos tenían más de treinta años y querían encontrar a una persona con la cual casarse y compartir el resto de sus vidas.

Sin embargo, había un inconveniente. Elena era cristiana y Jaime no. Para ella, su más grande anhelo era casarse con un hombre de fe que amara a Dios. Aunque sabía que Jaime no era el hombre cristiano por el cual ella había estado orando, pensó que tal vez podría convertirlo y guiarlo a Cristo. Había muchas cosas que le encantaban acerca de Jaime, y su falta de fe no parecía una razón suficiente para no iniciar una relación con él.

No obstante, frecuentemente tenían problemas y discutían por diversas situaciones, entraban en polémica y debates acerca del cristianismo; y eso los hacía sentirse muy molestos y frustrados el uno con el otro. Elena pronto se dio cuenta de que entre más intentaba compartir su fe y creencias con Jaime, sus pleitos y discusiones iban en aumento y el problema crecía aún más. Al principio, ella pensó que convertirlo y hacer que él recibiera salvación, era su trabajo; pero más tarde entendió que solo el Espíritu Santo puede hacer esta obra.

Frecuentemente se faltaban al respeto, esto ocasionaba que no se sintieran amados y aceptados el uno por el otro. Gran parte de estos problemas, eran de hecho, consecuencia de sus diferencias espirituales. La relación se tornó distante, fría y vacía. Elena se sentía muy triste e infeliz. Jaime simplemente no podía entender la fe de Elena en lo absoluto. Era como si hablaran diferentes idiomas y vivieran en mundos distintos.

Elena oraba, "Señor, ¿Por qué no te relevas a la vida de Jaime? ¿Por qué no cambias su corazón?" Dios le mostró, que Él constantemente estaba tratando de revelarse a la vida de Jaime, pero Jaime tenía libertad de decidir qué camino tomar. Su decisión por lo pronto había sido no entregarle su vida a Cristo, no creer en Dios, no arrepentirse y continuar viviendo en pecado. Dios le mostró a Elena que tenía que dejarlo ir.

Elena se armó de valor y habló con Jaime acerca de lo preocupada que estaba por las diferencias espirituales que había entre ellos. Ella le dijo que la relación no estaba funcionando y que no podían continuar así. Después de discutir por un largo tiempo no lograron solucionar nada. Finalmente, Jaime dijo: "Todo este tiempo me he esforzado para complacerte y hacerte feliz. Pero mi verdadera intención era apartarte de la iglesia, y poner fin a ese fanatismo religioso que tienes acerca de Dios y de Jesús. Aparentemente, Dios siempre ha sido tu prioridad. ¡Siempre lo has amado más que a mí!" Estas palabras fueron muy dolorosas para Elena. En ese momento, ella se dio cuenta de que Jaime le había estado mintiendo todo ese tiempo. Ese día la relación terminó.

* * *

Las relaciones amorosas entre creyentes y no creyentes son más difíciles y peligrosas de lo que podemos imaginar. Este tipo de relaciones producen conflicto, frustración, sufrimiento y pecado. La Biblia dice que no puede haber asociación entre la justicia y la maldad, entre la luz y las tinieblas, ni tampoco entre creyentes y no creyentes (2 Cor. 6:14). Este capítulo te enseñará lo que la Biblia llama estar en *yugo desigual*.

¿QUÉ ES YUGO DESIGUAL?

No estén unidos en yugo desigual con los incrédulos, pues ¿qué asociación tienen la justicia y la iniquidad? ¿O qué comunión la luz con las tinieblas? ¿O qué armonía tiene Cristo con Belial (Satanás)? ¿O qué tiene en común un creyente con un incrédulo? (2 Cor. 6:14-15, NBLA)

Un *yugo desigual* se refiere a la unión de una persona creyente en Cristo, con una no creyente. En esta unión, ambos tenderán a tirar para lados opuestos; el resultado será frustración, dolor emocional y el fracaso de la relación.

El termino *yugo desigual* es una comparación de la práctica en que, para arar la tierra, dos animales de carga de la misma fuerza, por ejemplo, dos bueyes o dos mulas, se ponen el uno al lado del otro, y sobre ellos se pone un yugo. Un *yugo* es el artefacto de madera que une a los dos animales. Cuando los animales son de la misma fuerza, están en un *mismo yugo*; la carga se reparte equitativamente entre ambos, avanzan en la misma dirección y al mismo paso. Sin embargo, cuando se ponen dos animales de diferente fuerza, por ejemplo, un buey junto con una mula, están en *yugo desigual*; el resultado es que el animal más fuerte lleva toda la carga, mientras que el más débil se queda rezagado y estira para un lado distinto. Esto hace que el trabajo para ambos animales sea más difícil, ineficiente y cansado. Lo mismo sucede en las relaciones amorosas cuando un creyente se une con un incrédulo.

En una relación de *yugo desigual* no puede haber acuerdo o armonía. Esto se debe a que la persona que ha aceptado a Cristo ha recibido la salvación y vida espiritual en Cristo por medio de la fe. Sin embargo, aquel que no ha creído en Cristo no ha recibido salvación y está muerto espiritualmente debido al pecado.

En otro tiempo ustedes estaban muertos en sus transgresiones y pecados, en los cuales andaban conforme a los poderes de este mundo... Pero Dios, que es rico en misericordia, por su gran amor por nosotros, nos dio vida con Cristo, aun cuando estábamos muertos en pecados. ¡Por gracia ustedes han sido salvados! (Ef. 2:1-2a, Ef. 2:4-5; NVI)

Una relación entre una persona que ha recibido *vida espiritual en Cristo*, con una persona que está *espiritualmente muerta debido al pecado*, frecuentemente trae como resultado división, porque ambas personas tienen diferente naturaleza. El creyente vive según la *naturaleza del Espíritu*, y por esta razón su deseo es agradar a Dios y alejarse del pecado. Por otra parte, el no creyente vive de acuerdo a la *naturaleza de la carne*, y por tal razón su deseo es vivir satisfaciendo sus deseos, aún y cuando estos sean pecado. De acuerdo a Romanos 8:8-9, aquellos que viven conforme a la *naturaleza de la carne* no pueden agradar a Dios. Si has recibido salvación por medio de Cristo, tú no debes vivir conforme a la *naturaleza de la carne*, sino a la *naturaleza del Espíritu*.

Entender este tipo de diferencias entre creyentes e incrédulos es de suma importancia al momento de elegir pareja. Toda relación amorosa representa una unión entre dos personas. Si es un noviazgo, hay una unión emocional, mental y hasta cierto punto física. Si es un matrimonio, la unión es total—el esposo y la esposa se vuelven uno solo (Mat. 19:6). El propósito de Dios para el matrimonio es que el hombre y la mujer alcancen una unidad total; caminando en una misma dirección buscando a Cristo. Sin embargo, cuando se unen dos personas en *yugo desigual*, sus ideas acerca de la fe y de cómo vivir son diferentes, y no hay unión completa y total.

Imagina que una esposa creyente quiere que sus hijos conozcan de Dios, y criarlos de acuerdo a su fe en Cristo; por otra parte, su esposo no creyente se opone a que ella los lleve a la iglesia. O imagina que un esposo creyente desea que su esposa no creyente sea sumisa y respete su autoridad, tal y como lo establece Efesios 5:22-24; y ella, por el contrario, quiere siempre hacer las cosas a su manera y no respeta ni honra a su esposo en nada. ¿Qué podrán tener en común una esposa creyente y un esposo no creyente? ¿O qué será aquello que los llevará a alcanzar la unidad en cuerpo, alma y espíritu, tal como Dios la ha diseñado para el matrimonio? La respuesta es, tristemente nada, a menos que el esposo no creyente le entregue su vida a Cristo.

Esto no quiere decir, que no puedan ser compatibles en muchas otras áreas; por ejemplo, sexual o intelectualmente. Aunque estén en yugo desigual, ellos pueden tener muchos intereses en común: negocios, deportes, hobbies, arte, música, viajar, etc. Aún así, el elemento más importante que une y mantiene firme un matrimonio, a pesar de los tiempos difíciles, es la fe en Cristo Jesús. Sin fe, no hay un fundamento sólido para mantener una relación. El buen sexo no va a salvar el matrimonio en tiempos de crisis; ni tampoco lo harán las riquezas, o la compatibilidad en muchas otras áreas. Algunos podrán decir, "¿Qué me dices del amor? El amor puede salvar cualquier matrimonio, ¿verdad?" La respuesta es simple: "Hasta para amar de la manera correcta, es necesario conocer a Dios, porque Dios es amor" (1 Jn. 4:7).

Jimmy Evans, autor del devocional para matrimonios titulado *One: A Marriage Devotional* [Uno: Devocional para Matrimonios], explica que el amor de Dios es un amor especial, y que este es el único tipo de amor que puede construir el fundamento correcto para cualquier matrimonio o relación amorosa. En su devocional, él escribió lo siguiente:

> Existe una extraña verdad concerniente al amor y al matrimonio. Entenderla es clave importante para lograr que el matrimonio y las relaciones funcionen. La verdad es esta: ninguno de nosotros tenemos la habilidad de amar verdaderamente sin el poder del Espíritu Santo operando en nosotros. Nuestra capacidad de amar es dada por Dios, de manera sobrenatural, conforme nos rendimos a Él.
>
> Entonces, ¿Cómo pueden las personas "amar" cuando no conocen a Dios? No pueden. Al menos, no podrán hacerlo con el amor que proviene de Dios. El amor de Dios es un amor especial y único llamado ágape. Es un amor que nace de una decisión y que no cambia. Es el tipo de amor más estable y predecible, y el único que podrá proporcionar un fundamento eterno para el matrimonio. [10]

Jimmy Evans explica que el amor ágape, es decir, el amor que proviene de Dios, es esencial para el éxito de toda relación amorosa. Sin este tipo de amor, básicamente no podemos amar a otras personas en el amor de Cristo. El amor ágape es incondicional, sacrificial, honesto, puro, constante, y dura para toda la vida; y es el resultado del Espíritu Santo obrando en nosotros. Un matrimonio sin amor ágape, y que no conoce a Dios, no podrá soportar las pruebas y dificultades que la vida presenta.

LOS TRES TIPOS DE YUGO DESIGUAL

Muchos creyentes solteros se han llevado grandes decepciones al comenzar relaciones amorosas con personas que no conocen a Dios, o que no están comprometidas en su fe. Para hacer este concepto de *yugo desigual* más entendible, déjame presentarte tres diferentes escenarios de yugo desigual.

Escenario 1: Cuando una persona es creyente y la otra no lo es.

Este escenario es el más obvio y fácil de identificar. El no creyente no quiere saber nada acerca de la fe en Dios, o asistir a la iglesia. Él o ella pueden decirle a su pareja cosas como, "Mira, tú ve a la iglesia y busca a Dios si eso te hace feliz. Yo voy a respetar tu fe, siempre y cuando tú respetes el hecho de que yo no quiero participar en ninguna de esas cosas." Al principio, podría parecer conveniente que ambos se den espacio y libertad para perseguir sus propios intereses espirituales. Sin embargo, a la larga, esta situación terminará causando división y el deterioro de la relación. La historia de Elena es un claro ejemplo de esta situación.

Escenario 2: Cuando un creyente está comprometido, pero su pareja que también es creyente no lo está.

Ser cristiano es tener un compromiso con Dios. El cristianismo refleja una transformación en la persona que ha dado su vida a Cristo. El hecho de que una persona vaya a la iglesia, no garantiza que sean cristianos comprometidos. Un cristiano no comprometido sigue practicando el pecado deliberadamente, no tiene una vida de testimonio, y vive en desobediencia a Dios. Sus vidas no reflejan los frutos del Espíritu Santo, los cuales son: amor, alegría, paz, paciencia, amabilidad, bondad, fidelidad, humildad y dominio propio (Gál. 5:22-23).

Este tipo de casos suelen desviar y engañar a muchos creyentes, que se unen a personas que aún están muy lejos de estar completamente entregados a Cristo. Aquella persona creyente que se une a alguien así, debe estar consciente de que la persona en cuestión puede aún estar en un proceso de ser transformado por Dios. Sin embargo, no se sabe si llegará a ser un creyente comprometido algún día, o si se apartará de Dios en cualquier momento. En este caso, el riesgo también es alto, porque el creyente en proceso puede terminar desviando al cristiano maduro lejos de Dios.

* * *

Vivián comenzó a salir con Alexander, un joven Pastor de una iglesia. Ella sintió una profunda admiración por él desde el momento en que lo conoció. Ellos iniciaron una relación romántica casi de inmediato. Conforme la relación comenzó a desarrollarse, Alexander le confesó a Vivián, que él tenía una gran debilidad por el sexo y las mujeres. A pesar de trabajar en el ministerio, él había tenido una amplia lista de encuentros amorosos y sexuales con gran cantidad de mujeres; tantos que hasta había perdido la cuenta. Él dijo estar arrepentido y que ya se había apartado de ese estilo de vida, pero Vivián no sabía si él estaba siendo sincero. Para ella, esta revelación había sido una bandera roja, pero decidió no juzgarlo, y dejar que el tiempo mostrara la verdad.

Pues bien, Vivián no tardó mucho en darse cuenta del verdadero corazón de Alexander. Siempre que salían juntos, ella percibía que Alexander no podía quitar su vista de otras mujeres; él las miraba de pies a cabeza con lujuria. Esto incomodaba mucho a Vivián. Alexander

disfrutaba de ir a casinos y tomar alcohol regularmente. A él le en-
cantaba ser el centro de atención de las mujeres a donde quiera que
iba. Fue entonces, cuando el Espíritu Santo le reveló a Vivián que ese
joven, aunque era creyente, no estaba completamente comprometido
con Dios. Ella sabía que seguir en esa relación era peligroso, por lo que
decidió terminarla al poco tiempo.

* * *

No toda persona que va a la iglesia, o se llama a si mismo cristiano o cristiana, realmente está comprometida con Dios. Es necesario
pedir discernimiento al Espíritu Santo, para poder identificar cuando
una persona es un cristiano realmente comprometido o solo está
aparentando serlo. Hay muchos hombres y mujeres engañadores, que
fingirán estar buscando a Dios, que orarán y leerán la Biblia, pero que
sus corazones están muy lejos de Él. Ellos terminan desviando a muchos
creyentes genuinos que sí están comprometidos.

Escenario 3: Creyentes de diferentes denominaciones.

Las personas cristianas con distintas denominaciones, por lo general
difieren en muchas ideas y prácticas. Aunque ambas creen en Cristo,
su interpretación acerca de la palabra de Dios, de la salvación y sus
ceremonias religiosas, pueden ser completamente diferentes.

Imagina que tú creciste en una iglesia bautista, donde las ceremonias
son llevadas a cabo con mucha seriedad y reverencia; pero tu esposo
creció en una iglesia pentecostal donde hablar en lenguas, aplaudir,
saltar, bailar y gritar es normal. O imagina que tú creciste en una iglesia
cristiana donde la fe esta puesta solamente en Dios Padre, Cristo y
el Espíritu Santo; y tu esposo creció en una iglesia católica, donde la
fe esta puesta además en los santos, la virgen y diversos ídolos. Estas
diferencias pueden causar tensión y división en la relación; sin embargo,
pueden ser manejables si existe buena comunicación, respeto y si ambos
deciden qué camino seguir.

Cada uno de los escenarios anteriores presenta diferentes retos, y debes de considerarlos cuidadosamente, antes de decidir comenzar o seguir adelante con una relación.

¿Te encuentras en una relación con un no creyente?

Muchos creyentes comienzan relaciones con personas no creyentes, pensando que ellos pueden convertirlos. Sin embargo, *nadie puede convertir a nadie a Cristo, solo el poder del Espíritu Santo.* Lo más efectivo que un creyente puede hacer para que un incrédulo se convierta, es orar por esa persona.

Sería mejor para ti no comenzar relaciones con alguien incrédulo, hasta que esa persona le entregue su vida a Cristo. Si estás comenzando a salir con un no creyente y ha aceptado ir a la iglesia contigo, mantente orando por esa persona, y pídele discernimiento al Espíritu Santo para reconocer si él está buscando a Dios de corazón o solo está aparentando.

Si una persona es no creyente, Dios puede transformar su vida. Pero para que esta transformación suceda, debe haber verdadero arrepentimiento y esa persona debe apartarse del pecado.

* * *

Hace algunos años, un joven con problemas de drogas llamado Roberto llegó a nuestra iglesia. Roberto estaba sediento de Dios. El amor de Dios comenzó a llenar su vida y fue transformándolo poco a poco, hasta que fue libre de todas sus adicciones. Tiempo después, Roberto conoció a una bella jovencita que iba también a la iglesia. Resultó que esa joven era nada más y nada menos que la hija del Pastor. Roberto se convirtió en su admirador secreto por largo tiempo, y se hicieron buenos amigos.

Cuando ya no pudo esconder sus sentimientos por más tiempo, Roberto se armó de valor, se acercó al Pastor y le confesó que estaba enamorado de su hija, y que él creía que ella iba a ser su esposa. El Pastor le contestó, "Yo no estoy tan seguro de eso hijo. A mí Dios no me ha dicho nada." Roberto se sintió desalentado, pues sabía que esa joven estaba muy lejos de su alcance. Pensó que nunca tendría oportunidad de tener una relación con ella.

No obstante, él se mantuvo fiel a Dios y siguió asistiendo a la iglesia. Después empezó a servir a Dios, se involucró en varios ministerios de la iglesia, hasta convertirse en el líder del grupo de varones. Nadie imaginaría que ese joven había llegado a la iglesia con problemas de drogas y vicios. Dos años más tarde, el Pastor se acercó nuevamente a Roberto, le puso la mano en el hombro y le dijo, "Hijo, tu fe te ha recompensado. Ahora sé que tú serás el esposo de mi hija."

Así como sucedió con Roberto, es importante que la persona no creyente de testimonio y evidencia de que realmente ha entregado su vida a Cristo y está comprometido con Dios. La evidencia se va a manifestar como una *transformación* en la vida y en el carácter de la persona, *arrepentimiento* de pecados, y *apartarse* de la vieja manera de vivir. Tú te darás cuenta de si un hombre ha realmente entregado su vida a Dios por medio de sus acciones, porque la fe sin obras es muerta (Sant. 2:17).

No te va a convenir estar en yugo desigual

Como creyente, tal vez te sientas tentada a comenzar una relación con un no creyente porque te parece *conveniente*. Es posible que pienses cosas tales como: él tiene éxito profesional y te puede dar la vida que deseas, o que nadie te hace sentir como él, o que ustedes son compatibles en tantas otras cosas que la fe es lo de menos, o tal vez te sientes extremadamente atraída hacia él. La lista sigue y sigue. Muchas personas también piensan de esta manera. En su opinión, les parece *conveniente* iniciar una relación con una persona que reúne ciertos parámetros, aún y cuando esa persona no conozca de Dios. Muchos creyentes comprometen su fe, y comienzan relaciones pensando en que pueden convertir a la otra persona a Cristo. Algunas de estas relaciones funcionan, pero la mayoría enfrenta grandes desafíos, porque existen marcadas diferencias espirituales, morales y de valores. Una vez que se desarrollan sentimientos, es muy difícil dejar estas relaciones sin sufrir el dolor de la ruptura amorosa. Entonces, ¿Por qué tomar ese riesgo?

Hay historias de éxito en las que un creyente se casó con un incrédulo y terminó por guiarlo a Cristo. He escuchado testimonios en los que, tras años de mucha oración y guerra espiritual, la esposa ve respondida su oración y su esposo se convierte a Cristo. Sin embargo, estos escenarios son excepciones. Al contrario, son más las historias de cristianos que se casaron con un incrédulo y comenzaron a flaquear en su fe. Ellos dejan de ir a la iglesia, dejan de orar, dejan de tener comunión con otros creyentes, dejan de guiar a sus hijos en el conocimiento de Dios, etc., todo debido a que sus cónyuges no comparten la misma fe y no quieren participar en ninguna de estas actividades, ni tampoco quieren que su pareja participe en ellas. Los riesgos de unirse en yugo desigual son muy grandes.

> ¿Cómo sabes tú, mujer, si acaso tu esposo llegará
> a ser salvo? ¿Cómo sabes tú, hombre, si acaso tu esposa
> llegará a ser salva? (1 Cor. 7:16, NVI)

La respuesta a la pregunta anterior es: ¡No lo sabemos! La escritura deja en claro que no hay garantía de que tú podrás guiar a tu esposo a Cristo si terminas casándote con un incrédulo. Así que ¡No comprometas tu fe!

Si te sientes sola por estar soltera, unirte a un no creyente solo te hará sentir más sola, conforme te das cuenta de las grandes diferencias que existen entre ustedes. Posiblemente te sentirás también vacía, incomprendida y rechazada. Porque las cosas que ellos quieren hacer, tú no querrás hacerlas, y viceversa. Las cosas espirituales de las cuales tú quieres platicar, para ellos no tienen sentido. Las cosas que tú amas acerca de Dios, que te apasionan, que te traen satisfacción y gozo, no van a ser entendidas por tu esposo no creyente. No habrá nada en común entre ustedes, a menos que tu pareja le entregue su vida a Cristo.

Si te encuentras en una relación en yugo desigual, te animo a que ores y le pidas a Dios dirección acerca de qué hacer. Pide también consejo a otros creyentes que te amen. Tal vez sean tus padres, tus pastores, un mentor espiritual, o un líder de la iglesia. Busca la dirección de Dios y síguela. Posiblemente, Dios te pida que le rindas esa relación; y si ese es el caso, es porque Él traerá a alguien más a tu vida. Es importante que la persona a la que te unas por el resto de tu vida, camine contigo en la misma dirección, buscando a Cristo.

Si terminaste una relación que estaba en yugo desigual, es posible que Dios te permitió conocer a esa persona para que tú le compartieras de Dios y que sembraras una semilla de fe en él. Aunque él no sea el hombre que Dios ha destinado para ti como esposo, tú cumpliste con el propósito que Dios tenía para que lo conocieras. Dios enviará a otras personas a que rieguen esa semilla que tú plantaste en su corazón. Lo único que te resta por hacer, es seguir orando por esa persona. Fuera de eso, no hay nada más que hacer. Es tiempo de darle la vuelta a la página, porque estás por comenzar un nuevo capítulo en tu vida, esperemos que esta vez sea con un creyente completamente transformado por Dios.

9

ATRIBUTOS QUE DEBES BUSCAR EN UN ESPOSO

Cuando era soltera, le escribí una carta a Dios describiendo al hombre que yo quería como esposo. La carta era muy detallada, contenía todas las cualidades físicas y espirituales que estaba buscando en un hombre. Yo oraba continuamente esperando que Dios respondiera a la petición de aquella lista. Ahora que soy una mujer casada, he llegado a la conclusión, de que escribir una lista con todos los atributos que deseamos en nuestro futuro esposo, puede desviar a muchos creyentes del perfecto plan de Dios. Si esa lista no ha sido escrita con la inspiración del Espíritu Santo, entonces pensarás equivocadamente que lo que tú deseas, es lo que Dios tiene deparado para ti; cuando en realidad, puede que no sea así. Todo atributo que desees encontrar en el hombre de tus sueños, debe estar completamente respaldado por la Palabra de Dios.

Yo era como una de tantas mujeres engañadas. Estaba tan cegada en encontrar al hombre descrito en mi lista, que no lograba ver el perfecto plan de Dios. Cuando Dios puso frente a mí a quien sería mi esposo, casi dejo ir la bendición. No sabía que ese hombre era a quien Dios había elegido para ser el compañero de mi vida. Él no encajaba con la detallada lista por la cual yo había estado orando. Afortunadamente,

Dios abrió mis ojos y pude reconocer a ese hombre como mi futuro esposo. Dios me entregó como esposo a un hombre que excedía mis expectativas y los deseos más profundos de mi corazón. Dios sabía perfectamente lo que yo necesitaba.

La mayor parte de las personas elige pareja basándose en atracción física y química, en lugar de elegir de acuerdo a los atributos que la Biblia describe acerca de un hombre y una mujer de Dios. Generalmente, cuando las personas se sienten atraídas físicamente, inmediatamente piensan que son el uno para el otro. No tiene nada de malo sentirte atraída físicamente hacia la persona que deseas por esposo; de hecho, es importante. Sin embargo, la química y la atracción física nunca deberán ser el estándar para elegir pareja. Estos dos factores por sí solos, no son suficientes para formar relaciones duraderas, o matrimonios de éxito.

Dios desea que seamos plenos *espiritual, emocional y físicamente*. Estas tres dimensiones siempre están conectadas entre sí. El aspecto más importante para el éxito de un matrimonio es tener plenitud *espiritual*, la cual traerá plenitud *emocional* y plenitud *física*. Si Dios no es el centro de tu matrimonio, ¿Cómo lograrás alcanzar completa intimidad emocional con tu esposo? Y si no existe intimidad emocional, ¿Cómo podrán entonces alcanzar plenitud física? Esto es simplemente imposible.

En este capítulo, me enfocaré en hablar de siete atributos de un hombre de Dios, que toda mujer debe aspirar encontrar al momento de estar buscando pareja. Estos atributos te ayudarán a alcanzar plenitud *espiritual* en tu relación, lo cual te llevará a experimentar plenitud *emocional y física*.

1. Un hombre con temor de Dios

> Y ahora, Israel, ¿qué te pide el Señor tu Dios? Simplemente que le temas y andes en todos sus caminos, que lo ames y le sirvas con todo tu corazón y con toda tu alma. (Deut. 10:12, NVI)

El temor de Dios significa tener respeto, reverencia y sumisión hacia

Dios y su voluntad. "El temor de Dios es demostrado cuando caminamos de acuerdo a su voluntad, amándolo y sirviéndolo con toda nuestra alma y corazón (Deut. 10:12; Job 1:1; Sal 128:1)."11 Un hombre con temor de Dios no es aquel que va a la iglesia todos los Domingos, sino aquel que busca agradar a Dios en todo lo que hace. Él busca hacer lo que es justo, íntegro y moral, no solamente en sus relaciones interpersonales, sino en todos los asuntos de su vida.

¿Cómo puedes reconocer a un hombre con temor de Dios? El indicador más importante es que él tendrá una relación personal con Dios. Buscará la dirección de Él, querrá obedecerlo, y tratará de honrarlo en todo lo que haga. En segundo lugar, será claro y honesto en cuanto a sus intenciones contigo. Buscará proteger tu corazón y tus emociones; no jugará con tus sentimientos. En tercer lugar, te tratará con respeto física, emocional y verbalmente. Finalmente, honrará a tus padres.

Si quieres encontrar a un hombre que tema a Dios, tú debes de ser una mujer con temor de Dios. Esto es fundamental para el éxito de toda relación amorosa. Si Cristo no es el fundamento sobre el cual se construye tu relación, ésta será muy débil; y en momentos de crisis o de pruebas, será prácticamente imposible que se mantenga firme. Será como una casa que se construyó sobre la tierra y sin cimientos. Tan pronto como la azotó el torrente, la casa se derrumbó, y el desastre fue terrible (Luc. 6:49). Pero una relación centrada en Cristo "se parece a un hombre que, al construir una casa, cavó bien hondo y puso el cimiento sobre la roca. De manera que cuando vino una inundación, el torrente azotó aquella casa, pero no pudo ni siquiera hacerla tambalear, porque estaba bien construida," (Luc. 6:48, NVI). La roca sobre la cual debes construir tus relaciones, tu matrimonio y tu vida entera, es Cristo.

* * *

Mary y Tomás son dos creyentes que formaron un matrimonio. Tuvieron dos hijos. Lamentablemente, se divorciaron siete años más tarde. Ellos comentaron que la razón del divorcio fue que tenían "diferencias irreconciliables." Tomás nunca puso a Dios como prioridad en su matrimonio. Sus prioridades siempre fueron su trabajo, deportes, amigos y otros pasatiempos. Por otra parte, Mary también tenía otras prioridades y ocupaciones. Por esta razón, ninguno de ellos oraba regularmente, y solo iban a la iglesia en ocasiones. Hoy, ellos reconocen que han estado apartados de Dios desde hace mucho tiempo.

Aunque ellos creen en Dios, ninguno lo buscó para resolver sus problemas maritales. Aunque ambos se llaman a sí mismos creyentes, no tienen temor de Dios. Muy posiblemente, si Dios hubiera ocupado el centro de sus vidas y de su matrimonio, y si lo hubieran buscado en los momentos difíciles, quizá ellos seguirían juntos. Esas diferencias irreconciliables, en lugar de separarlos, habrían sido vencidas con la ayuda de Dios, uniéndolos más y fortaleciendo su amor.

* * *

No es suficiente encontrar a un hombre que vaya a la iglesia los Domingos, o que se llame a sí mismo cristiano. Es necesario encontrar un hombre con temor de Dios que verdaderamente lo ame.

2. Un hombre de carácter humilde

> No sean egoístas; no traten de impresionar a nadie.
> Sean humildes, es decir, considerando a los demás
> como mejores que ustedes. (Fil. 2:3, NTV)

La humildad puede ser vista como una debilidad, pero nada está más lejos de la verdad. Hay poder en la humildad. "La verdadera humildad y el temor del Señor conducen a riquezas, honor y larga vida," (Prov. 22:4, NTV). El hombre de carácter humilde se somete a la autoridad de Dios y lo obedece. Él trata con respeto a todas las personas, es pronto para pedir perdón y pone su vida al servicio de los demás.

"La humildad en nuestra relación con Dios es vista cuando no cuestionamos la Palabra de Dios; en lugar de ello, respondemos inmediatamente, reconociendo a Dios como la suprema autoridad en nuestra vida."12 Esto quiere decir, que un hombre que se opone a lo que Dios dice en su Palabra y que se rehúsa a someterse al señorío de Cristo, es un hombre carente de humildad.

La falta de humildad puede, en ocasiones, hacer a una persona arrogante. Un hombre arrogante se exalta y se vanagloria de su apariencia, de su conocimiento, de sus logros y de lo que posee. Un hombre así, difícilmente reconoce sus propios errores, tampoco pide perdón por ellos y se ofende fácilmente.

La arrogancia y el orgullo van de la mano, y son opuestos a la humildad. Una mujer que se une a un hombre orgulloso, tendrá una vida llena de penurias. Ella llegará a pensar que no es suficiente, y sentirá que tiene que cumplir los altos estándares y expectativas que él ha establecido. Cuando surja un problema en la relación, siempre será ella la que pida perdón para llegar a una reconciliación, porque él raramente lo hará. El ego de este varón se alimenta de obtener la admiración de los demás; por lo cual, ella tendrá que alabarlo constantemente.

El siguiente es un ejemplo de una relación con un hombre que no tiene humildad.

* * *

Nicole comenzó a salir con un hombre de muy buen parecer. Debido a su buena apariencia, muchas mujeres solteras se sentían atraídas hacia él. Llamar la atención de las mujeres, ser elogiado y admirado por sus logros, era algo que él definitivamente disfrutaba.

El que este joven mostrara interés en ella, hizo que Nicole se sintiera muy halagada. Sin embargo, ser novia de un hombre como él, no resultó nada fácil. Para agradarlo, Nicole se esmeraba en lucir siempre impecable en su aspecto físico, en su forma de vestir y en su maquillaje. Se dio cuenta de que necesitaba elogiarlo regularmente, pues esto hacía que se sintiera complacido. "¡Oh qué guapo eres!, ¡Eres el mejor!, ¡Estoy tan orgullosa de ti!, ¡Wow, te admiro tanto!," eran algunas de las frases que Nicole le decía.

Cuando tenían algún problema, siempre era ella quien daba el primer paso en pedir perdón y buscar la reconciliación, pues él anteponía su orgullo, antes que reconocer que había cometido un error. Nicole comenzó a desarrollar grandes inseguridades, ya que nunca se sintió verdaderamente amada, valorada, ni importante para él. Obviamente, esa relación tan superficial no llegó muy lejos.

* * *

La humildad es importante para el éxito de toda relación. Cuando busques esposo, procura encontrar a un hombre que se someta a Dios. Pon cuidadosa atención en la manera en la que te trata. ¿Es amable y respetuoso contigo? ¿Se preocupa por los demás o solo por sí mismo? Busca un hombre que sea capaz de pedir perdón y reconocer sus errores. Jamás debes sentir que eres menos que él, o que te debes de esforzar demasiado para cumplir con sus expectativas. Las únicas expectativas que debes cumplir son las de Dios.

3. *Un hombre con determinación*

> Ya que Jacob estaba enamorado de Raquel, le dijo a su padre: —Trabajaré para ti siete años si me entregas como esposa a Raquel, tu hija menor. (Gén. 29:18, NTV)

Un hombre con determinación es aquel que sabe lo que quiere y lucha por alcanzarlo. En el ámbito del amor, un hombre determinado sabrá cual es la mujer que quiere como esposa y luchará por ella hasta conquistar su corazón.

Para un hombre determinado, ningún obstáculo es demasiado grande para detenerlo de luchar por la mujer que ama. No se va a desanimar, ni a perder interés en ella debido a la distancia, al transcurrir del tiempo, o por condiciones de índole religioso, cultural o familiar. Al contrario, cualquier obstáculo solo hará que su interés y su amor por ella crezcan aún más. Él ha fijado su mente en un objetivo—conquistar el corazón de esa mujer y hacerla su esposa.

El Jacob que describe la Biblia era un hombre con determinación.

Desde el momento en que vio a Raquel por primera vez, quedó cautivado por su hermosura y encanto. Fue simplemente, uno de esos amores a primera vista. Tanto amó Jacob a Raquel, que se ofreció a trabajar para Labán, el padre de Raquel, por siete años, a cambio de obtener a su hija como esposa. La Biblia dice, que el amor de Jacob por Raquel era tan grande, que este tiempo de espera le pareció unos pocos días (Gén. 29:20).

Después de haber trabajado esos siete años, Jacob fue engañado por Labán. En lugar de recibir a Raquel por esposa, Labán le entregó a Lea, su hija mayor. Sin embargo, el amor y el interés de Jacob por Raquel era tan grande, que se ofreció a trabajar por ella siete años más (Gén. 29:30).

Jacob es un ejemplo de un hombre determinado, dispuesto a luchar por la mujer que amaba. Él trabajó catorce años, a fin de casarse con Raquel. ¿Cuántas mujeres no invierten los papeles y en lugar de permitir que un hombre luche por conquistarlas, son ellas las que luchan por conquistarlo a él? En ocasiones, a las mujeres les parece conveniente facilitarles las cosas a los hombres y ellas son quienes dan el primer paso. Le piden su número telefónico, lo llaman por primera vez, lo invitan a salir, pagan la cuenta, se cambian de ciudad para estar cerca de él, y la lista sigue y sigue. Mientras tanto, muchos de estos hombres se vuelven pasivos y van perdiendo el interés. Dentro de todo verdadero hombre, existe un corazón de guerrero, que desea luchar por la mujer que ama y conquistar su corazón. Un hombre moverá cielo, mar y tierra, a fin de conseguir el amor de la mujer que él desea. Y si no lo hace, es porque simplemente no tiene suficiente interés.

Si quieres hacerte un favor a ti misma y al hombre que va a ser tu esposo, ¡no lo persigas! No le facilites las cosas. Deja que él luche por ti. Date cuenta si es un hombre con determinación y dispuesto a comprometerse contigo. Disfruta de ser cortejada. Si él no es perseverante y no lucha por ti, olvídate de esa relación; sigue adelante y permítete encontrar un hombre como Jacob, un hombre con determinación. ¡Tú lo mereces!

4. Un hombre dispuesto a comprometerse

Es mejor no prometer, que prometer y no cumplir.
(Ecl. 5:5, PDT)

Un hombre de compromiso no hace promesas a la ligera, pero cuando las hace, las cumple. No permitirá que una mujer involucre sus sentimientos y emociones en él, a menos que tenga planes de tener una relación seria con ella. Si él comienza una relación, es porque contempla la posibilidad de proponerle matrimonio a esa persona en un futuro.

* * *

El día en que Rodrigo le dijo a Erika que no estaba seguro acerca de lo que sentía por ella, fue triste y decepcionante. Erika no podía entender el repentino cambio de actitud de Rodrigo. Durante el año que llevaban de ser novios, Rodrigo le había dicho en múltiples ocasiones que quería casarse con ella. Y ahora, sin razón aparente, él le estaba diciendo, "Necesito un break. Necesito tomarme un tiempo para mí."

"Pero Rodrigo, ¿Por qué dices eso? ¿Acaso hice algo mal?" Erika le preguntó desconcertada.

"No eres tú el problema. Soy yo," él respondió. "No sé si estoy listo para comprometerme."

Para Erika fue muy doloroso escuchar estas palabras. "¿Pero por qué dices que no estas listo? Habíamos hablado acerca del matrimonio muchas veces. Tú estabas emocionado. ¿Qué fue lo que cambió?" ella insistió.

"Lo que pasa es que necesito tiempo y espacio," le respondió. "Hay tantas cosas que están ocurriendo en mi vida—Mi trabajo es muy demandante. Hay proyectos que quisiera terminar."

"Rodrigo, me hubieras dicho esto desde el principio. Siento que he estado perdiendo mi tiempo. Yo tenía ilusiones y sueños de un futuro juntos. ¿Me estás dando a entender que ya todo se terminó entre nosotros?"

* * *

Rodrigo es el típico ejemplo de un hombre que carece de compromiso.

Este tipo de hombres, al principio pueden parecer muy comprometidos contigo; pero tan pronto te sienten segura y que estás muy emocionalmente entregada a ellos, se asustan y deciden salir corriendo.

Rodrigo obviamente no midió el peso de sus palabras cuando le expresó a Erika que quería casarse con ella. Mientras que Erika lo tomó como una declaración de amor y casi una propuesta de matrimonio, en realidad ese no fue el caso. Miles de mujeres terminan en relaciones con hombres que no están dispuestos a comprometerse, o que tienen temor a perder su libertad. Ellas pierden valiosos años de su vida, en la espera de una propuesta de matrimonio que nunca llega. Los hombres que carecen de compromiso se sienten cómodos en relaciones sin ataduras, sin exigencias, sin responsabilidades; solo quieren gozar de todos los beneficios.

Erika y Rodrigo encajan perfectamente en el clásico modelo del noviazgo moderno, donde la relación comienza con muchas ilusiones y promesas que se desvanecen, porque no existe un verdadero compromiso de ambas partes. Muchas relaciones siguen este mismo patrón. Es por ello, que el noviazgo moderno simplemente no funciona. Un mejor modelo de relación es el noviazgo con cortejo, porque en este tipo de relación, sí hay un verdadero compromiso.

¿Para qué pierdes tu tiempo y entregas tu corazón a un hombre que no está dispuesto a comprometerse contigo? Si continúas en esa dirección, terminarás teniendo múltiples relaciones, y múltiples decepciones y rupturas. Invertirás valiosos años de tu vida en relaciones que simplemente no llegarán a nada. Mejor dedícate a conocer como amigos solamente, a los hombres que se presenten en tu vida. Mantén tu corazón íntegro y no lo entregues, hasta que sepas quién de ellos realmente va a cuidarlo y viene de parte de Dios.

Es posible, que algunos de esos hombres te endulcen el oído diciéndote, "Dios me ha mostrado que tú vas a ser mi esposa." Mi consejo es, ¡No lo creas de inmediato! Los hombres también pueden actuar por impulsos y decir cosas basándose en sus emociones, sin realmente estar convencidos de lo que dicen. Hubo varios hombres que me dijeron cosas similares. ¿Sabes con cuántos de ellos me casé? Solo con uno. Con aquel que verdaderamente buscó la dirección de Dios, esperó pacientemente a que yo estuviera lista, y de quien Dios confirmó a mi espíritu que él iba a ser mi esposo.

El cultivar primeramente una relación de amistad, especialmente con aquellos hombres que están interesados en ti de manera romántica o que quieren cortejarte, te permitirá conocerlos sin correr riesgos. No te apresures en comenzar una relación amorosa, ni a tener un trato físico, aún y cuando te sientas muy atraída por alguno de ellos. Déjame repetir, no lo hagas. Guarda tu corazón. No lo entregues hasta que llegue a tu vida un hombre de Dios que realmente vaya a protegerlo, y que esté dispuesto a comprometerse contigo. No sigas el patrón del noviazgo moderno; en lugar de ello, sigue un modelo mejor, el cortejo, que ha sido exitoso para muchas parejas.

5. Un hombre proveedor

> El que no provee para los suyos, y sobre todo para los de su propia casa, ha negado la fe y es peor que un incrédulo. (1 Tim. 5:8, NVI)

Un hombre de fe sabe que el matrimonio es un llamado a proveer para su esposa y para sus hijos. La provisión no solo es financiera; también incluye provisión física, emocional y espiritual. Veamos en qué consiste cada una de ellas.

Provisión financiera. Un hombre que provee financieramente para su casa, es aquel que provee alimento, vestido, y cubre las necesidades básicas de su esposa e hijos. Él es un hombre responsable con sus finanzas; establece metas y prioridades de cómo administrar el dinero sabiamente.

Cuando estés en la búsqueda del hombre que será tu esposo, y quieras asegurarte si podrá proveer para ti financieramente, necesitas hacerte las siguientes preguntas acerca de él: ¿Tiene un trabajo estable? ¿Es un trabajo decente? ¿Es responsable con su dinero? ¿Sabe ahorrar, o gasta el dinero sin pensar? ¿Será capaz de proveer para su familia y su casa algún día?

Los problemas financieros son causa de mucho estrés en el matrimonio. Resulta interesante saber que no es la falta de dinero la causa de muchos divorcios, sino esposos que tienen diferentes prioridades de cómo gastar y administrar el dinero. De acuerdo al Instituto de Estudio de la Familia y Cultura en Austin, "el 24% de los matrimonios en América querrá divorciarse por tener diferentes prioridades financieras y conductas de gasto."13 Imagina que a ti te gusta ahorrar, pero el hombre con el que estás saliendo le gusta gastar de más. O imagina que uno de ustedes tiene hábitos de gastar demasiado en cosas como zapatos, ropa, alcohol, salir a comer fuera, fiestas, o hobbies. Conforme pase el tiempo, estas diferencias pueden ser la causa de gran tensión en la relación.

Antes de casarte, es importante que exista una buena comunicación con tu pareja acerca de metas financieras, expectativas a futuro y hábitos de gasto. ¿Están los dos dispuestos a trabajar? ¿Qué tipo de responsabilidades financieras están dispuestos a asumir (ej. Comprar una casa, un carro, pedir un préstamo para iniciar un negocio)? ¿Alguno de ustedes tiene deudas? Si es así, ¿Cómo van a pagar esas deudas una vez que estén casados? ¿Dónde van a vivir? ¿Van a comprar o a rentar una casa? ¿O van a vivir con sus padres por algún tiempo?

Si estás dispuesta y eres capaz de trabajar y ayudar a tu esposo, eso es fantástico. Sin embargo, eso no debe liberarlo de sus responsabilidades como proveedor de su casa. Cuando busques un esposo, procura encontrar un hombre que no solamente esté listo para comprometerse, sino que además, pueda proveerte de un hogar y cubrir tus necesidades básicas y las de tus hijos.

Provisión Física. Un hombre que provee para las necesidades físicas de su mujer es aquel que demuestra afecto por medio del contacto físico. Este tipo de contacto puede ser por medio de abrazos, caricias y besos. Un hombre que no demuestra su afecto físicamente, posiblemente no se sienta atraído o interesado en la mujer que es su pareja. O tal vez es muy tímido, muy respetuoso, o tiene diferentes preferencias sexuales.

Cualquiera que sea tu situación, si te encuentras en una relación, es importante hablar con tu pareja acerca de tus expectativas con respecto al trato físico. Mientras se respeten los límites físicos que ambas personas han establecido durante el noviazgo, el contacto físico es muy importante para alimentar el amor en la relación.

Provisión Emocional. Un hombre que provee para las necesidades emocionales de la mujer que ama, es aquel que sabe escuchar con atención. Él se preocupa por saber qué es lo que ella siente o piensa, y está dispuesto a proporcionar consejo y ayuda. Cuando ella se siente emocionalmente inestable, él se preocupa por cuidar sus emociones y su corazón. Se encargará de afirmar su amor hacia ella con palabras de consuelo y aliento. Una mujer con un hombre así, se sabe cuidada, amada, valorada y hermosa para él.

* * *

Amy constantemente se quejaba de la apatía de Jaime. Ella era la que normalmente hablaba cuando salían juntos. Jaime era buen oyente, pero casi no conversaba. Habían estado comprometidos por seis meses, y Amy no sabía lo que pasaba por la mente de Jaime. Ella desconocía cuáles eran sus preocupaciones, sus sueños o sus metas, porque él nunca hablaba de este tipo de cosas. Amy, en cambio, platicaba de todas estas cosas y otras más concernientes a su vida.

Con frecuencia Amy se encontraba preguntándole: "¿Qué tal fue tu día hoy? ¿Cómo te sientes? ¿Qué quieres hacer más tarde?" Las respuestas de Jaime eran siempre cortas y carentes de significado "Estoy bien," "No lo sé," "Lo que tú quieras hacer." Ella buscaba la forma de conocer a Jaime a mayor profundidad; pero sobre todas las cosas, Amy deseaba un compañero que retroalimentara sus emociones y sentimientos, y que tuviera algún tema interesante de qué platicar.

* * *

Obviamente existía un gran abismo entre Amy y Jaime. Amy necesitaba un hombre que tuviera tema de conversación. Jaime, por otra parte, era el tipo de hombre introvertido que no tenía mucho de qué hablar. Algunas personas tienen afinidad e inclusive prefieren hombres así. Pero si esa no eres tú y necesitas un hombre que hable y que nutra tus emociones, entonces un hombre como Jaime no es tu tipo.

Provisión Espiritual. Para que un hombre pueda ser un proveedor espiritual para su mujer, debe de amar y tener el temor de Dios en su corazón. Un hombre que provee espiritualmente, dirige su hogar con fe. Él proporciona consejo, sabiduría y corrección a su familia. Este hombre entiende las necesidades espirituales de su esposa y responde a ellas, ya sea con oración, conversación, o proporcionando consejo de acuerdo a la Palabra de Dios. Él es un hombre que procura guiar a su esposa y a sus hijos en la fe, ora por ellos, y sabe que su papel más importante es ser cabeza de su hogar.

Si tú deseas casarte con un hombre que provea espiritualmente para ti y tus hijos, es importante que pongas cuidadosa atención en cómo es su relación con Dios. ¿Va a la iglesia? ¿Es un hombre que ora? ¿Es un creyente comprometido? ¿Su estilo de vida da testimonio de su fe? Como ya lo había explicado al inicio de este capítulo, es importante encontrar un hombre que ame y tenga el temor de Dios.

6. Un hombre de liderazgo

Debe gobernar bien su casa y hacer que sus hijos le obedezcan con el debido respeto. (1 Tim. 3:4, NVI)

Hoy en día, muchas mujeres están asumiendo el papel de liderazgo en la familia. Es común ver este patrón en el matrimonio, donde los hombres se vuelven pasivos, y no toman su autoridad como cabeza de hogar. Sin embargo, esto es contrario a lo que enseñan las escrituras.

La Biblia enseña que, "Cristo es cabeza de todo hombre, mientras que el hombre es cabeza de la mujer y Dios es cabeza de Cristo" (1

Cor. 11:3, NVI). Este pasaje demuestra un claro orden de autoridad. La esposa debe someterse a la autoridad de su esposo, de la misma manera que el esposo debe someterse a la autoridad de Cristo. Muchas personas malinterpretan este versículo, y piensan que por ello las mujeres son inferiores a los hombres; pero ese no es el caso. Aunque Dios ha asignado diferentes roles para hombres y mujeres, estas diferencias no implican inferioridad. Lo que la Biblia enseña es que, "la mujer debe tener una autoridad sobre su cabeza" (1 Cor. 11:10).

Un hombre con liderazgo, asume su rol como la autoridad y cabeza de su casa. Él dirige a su esposa de acuerdo a la Palabra de Dios, disciplina a sus hijos, y provee para las necesidades financieras, físicas, emocionales y espirituales de su familia.

La capacidad de dirigir un hogar puede ser vista en un hombre desde que éste es soltero. Los hombres con liderazgo asumen responsablemente sus funciones en el trabajo, en su casa, en la iglesia y en la sociedad. Son hombres con visión, con metas y que saben hacia donde van. Para que un hombre pueda dirigir su casa efectivamente, es necesario que esté completamente sometido a la autoridad de Cristo.

7. Un hombre que te ame

> Esposos, amen a sus esposas, así como Cristo amó a
> la iglesia y se entregó por ella. (Ef. 5:25, NVI)

Existen dos tipos de amor que puedes experimentar en una relación. El primero se basa en la química y atracción física, está lleno de deseo sexual y tiene su origen en la carnalidad humana. Este tipo de amor se llama *eros*. El segundo tipo de amor es sacrificado e incondicional. Es un amor que persevera, es verdadero y constante. Este amor tiene su origen en Dios y refleja su carácter. Es el tipo de amor que Cristo mostró en la cruz al morir por nosotros y se llama *ágape*.

Muchas personas buscan el amor eros solamente. Pero el amor eros por sí solo nunca podrá sostener una relación o matrimonio. El tipo de amor que debe ser experimentado por un esposo y una esposa es la combinación de ambos, eros y ágape. Ya que el amor ágape proviene de Dios, la única manera en que un hombre puede amarte de esta forma, es si el amor de Cristo está en su corazón.

> El amor es paciente, es bondadoso. El amor no es envidioso ni jactancioso ni orgulloso. No se comporta con rudeza, no es egoísta, no se enoja fácilmente, no guarda rencor. El amor no se deleita en la maldad, sino que se regocija con la verdad. Todo lo disculpa, todo lo cree, todo lo espera, todo lo soporta. (1 Cor. 13:4-7, NVI)

La escritura anterior describe el amor ágape. Un hombre que te ame con amor ágape va a perseverar y estará dispuesto a esperar pacientemente por ti, hasta que tú estés lista. Te va a respetar físicamente, emocionalmente y verbalmente. Te va a aceptar tal y como eres. No va a tratar de cambiarte, ni te comparará con otras mujeres. No va a juzgar o criticar tu fe. Tampoco será arrogante, ni orgulloso. Sabrá perdonar y pedir perdón. Afirmará continuamente su amor por ti con palabras. Protegerá tu corazón. No se dará por vencido fácilmente, él luchará por ti. Y cuando finalmente le digas que sí, él estará ansiosamente esperando el día en que te lleve caminando hasta el altar para casarse contigo.

Quisiera animarte a que comiences a orar por un hombre que cuente con los atributos encontrados en la Palabra de Dios. Yo solo describí siete en este capítulo, pero conforme leas la Biblia, es posible que encuentres más. El hombre perfecto no existe; sin embargo, el hombre que Dios tiene para ti, será justo lo que tú necesitas, ya sea que tenga muchos o solo algunos de estos atributos. No te enfoques tanto en la apariencia física, o en los bienes materiales que un hombre pueda tener. Aunque estas cosas no son malas, no serán las que te proporcionen la felicidad. Mi último consejo es que hagas de la Palabra de Dios tu estándar para encontrar esposo, porque al final de cuentas, esa es la única garantía para formar un matrimonio exitoso.

10

LA VERDAD AL DESNUDO
DEL SEXO PREMARITAL

> Huyan de la inmoralidad sexual. Todos los demás
> pecados que una persona comete quedan fuera de su
> cuerpo; pero el que comete inmoralidades sexuales peca
> contra su propio cuerpo. (1 Cor. 6:18, NVI)

Considera lo siguiente:

Un joven conoce a una chica. Ella es todo lo que él estaba buscando.
Es hermosa, inteligente y divertida, tiene una sonrisa contagiosa y gran
confianza en sí misma. Ellos comienzan a salir. No solo se sienten muy
atraídos físicamente, también sienten una fuerte química. Después de
un par de citas se dan el primer beso. Los besos se vuelven más apasionados con el tiempo. Ellos creen que están destinados a estar juntos
y deciden llevar la relación a un siguiente nivel; entonces comienzan a
tener relaciones sexuales.

Conforme pasan más tiempo juntos, se dan cuenta de que no son
tan compatibles después de todo. Existen entre ellos grandes diferencias. Cada uno tiene estilos de vida, intereses y prioridades distintas.

Estas diferencias han ocasionado muchos problemas en la relación y un enfriamiento de lo que sentían al principio. Parece que ya no logran entenderse. Las diferencias están afectando la relación de una manera significativa. Lo inevitable sucede y la relación termina.

Ambos han quedado profundamente lastimados. Ella se siente destrozada y decepcionada de haber entregado su virginidad a un hombre con el que no terminó casándose. Él por su parte, ha optado por negar y ocultar lo que realmente siente.

Han pasado casi dos años desde la ruptura y ella no ha logrado dejar de pensar en él. Se siente confundida, llena de culpa y remordimiento. Ella siente que la decisión de separarse fue la mejor. Sin embargo, se pregunta frecuentemente por qué no funcionó y qué pudo haber hecho diferente. Otros jóvenes le han demostrado interés, pero ella tiene miedo de abrir su corazón otra vez. El fracaso de la relación anterior la dejó llena de temores, resentimiento e inseguridades. Sin darse cuenta, ha puesto su guardia en alto para no permitir que alguien la lastime nuevamente. Aunque desea con todo su corazón volverse a enamorar, no ha tenido éxito en iniciar una nueva relación.

Él por su parte, nunca reconoció el dolor que la ruptura le ocasionó. Al poco tiempo inició una relación con otra persona, pero con motivos incorrectos. No había amor, solo un deseo de tener gratificación sexual y llenar un gran vacío.

Eventualmente, el corazón de ella sanó y pudo superar el dolor. Un par de años más tarde, encontró el amor en los brazos de otro hombre y se casó. Pero al poco tiempo descubrió, que todas esas memorias y recuerdos de las relaciones sexuales que sostuvo en el pasado, continuaban resurgiendo en su matrimonio.

* * *

Ahora pensemos detenidamente. Estos jóvenes iniciaron la relación con gran emoción y expectativa de un futuro juntos. Decidieron consumar lo que ellos pensaron que era amor teniendo relaciones sexuales. En realidad, lo que ellos sentían no era amor, sino solamente sentimientos y emociones basados en química y atracción física. Aunque eran sexualmente compatibles, no lo eran en otras áreas, como el intelecto, la moral y la espiritualidad.

Ellos pensaron que una vez terminada la relación, sería solo cosa del pasado. Creían que podían terminar sin tener ninguna repercusión en el futuro. Desafortunadamente, no fue así. Ambos permanecieron lastimados por mucho tiempo. Aunque quisieron olvidarse, no lo lograron fácilmente, ni por completo. Aunque querían volver a encontrar el amor, quedaron tan llenos de temores e inseguridades, que les resultó difícil confiar otra vez en las personas.

Por mucho tiempo, no tuvieron éxito en encontrar el amor. Se dieron cuenta de que la relación los dejó emocionalmente dañados, y que ya no eran los mismos de antes de conocerse. El sexo no solamente los unió físicamente, también unió sus almas; creando una profunda *atadura* difícil de romper.

ATADURAS DEL ALMA

Por eso dejará el hombre a su padre y a su madre, y
se unirá a su esposa, y *los dos llegarán a ser un solo cuerpo.*
(Ef. 5:31, NVI)

La palabra de Dios nos enseña, que cuando dos personas se unen por el acto sexual, ellos "llegarán a ser *un solo cuerpo."* Otras traducciones de la Biblia dicen que "llegarán a ser *una sola carne*" o "*un solo ser."* Por lo tanto, ya no son dos, sino uno. *El cuerpo* se conforma de tres partes: carne, alma y espíritu (1 Tes. 5:23). El acto sexual hace que dos personas se vuelvan uno en cada una de estas tres dimensiones. Aunque físicamente ambos siguen viéndose como seres individuales, su espíritu y su alma ahora están conectados entre sí. De tal manera que jamás volverán a ser los mismos que antes de haberse unido sexualmente.

La mayoría de las personas que tienen relaciones sexuales antes de casarse, piensan que no tiene nada de malo hacerlo, mientras tomen las medidas necesarias para evitar un embarazo o una enfermedad de transmisión sexual. Ellos se preocupan solamente por las consecuencias físicas. Sin embargo, como ya lo vimos, el sexo es mucho más que una unión física; es también una unión del alma y crea poderosas *ataduras*.

Las *ataduras del alma* pueden describirse como sentimientos y emociones profundos y poderosos, que se forman entre dos personas que mantienen una relación. Estas ataduras afectan tres dimensiones del alma: nuestra mente (lo que pensamos), nuestra voluntad (lo que decidimos), y nuestras emociones (lo que sentimos). Las personas que están unidas por una atadura del alma se vuelven física, emocional y mentalmente dependientes entre sí.

Estas ataduras pueden ser de bendición o de maldición. Si son de bendición, el lazo entre las dos personas nutrirá la relación de manera positiva; producirá cariño, amor, devoción, respeto y lealtad. Un ejemplo de una *atadura de bendición* es cuando un esposo y su esposa tienen relaciones sexuales como un acto de amor; esta unión continuará nutriendo y fortaleciendo el matrimonio de manera positiva.

Si la atadura es de maldición, las consecuencias serán destructivas, dañinas y tóxicas; producirá temor, depresión, angustia, resentimiento, culpa, vergüenza, celos y muchos otros sentimientos indeseables. La persona puede llegar a sentirse muy afectada e incapaz de seguir adelante. Entre más profunda sea la atadura, más difícil será de romper. Un ejemplo de una *atadura de maldición* es cuando una persona es abusada sexualmente, y desarrolla temores y traumas que pueden permanecer por el resto de su vida; a menos que el poder restaurador de Jesús intervenga y la sane.

Las ataduras pueden ser creadas con o sin la presencia de relaciones sexuales; sin embargo, el sexo hace que las cosas se compliquen mucho más. La atadura creada por el sexo es muy poderosa. El sexo premarital crea ataduras dañinas, porque el acto sexual tiene su origen en el pecado. Al principio, el lazo puede que no parezca dañino en lo absoluto. Al contrario, las personas tal vez se sientan más unidas y enamoradas que nunca, tal y como sucedió en la historia narrada al principio de este capítulo. Sin embargo, el pecado toma su curso; tarde que temprano habrá lamentables consecuencias.

Una atadura negativa del alma puede producir una dependencia psicológica y emocional destructiva sobre la persona con la cual se formó el lazo. Es común escuchar historias de mujeres solteras que tenían una emocionante y divertida relación con su pareja; pero tan pronto tuvieron relaciones sexuales, la dinámica de su relación cambió. En sus propias palabras, ellas nos describen algunos cambios que experimentaron:

- "Siento que mi pareja está en completo control de nuestra relación. Me siento tan insegura."
- "Siento que ya no puedo ver mi relación de manera objetiva como antes. Mis emociones ahora han nublado mi manera de ver las cosas."
- "No sé en qué momento me volví tan necesitada de atención y afirmación. Yo no era así en lo absoluto."
- "Me gustaría saber qué es lo que él piensa de mí. ¿Realmente me ama?"
- "Me pregunto si él ha perdido el interés."

Las ataduras del alma constantemente traerán tormento a través de pensamientos de culpa, temor, inseguridad, tristeza y confusión.

CONSECUENCIAS DEL SEXO PREMARITAL

No importa qué tan enamorada te sientas de tu pareja, o qué tanto tiempo lleven de estar juntos, el sexo premarital es pecado y trae consigo consecuencias. El sexo premarital no es el resultado del *amor*, sino de la *lujuria*. Dios no bendice el sexo antes del matrimonio; practicarlo, abre la puerta al diablo para traer tormento a nuestras vidas.

Las ataduras formadas por el sexo premarital son como cadenas que mantienen cautiva el alma de las personas. Muchas áreas en su mente, su voluntad y emociones son afectadas por el pecado sexual; por lo tanto, necesitarán de la libertad y restauración que solo Cristo puede ofrecer. Los sentimientos y emociones que se experimentan a causa de estas ataduras son muy difíciles de sobrellevar. Las personas con ataduras tienen dificultad para dejar de pensar en su ex-pareja por un largo tiempo. Una y otra vez reviven el dolor de la relación, y en muchas ocasiones les es difícil perdonar y seguir adelante con sus vidas. Si la atadura no se rompe, ellas pueden quedar atrapadas en este ciclo emocional destructivo de manera indefinida.

El problema es que cuando dos personas sostienen relaciones sexuales antes del matrimonio, normalmente no piensan que la relación pueda llegar a un fin. Tampoco están conscientes de la dependencia física, emocional y psicológica que están creando con la otra persona. No se dan cuenta de la fragmentación que su alma está sufriendo. Satanás exitosamente los convence de las famosas filosofías del mundo, "Si lo amas, no hay nada de malo en tener sexo. Todo mundo lo hace. Si usas protección, no habrá consecuencias. Disfruta el momento." Ellos, sin saberlo, se están haciendo uno en cuerpo, alma y espíritu, y la atadura que se está formando es difícil de romper.

Muchas personas que han tenido múltiples parejas sexuales durante su vida, comenzarán a sentirse confundidas acerca de lo que quieren y de lo que buscan. Tal vez, les resultará difícil encontrar llenura en sus futuras relaciones, formar una pareja exitosa, y experimentar el verdadero amor. Si Dios no sana sus corazones, posiblemente no lograrán experimentar la plenitud sexual y emocional en sus matrimonios.

Algunas de las consecuencias del sexo premarital incluyen:

- sentimientos de culpa y remordimiento;
- no ser capaz de olvidar y dejar el pasado atrás;
- dificultad para abrir el corazón y volver a confiar en las personas;
- llevar carga emocional del pasado a nuevas y futuras relaciones;
- temores e inseguridades; y
- vergüenza.

No es de extrañarse, que las ataduras del alma afecten la manera en la que te aproximas a futuras relaciones. Es posible que te vuelvas muy cautelosa y pongas tu guardia en alto, ya que temes ser lastimada de nuevo. Tristemente, muchos creyentes están tan lastimados, que no logran reconocer al hombre o a la mujer que Dios está trayendo a sus vidas. Posiblemente rechacen a esa persona, la ignoren y dejen ir la bendición.

Otro gran problema del sexo premarital es la carga emocional que genera. *Carga emocional* se refiere, a todas aquellas experiencias negativas que traes contigo a una nueva relación, pero que son el resultado de malas experiencias en relaciones pasadas. Esta carga puede manifestarse de muchas maneras; en forma de temores, celos y otras emociones que no tienen nada que ver con la persona con la que estás entablando una nueva relación. A menudo, ambas personas traen cargas emocionales del pasado que impactarán su futuro. Simplemente, no sienten la confianza de abrir su corazón, ser ellos mismos y amar con libertad.

Además, el sexo premarital le abre la puerta al diablo para acusarte, atacarte y atormentarte. Satanás no puede venir solo porque sí y hacernos daño; porque más grande y poderoso es Dios que está en nosotros, que el diablo que está en el mundo (1 Jn. 4:4). Pero cuando desobedecemos a Dios y participamos del pecado, entonces damos *lugar*, *oportunidad* y *cabida* al enemigo para actuar en nuestras vidas (Ef. 4:27).

La consecuencia más devastadora del sexo premarital es que nos aleja de Dios, como cualquier otro pecado. Nos desvía de su perfecto plan. Si cometes inmoralidad sexual, y no te arrepientes y te apartas de continuar por ese camino, esto solo te llevará en una dirección de más pecado y perdición, separándote aún más de Dios.

EL PLAN DE DIOS PARA EL SEXO

Dios diseñó el sexo para que fuera disfrutado, única y exclusivamente, dentro del matrimonio. Nunca ha sido el plan de Dios que dos personas tengan sexo antes de casarse, sin importar que tan enamoradas se sientan. Él conoce la conexión tan poderosa y profunda que el sexo crea entre un hombre y una mujer, y el daño permanente que sería ocasionado si ellos se separan.

El sexo entre un esposo y su esposa, es una representación de la unión íntima que Dios espera tener con nosotros en espíritu. El esposo y la esposa se hacen una sola carne cuando tienen relaciones sexuales, de la misma manera que nosotros nos hacemos uno con Dios en espíritu cuando recibimos salvación (Ef. 5:31, 1 Cor. 6:17).

El sexo es sagrado, es el regalo de bodas de Dios. Él bendice este acto mientras sea consumado dentro del matrimonio. Sin embargo, cuando dos personas tienen sexo fuera del matrimonio (pecado también conocido como *fornicación*), ellos cometen un abuso de este regalo sagrado; de tal manera que se daña y se corrompe.

Por un momento, piensa en el hermoso vestido blanco que sueñas llevar puesto el día de tu boda. Ahora imagina que ese vestido fuera manchado inevitablemente, con la sangre de cada persona con la cual tuviste sexo durante el curso de tu vida. El daño al vestido sería permanente y obviamente desastroso. Lo que debió ser un hermoso vestido blanco, sinónimo de pureza y castidad, ahora es algo que es preferible ocultar para siempre. Cada mancha es el sello de la vida de cada una de las personas a las cuales te entregaste en cuerpo y alma. El vestido muestra la devastación emocional que sufriste y que ahora posiblemente llevas a tu matrimonio; el cual fue diseñado por Dios para que fuera algo limpio, puro y hermoso, libre de daños y complicaciones.

¡Wow! Nadie quiere casarse llevando puesto un vestido así, ¿verdad? Pero esto es lo que sucede en el alma cuando tenemos relaciones sexuales antes del matrimonio. La fornicación crea ataduras que ocasionan mucho daño. El alma queda manchada, alterada, incompleta y dañada. La gran diferencia entre el vestido y el alma, es que en el vestido el daño es visual; sin embargo, el daño ocasionado en el alma no siempre es perceptible a la vista. El vestido puede ser remplazado por uno nuevo; mas no ocurre así con el alma, ésta no puede ser cambiada por otra. El vestido es un objeto de poco valor; el alma es tu vida y tiene un valor incalculable.

Pero no importa el daño que hayas ocasionado, o que otros te hayan ocasionado a ti; no temas. Tu corazón, tu mente y todo tu ser, son de mucho valor para Dios. Él puede remover hasta la mancha más obscura y restaurarte por completo. Él puede limpiar tu alma, así como ese vestido blanco cuando era nuevo; y sanar las heridas ocasionadas por tus relaciones pasadas. Dios puede hacerte libre de la carga emocional que has estado llevando, a fin de que puedas volver a confiar y a amar con libertad otra vez. Tal vez tus actos tengan repercusiones y consecuencias, pero no existe nada que Dios no te pueda ayudar a vencer.

En el sexo premarital (o fornicación), no existe un pacto entre las personas ante Dios; como lo hay en el matrimonio. Por lo que, si la relación no funciona, parece sencillo y conveniente terminarla, e iniciar una nueva relación con otra persona. Desafortunadamente, el alma es frágil y delicada. Cuando dos personas tienen relaciones sexuales, sus almas son similares a dos hojas de papel unidas con pegamento; es imposible despegarlas sin que haya daño, ruptura y se partan en pedazos.

> Así que ya no son dos, sino uno solo. Por tanto, lo que Dios ha unido, que no lo separe el hombre. (Mat. 19:6, NVI)

Dios no diseñó, ni planeó el divorcio para nadie. Él conoce la profunda conexión que es creada cuando dos personas tienen sexo. Si Dios no desea que ningún esposo y esposa se divorcien, debido a esta poderosa unión en cuerpo, alma y espíritu que existe entre ambos; ¿Qué nos hace pensar que es correcto tener relaciones sexuales sin estar casados, y separarnos cuando ya no resulte conveniente? o ¿Qué nos hace pensar que no habrá ninguna consecuencia? Solo una gran falta de sabiduría nos puede hacer pensar así.

SI HAY PECADO, NO HABRÁ BENDICIÓN

Cuando era soltera, en cierta ocasión inicié una relación con un joven cristiano. Desde el principio, yo le hice saber mi decisión y compromiso con Dios de no tener sexo hasta el matrimonio. Afortunadamente, él estaba completamente de acuerdo conmigo.

Mi sorpresa más grande fue cuando él me confesó lo siguiente: "Sabes Cintia, en el pasado, yo tuve relaciones sexuales con algunas novias. No me siento orgulloso de eso en lo absoluto. Me arrepiento, y he decidido renovar mi compromiso con Dios de abstenerme hasta el día en que me case. Sin embargo, pude ver claramente un patrón muy común en cada una de esas relaciones. Tan pronto mezclábamos el sexo en la relación, todo lo bueno que existía entre nosotros comenzaba a deteriorarse gradualmente. Estoy convencido de que el sexo antes del matrimonio va a arruinar cualquier relación que tenga. Esta vez, quiero hacer las cosas bien."

Sus palabras fueron como música para mis oídos. Estaba tan feliz de haber encontrado a alguien que estaba en sintonía con mi sentir acerca del sexo, y con mi deseo de agradar a Dios. Pensé entonces que las cosas serían fáciles para nosotros; pero el diablo es muy astuto, experto en el engaño y la seducción.

Al principio, todo iba muy bien entre nosotros. La relación era divertida y emocionante. Sentí que las cosas iban tomando el rumbo correcto; hasta llegué a pensar que él sería mi esposo. Nos mantuvimos firmes en no tener relaciones sexuales. Sin embargo, la relación comenzó a tornarse más física poco a poco.

De repente, las cosas comenzaron a cambiar para mal. Temores y dudas estaban atormentándome. Ya no me sentía tan confiada como al principio. Me sentía muy insegura. No sabía si él estaba tan interesado en mí, como yo en él; así que puse mi guardia en alto. El control que inicialmente tenía sobre mis emociones, lo había perdido. La relación ya no era divertida, sino angustiante.

Las conversaciones se tornaron cada vez más carentes de significado, muchas veces interrumpidas por silencios incómodos. Sentía que había un gran abismo entre nosotros. Esa chispa que existía al principio, se había desvanecido. Traté de reavivar lo que sentíamos, pero nada funcionó. Comencé a llorar viendo como la relación moría poco a poco ante mis ojos, sin nada que yo pudiera hacer para rescatarla. Busqué desesperadamente a Dios y empecé a orar. Le pedí que me mostrara la raíz del problema, y por qué esto estaba pasando.

Entonces, en medio de mi oración, escuché la voz del Espíritu Santo, y me dijo lo siguiente: "Hija, mi presencia no puede habitar donde hay pecado. Esa relación no va a prosperar, porque mi bendición no está en ella."

¡Yo me quedé en shock! "Pero Señor, ¿Por qué dices que está en pecado? No hemos tenido relaciones sexuales," le dije.

"No es necesario tener relaciones sexuales para que la relación este en pecado," el Espíritu Santo respondió. "Tu primer pecado comenzó cuando te olvidaste de Mí. Yo soy tu primer amor. Hiciste de esa relación un ídolo y te apartaste de Mí. El segundo pecado fue que no guardaste tu cuerpo, tu mente y tu corazón en santidad."

Me conmoví hasta lo más profundo cuando tuve esta revelación. El Espíritu Santo tenía razón. Yo había hecho un ídolo de esa relación y me había apartado de Dios. Entonces, Él me recordó la siguiente escritura:

> Pero yo les digo que cualquiera que mira a una mujer y la *codicia*, ya ha cometido adulterio con ella en el corazón. (Mat. 5:28, NVI)

Codiciar es tener un deseo pecaminoso de tener o poseer algo o alguien que no es tuyo. La codicia puede despertar un fuerte deseo de tener relaciones sexuales con alguien que no es tu esposo. Este deseo es alimentado por el pecado. Caricias inapropiadas y besos apasionados, pueden fácilmente abrir la puerta para que codiciemos a otra persona.

Cuando el Espíritu Santo me recordó esta escritura, entendí que mi pecado no había sido la consumación de un acto físico llamado coito, sino una condición de mi corazón. Yo había estado codiciando a ese hombre y él me había estado codiciando a mí.

Mi corazón estaba dividido entre un hombre y Dios, y la condición de mi corazón con respecto a esa relación era incorrecta. Éstas fueron razones suficientes para entristecer al Espíritu Santo. La presencia de Dios no estaba entre nosotros, y como resultado, una ola de eventos negativos comenzó a desatarse.

La relación inevitablemente terminó y yo sufrí mucho. Le pedí perdón a Dios, le supliqué que me ayudara a superar el dolor de la ruptura, y Él lo hizo. Con todo esto, aprendí una importante lección: la inmoralidad sexual no comienza con un acto llamado coito; comienza en nuestra mente y en nuestro corazón. Como la mayoría de los pecados, la inmoralidad sexual comienza con una semilla de tentación en forma de un pensamiento. Si entretenemos este pensamiento por largo tiempo y no lo rechazamos, entonces dará a luz su fruto—el pecado.

> Luego, cuando el deseo ha concebido, engendra el pecado; y el pecado, una vez que ha sido consumado, da a luz la muerte. (Sant. 1:15, NVI)

Nuestro pecado entristece al Espíritu Santo. Si hay pecado en nuestras relaciones, no vamos a gozar de la bendición de Dios en ellas.

NO ENTRISTEZCAS AL ESPÍRITU SANTO

> No entristezcan al Espíritu Santo de Dios con la forma en que viven. (Ef. 4:30, NTV)

Cuando le hice una promesa a Dios de que no entregaría mi cuerpo a ningún hombre hasta que Él me bendijera con un esposo, la razón de mayor peso que me detuvo de tener relaciones sexuales, fue un deseo ardiente de no entristecer al Espíritu Santo. La palabra *entristecer* proviene de la palabra griega *lupeo*, que significa causar dolor, afligir con tristeza, ofender. Nuestro pecado entristece al Espíritu Santo.

El Espíritu Santo es la tercera persona de la trinidad (Padre, Hijo y Espíritu Santo). Él es Dios mismo; sin embargo, normalmente es en quien menos pensamos cuando nos acercamos a Dios. Él es la presencia de Dios aquí en la tierra. Cuando recibimos salvación por medio de Jesús, también recibimos al Espíritu Santo, quien viene a vivir en nosotros y nos da poder, autoridad y dominio propio para resistir la tentación y alejarnos del pecado.

> ¿Acaso no saben que su cuerpo es templo del Espíritu Santo, quien está en ustedes y al que han recibido de parte de Dios? Ustedes no son sus propios dueños; fueron comprados por un precio. Por tanto, honren con su cuerpo a Dios. (1 Cor. 6:19-20, NTV)

Al recibir salvación, nuestro cuerpo se convierte en el hogar del Espíritu Santo. Pero para que Él pueda habitar en nosotros, es necesario que nuestro cuerpo sea un lugar digno de su presencia. Cuando practicamos el pecado deliberadamente y participamos en la inmoralidad sexual, el Espíritu Santo nos convence de que hemos actuado mal. Él siempre nos da la oportunidad de arrepentirnos y alejarnos del pecado. Pero si continuamos pecando a pesar de su corrección y no hay arrepentimiento, entonces lo entristecemos, él se aparta de nosotros, y nos volvemos insensibles a su presencia.

Cuando esto sucede, ocurren varias cosas:

- Perdemos la habilidad de escuchar la voz de Dios.
- Nos sentimos perdidos y confundidos.
- Somos atormentados por temores, culpa e inseguridades.
- Perdemos poder y fortaleza que Dios nos ha dado para llevar a cabo su propósito.

Todo esto ocurre por entristecer al Espíritu Santo.

Cuando la presencia de Dios está sobre nosotros, contamos con su favor, su bendición y su gracia. Todas estas cosas nos capacitan para alcanzar el llamado que Dios tiene para nuestras vidas, para hacer las cosas con excelencia, para ser exitosos y contar con el favor de la gente. Cuando comenzamos a participar del pecado, Dios en su misericordia, siempre nos dará un tiempo de gracia para que nos arrepintamos y nos volvamos nuevamente a Él. Dios siempre está dispuesto a perdonarnos, limpiarnos y sanarnos. Pasado ese tiempo de gracia, la presencia de Dios puede apartarse de nosotros, porque Dios es Santo y su santidad no puede cohabitar con la maldad. No permitas que la presencia Dios y su

Espíritu se aparten de ti. Sobre todas las cosas que puedes perseguir en esta vida, contar con su presencia es sin duda la más importante. Honra a Dios con tu cuerpo y no te involucres en el pecado sexual. El pecado siempre nos alejará de Dios.

NUNCA ES DEMASIADO TARDE

Si tú has tenido sexo antes de casarte, posiblemente estás pensando que ya es demasiado tarde para arreglar el daño. Quiero decirte que, para Dios nunca es demasiado tarde para traer rescate, sanidad, restauración y libertad de las ataduras del pecado sexual. Él puede hacer todas estas cosas por aquellos que quieren dar un nuevo rumbo a sus vidas y seguir a Cristo.

No te condenes a ti misma por errores del pasado. La condenación es obra del enemigo; él se encargará de afligirte y atormentarte, inspirando pensamientos en ti, tales como: "No soy digna de perdón. Soy una mala persona. Estoy sucia por dentro. Soy culpable. Dios ya no me ama."

El objetivo de Satanás al inspirar pensamientos de condenación, es que tú creas que no mereces el perdón de Dios, y que Él está molesto contigo. Si tú crees las mentiras del enemigo, él terminará alejándote más de Dios, y tú seguirás hundiéndote más y más en el pecado.

Sin embargo, Jesús no vino a juzgar al mundo por el pecado, sino a traer salvación y rescate a todos los que hemos creído en Él (Juan 3:17-18). Si piensas que tu pecado es demasiado grave como para que Dios pueda perdonarte, observa lo que Jesús dijo:

—No son los sanos los que necesitan médico sino los enfermos —les contestó Jesús—. No he venido a llamar a justos sino a pecadores para *que se arrepientan*. (Luc. 5:31-32, NVI)

Jesús vino precisamente por aquellos que necesitábamos de su perdón y de su salvación. Él vino por los pecadores; es decir, por ti y por mí. Pero observa que existe un requisito importante para obtener su perdón y salvación; ese requisito es que exista un verdadero arrepentimiento. Muchas personas confunden el arrepentimiento con remordimiento. *Remordimiento* es solamente sentirse culpable por el error cometido; sin embargo, el remordimiento no implica un cambio de actitud o de dirección. *Arrepentimiento* es sentirse culpable lo suficiente como para dejar de hacer lo malo. El arrepentimiento implica un cambio de dirección— apartarse del pecado para hacer lo que a Dios le agrada.

Para muchos, apartarse del pecado sexual puede parecer difícil o imposible. Pero nada es imposible para Dios; Él nos da poder y dominio propio. En lugar de que el pecado nos domine, el Espíritu Santo que mora en nosotros, nos ayuda a vencer toda tentación. Él nos librará del poder que el pecado tiene sobre nuestras vidas.

> He sido crucificado con Cristo, y ya no vivo yo, sino
> que Cristo vive en mí. Lo que ahora vivo en el cuerpo,
> lo vivo por la fe en el Hijo de Dios, quien me amó y dio
> su vida por mí. (Gál. 2:20, NVI)

Cuando le entregamos nuestra vida a Cristo, hay un cambio de naturaleza en nuestro interior. Ya no somos los que éramos antes; dominados por el pecado e inclinados a hacer el mal. Ya no somos controlados por la carne, sino por el Espíritu; porque el Espíritu de Dios vive en nosotros (Rom. 8:9). Y si el Espíritu de Dios vive en nosotros, Él nos da poder para resistir la tentación y pone en nosotros un deseo por hacer lo que es correcto.

Si quieres arrepentirte, y pedirle a Dios que te ayude a ser libre del pecado sexual y de las ataduras que ha creado en ti, tú puedes hacer una breve oración como la siguiente:

> Señor, reconozco que he pecado contra ti y contra
> mi propio cuerpo. Me arrepiento y te pido perdón.
> Espíritu Santo, rompe en este momento toda atadura
> del alma que se haya formado con la(s) persona(s) que
> tuve relaciones sexuales en el pasado. Hazme una mujer

libre de los temores, de la culpa, la vergüenza y las inseguridades que estas ataduras han creado en mí. Sana mis heridas y hazme una mujer completa otra vez; restaura mi cuerpo, alma y espíritu.

Señor, dame poder y dominio propio para resistir la tentación sexual. Enséñame a huir de ella cuando se presente en mi vida. De ahora en adelante, decido guardar mi cuerpo y mi mente en pureza y santidad. Decido abstenerme de tener relaciones sexuales y esperar pacientemente hasta el matrimonio. En el nombre de Jesús. Amén.

Deja que el Espíritu Santo ministre tu corazón por un momento. Permanece en silencio, con los ojos cerrados, y enfócate en Él. Tal vez, Él te va a mostrar qué cambios tienes que hacer de ahora en adelante para redirigir tu vida en el camino correcto.

Es posiblemente que tengas que enfrentar difíciles e importantes decisiones, tales como terminar con una relación amorosa que se encuentra en pecado, o tener una seria conversación con tu novio acerca de tu nuevo compromiso con Dios. Tal vez tengas que dejar de vivir en unión libre con tu pareja, o dejar de iniciar relaciones con hombres que no son creyentes. Por muy difíciles que estas decisiones parezcan, Dios va a ayudarte a que camines en la dirección correcta; Él te dará todo lo que necesitas a fin de que puedas mantener tu compromiso de pureza. Es solo cuestión de que tomes una decisión de fe y sigas la dirección del Espíritu Santo.

¿ESTÁS DISPUESTA A PAGAR EL PRECIO?

Todos queremos la bendición de Dios en nuestras vidas y relaciones, pero debemos estar dispuestas a pagar el precio para obtenerla. El precio es tener un cuerpo, un corazón y un alma completamente consagrados a Cristo. Dios no desea solo parte de nuestro corazón o de nuestra atención; Dios quiere que nos entreguemos a Él completamente. Es bueno tener un deseo de vivir en pureza y santidad, pero el deseo por sí solo no es suficiente; es necesario hacer todo lo posible para alcanzar esta meta. Entregarle nuestra vida a Cristo requiere un compromiso de nuestra parte de apartarnos del mundo, del pecado y ser obedientes a Dios.

> Luego dijo Jesús a sus discípulos: —Si alguien quiere ser mi discípulo, tiene que *negarse a sí mismo, tomar su cruz* y *seguirme.* Porque el que quiera salvar su vida, la perderá; pero el que pierda su vida por mi causa, la encontrará. (Mat. 16:24-25, NVI)

Ser seguidores de Cristo es difícil, porque requiere que nos neguemos constantemente a nosotros mismos. *Negarse a sí mismo* significa rendir nuestros deseos e impulsos naturales, a fin de caminar de la misma manera en que Cristo lo hizo; guiado por el Espíritu Santo. Ya no debemos perseguir lo que nosotros queremos, sino lo que Dios desea. No debemos ser quienes éramos antes de conocer a Cristo, seducidos y dominados por el pecado; sino debemos aspirar a vivir una vida en santidad, apartados para Dios y para sus propósitos.

El temor no debe ser la razón que nos detenga de tener relaciones sexuales antes del matrimonio; ya sea temor a quedar embarazada, a contraer una enfermedad de transmisión sexual, o a desarrollar una atadura del alma. Lo que nos debe realmente detener de involucrarnos en el pecado, es nuestro amor, gratitud y fidelidad a Dios. El amor de Dios es el poder más grande que existe en el universo; este amor nos da dominio propio para no ser arrastrados y seducidos por el mal. El amor de Dios hará que el pecado en el que antes vivíamos, ahora nos parezca repugnante; y pondrá en nuestro corazón un deseo por *vivir en santidad,* la meta más sublime y excelente a perseguir.

11

DEJANDO TU PASADO
ATRÁS

Si alguna vez estuviste en una relación que terminó, muy seguramente has atravesado por la dolorosa experiencia de revivir en tu mente las memorias y recuerdos del pasado con esa persona. Tal vez imaginaste que esa relación sería un "juntos para siempre", y no fue así. Ahora solo te atormentan pensamientos y preguntas, "¿Qué hice mal?, ¿Acaso hubo algo que pudiera haber hecho diferente?, ¿Acaso no fui lo suficiente para él?, ¿Qué puedo hacer para recuperarlo?" Vivir en el pasado solo trae aflicción y tristeza; nos roba el gozo. Es como vivir en una cárcel, nos impide recibir lo que el futuro tiene deparado para nosotros. Uno de los propósitos de Satanás, es que vivas constantemente en tu pasado, que mires atrás y que no avances. Él quiere robarte toda la fe y la esperanza, hasta convencerte de que ya no habrá nada mejor en tu futuro. Por el contrario, Dios quiere que dejes tu pasado atrás y sigas caminando hacia delante, creyendo que lo mejor está aún por venir.

Todo lo que nos sucede en esta vida es *permitido* por Dios y está bajo su control. Dios así lo dispuso y lo usará para nuestro bien, para alcanzar su propósito en nosotros. Lo que el enemigo intentó usar para destruirnos, Dios lo usará para bendecirnos. Dios toma las cenizas de nuestra vida y las convierte en algo hermoso, incluyendo aquellas experiencias dolorosas que nos lastimaron.

> Ahora bien, sabemos que Dios dispone *todas las cosas* para *el bien* de quienes lo aman, los que han sido llamados de acuerdo con su propósito. (Rom. 8:28, NVI)

Lo que nos dice esta escritura es que *todas las cosas*, tanto las buenas como las malas, Dios las usará para nuestro *bien*. Todo lo que nos sucede tiene un propósito, y Dios lo usará para llevar a cabo un plan glorioso en nuestra vida. Pero pon mucha atención. Esta promesa no es para todos, sino solamente para aquellos que *aman a Dios*. Si tú amas a Dios, lo buscas, y encomiendas a Él tu camino, entonces Él usará toda situación que atravieses para formar tu carácter, fortalecerte, y prepararte para los planes y propósitos que Él tiene destinados para ti.

Si iniciaste una relación y no funcionó, quizá no era la voluntad de Dios que tú te casaras con esa persona. Él tal vez la permitió por un tiempo, para cumplir cierto propósito en ti y en la otra persona.

Estoy convencida de que Dios *permite* que muchos solteros inicien relaciones con personas con las que nunca debieron de haberse involucrado. Estas relaciones posiblemente traigan como resultado dolor y decepción. Debemos entender que Dios nos da libertad de tomar nuestras propias decisiones, aun y cuando no sean las correctas. Él nos permite cometer errores a fin de que podamos aprender de ellos, crecer, madurar y descubrir quiénes somos realmente. De esta manera, Él nos equipa para poder tomar mejores decisiones en nuestro futuro. Esto es lo que define el concepto de la *voluntad permisible de Dios*; todo aquello que Dios permite, aun y cuando sea pecado y vaya en contra de su *perfecta voluntad*. Sin embargo, la voluntad permisible de Dios logra que sus planes se lleven a cabo.

Doy gracias a Dios por las relaciones que Él me permitió tener antes de conocer a mi esposo. Aunque me llevé grandes decepciones y fui lastimada, de todas ellas aprendí. Mi corazón y carácter fueron moldeados; aprendí a diferenciar lo que realmente es importante encontrar en una persona, de lo que solo son cosas superficiales y pasajeras. De alguna u otra manera todas esas relaciones me prepararon para recibir la bendición de mi esposo. Pero Dios no desea que quedemos atrapadas en el pasado, estancadas en el dolor de las relaciones que no funcionaron. Él desea que demos vuelta a la página, sigamos adelante y conquistemos las promesas y bendiciones que Él nos quiere entregar.

> Olviden las cosas de antaño; ya no vivan en el
> pasado. ¡Voy a hacer algo nuevo! Ya está sucediendo, ¿no
> se dan cuenta? Estoy abriendo un camino en el desierto,
> y ríos en lugares desolados. (Is. 43:18-19, NVI)

Dios nos promete que conforme nosotros olvidamos y dejamos ir cosas del pasado, nuevas cosas van a ocurrir. Dios siempre está haciendo algo nuevo, Él siempre está trabajando a nuestro favor. Aunque tal vez no podemos ver lo que Él está haciendo, ¡ya está sucediendo! Dios está alineando una serie de eventos de una manera imposible y sobrenatural para que, en su tiempo señalado, tú te encuentres cara a cara con el hombre que será tu esposo.

¿Recuerdas que en el capítulo 3 te conté acerca del trabajo que Dios me entregó? Trabajaba desde mi casa, para una empresa extranjera, escribiendo exhaustivos reportes de negocios. Era muy cómodo trabajar en pijamas y no tener que salir todos los días a enfrentar el terrible tráfico de la ciudad. Pasé cientos de horas de mi vida en silencio trabajando en mi recámara. Por momentos llegué a pensar, que sería muy difícil conocer a alguien y comenzar una relación, pues pasaba tantos días encerrada trabajando.

Después de siete años de estar trabajando en este ambiente de tanto aislamiento, Dios me llevó a hacer un viaje que duró varios meses. Lo único que hizo posible que yo hiciera ese viaje, fue precisamente el trabajo que tenía. Aunque mi ubicación geográfica era diferente, aún podía seguir trabajando, ganando dinero y pagando todos los gastos del viaje.

Durante ese viaje conocí a mi esposo. Desde antes de que yo

comenzara ese trabajo, Dios sabía que lo iba a necesitar, a fin de conocer a mi esposo algún día. Dios estaba abriendo un camino para que yo pudiera alcanzar mi destino. Yo no tenía idea de que ya estaba caminando rumbo a mi bendición durante esos años de tanto encerramiento y soledad.

No solamente Dios me entregó un esposo, sino además me dio un llamado. Él me dijo, "Cintia, ya no serás más escritora de reportes de negocios, sino que ahora escribirás para Mí. Te he llamado a ser una escritora cristiana. Todos esos años de experiencia en tu trabajo fueron mi preparación y entrenamiento para que alcances mi propósito en ti. Con lo que has aprendido, ahora estás lista para llevar a cabo tu llamado." Jamás me hubiera imaginado que esos años de aislamiento y soledad, eran de hecho, el camino que tenía que recorrer para recibir mi promesa de amor, mi llamado y cumplir el propósito de Dios.

La razón por la que te comparto esto, es porque tal vez tú en este momento te encuentras en el mismo lugar donde yo me encontraba; en una etapa de tu vida en la que no ves ni cómo, ni cuándo va a venir la bendición que estás esperando. Quizá te preguntes cómo Dios lo hará posible. Tal vez, todo a tu alrededor es exactamente igual y nada está cambiando. Mi consejo es, ¡No te desanimes! Es posible que tú sin saberlo, te encuentras exactamente donde Dios quiere que estés, dando pasos justamente en el camino que Él ha preparado para bendecirte. Mantente en sintonía con el Espíritu Santo; ora a Dios y pide dirección. Dios va a mostrarte qué hacer, y si tienes que hacer algún cambio en tu rutina o tu estilo de vida.

Olvida lo pasado y esfuérzate por seguir adelante

Hermanos, no pienso que yo mismo lo haya logrado ya. Mas bien, una cosa hago: olvidando lo que queda atrás y esforzándome por alcanzar lo que está delante, sigo avanzando hacia la meta para ganar el premio que Dios ofrece mediante su llamamiento celestial en Cristo Jesús. (Fil. 3:13-14, NVI)

El apóstol Pablo no lo pudo haber dicho de una mejor manera: "Olvidando lo que queda atrás y esforzándome por alcanzar lo que está delante, sigo avanzando hacia la meta." ¿Cuál es tu meta?, ¿Quieres casarte y formar un matrimonio bendecido por Dios? Entonces tienes que olvidar lo que queda atrás y esforzarte por alcanzar lo que está delante.

Lee a continuación las siguientes preguntas y responde honestamente:

- ¿Ha pasado más de un año desde que terminaste tu última relación y aún sigues pensando en esa persona?
- ¿Guardas temores e inseguridades por lo que alguien te hizo en el pasado?
- ¿Temes que vas a ser lastimada otra vez?
- ¿Piensas que no tendrás éxito en encontrar el amor porque todas tus relaciones pasadas han fracasado?
- ¿Piensas que te va a ser difícil volver a confiar en un hombre?

Si has respondido *sí* a alguna de las preguntas anteriores entonces, *tú no has olvidado lo que queda atrás.*

- ¿Te sientes deprimida y te has aislado debido a que no has superado la ruptura?
- ¿Has considerado reanudar una relación que ya terminó?
- ¿Sigues atrapada en el mismo circulo vicioso de pensamientos, amistades y rutina que no trae ningún beneficio para ti?
- ¿Desde hace mucho tiempo que no has emprendido algo nuevo y no has dejado tu zona de comodidad?

Si has respondido *sí* a alguna de las preguntas anteriores entonces, *tú no te estas esforzando por alcanzar lo que está adelante.*

Lo incierto del futuro es a veces incómodo, porque nos gusta saberlo todo y tener control de todas las cosas. Pero esto nunca va a ser posible, porque solo Dios tiene el control de todas las cosas y solo Dios conoce el futuro. Las cosas que Dios tiene preparadas aún están por conocerse y descubrirse; por el momento son un misterio. Pero sabemos que esas cosas siempre serán para nuestro bien; así que no debemos de tener temor de lo que está por venir. Debemos de olvidar y dejar ir las cosas del pasado, a fin de estar listos para recibir las cosas nuevas que Dios ha preparado.

¿Recuerdas la historia que te compartí en el primer capítulo acerca de mi relación con el hombre que conocí en Canadá? Yo realmente había atesorado esa relación. Sentía que esa persona era lo mejor que me había pasado. Sin embargo, Dios me pidió que se la entregara. El Espíritu Santo trajo convicción a mi corazón de que ese hombre no era parte de su perfecto plan para mi vida.

Fui obediente a la instrucción de Dios y lo dejé ir. No obstante, por cerca de dos años, me mantuve entreteniendo memorias y recuerdos acerca de él. Me dolía recordar aquellos tiempos, repasar conversaciones y cosas que viví junto a él. No estaba viviendo en mi presente, estaba viviendo en mi pasado y añoraba regresar a él. Constantemente pensaba si había tomado la decisión correcta, si tal vez había escuchado bien la voz de Dios. Algunas veces pensaba que quizá Dios nos volvería a unir. Yo quería recuperar esa relación, pero el Espíritu de Dios me estaba mostrando que Él tenía un plan diferente.

Un día, Dios me habló en medio de mi oración y me dijo: "Mi hija, deja de mirar a tu izquierda o a tu derecha. Ya no dirijas tu mirada hacia atrás, sino mira hacia el frente. Pon tus ojos en Mí. Yo tengo el futuro que tú esperas. Camina hacia adelante y confía en Mí. Si sigues volteando hacia atrás, un día te darás cuenta de todo el tiempo que perdiste viviendo en el pasado."

Dios conocía mis pensamientos, y también la lucha interior que había estado sobrellevando por seguir suspirando por ese amor del pasado. Por medio de esa palabra, Dios me estaba dando tres instrucciones:

• *"Deja de mirar a tu izquierda o a tu derecha."* Esto significa, no dar lugar a distracciones. No permitas que tu mente divague; y que tus sentidos no estén atentos en lo que deben de poner su atención.

- *"Ya no dirijas tu mirada hacia atrás."* Mirar hacia atrás representa vivir en el pasado, no tener esperanza, caminar sin fe. Prácticamente es creer que lo mejor ya pasó y que nada mejor nos depara el futuro.
- *"Camina hacia adelante y confía en Mí."* Caminar hacia adelante es caminar con fe, confiando en las promesas de Dios, con la esperanza de que cosas mejores están por venir.

Esto es lo que Dios habló a mi corazón; pero yo creo que esas tres instrucciones son cosas que todo creyente debería esforzarse por seguir.

Si piensas que deberías de regresar a una relación que ya terminó, deja que Dios lo confirme. Tú no tienes que hacer absolutamente nada para lograr que eso suceda, solo tienes que orar. Dios no necesita de tu ayuda; al contrario, tus intentos de ayuda podrían ser contraproducentes y estropear el plan que Dios tiene para ti.

El hombre que realmente esté interesado en ti y que está destinado a ser tu esposo hará todo lo posible para recuperarte. Tú no tienes que escribirle, ni llamarle, ni enviar señales de humo, ni cartas de amor. Tampoco necesitas ocasionar encuentros aparentemente accidentales que tu misma planeaste. Deja que él piense en ti, que te extrañe, que medite en los errores que él cometió, y deja que él busque maneras de regresar contigo si eso es lo que él desea.

Déjalo luchar por ti y dale la satisfacción de perseguirte y reconquistarte. Si después de unos meses de que terminaste con él nada de esto sucede, esa es una clara señal de que ese hombre no estaba destinado a estar contigo. Tal vez él no está dispuesto a luchar por ti o ya le dio vuelta a la página. De cualquier manera, lo mejor que pudiste haber hecho por ti misma, fue dejarlo ir.

Anhelando algo mejor

Cindy tenía una relación con Juan. Después de seis meses de noviazgo, Juan no parecía tan interesado en ella como al principio. Las llamadas de él eran cada vez más escazas. Cuando pasaba por ella para ir a algún lado, no se mostraba emocionado de verla. Cuando pasaban tiempo juntos, había muchos momentos de silencio incómodo.

Cindy estaba enamorada de Juan, y se sentía muy triste de ver tanto desinterés y frialdad de su parte. Cuando ella le compartió la manera en que se sentía, él la confortó diciéndole, "Siento mucho que te sientas de esa manera. Todo está bien entre nosotros. Lo que pasa es que he tenido mucho trabajo y he estado muy estresado." Cindy aceptó esta excusa por algún tiempo, pero con el pasar de los meses, las cosas no cambiaban; al contrario, solo iban de mal en peor. Ella sabía que esa no era una relación sana, y no estaba segura si valía la pena continuar en ella.

Cindy comenzó a orar y a pedir la dirección de Dios. Ella sintió la convicción de que Dios le tenía preparado algo mejor. Afortunadamente Cindy tenía dignidad y conocía su valor como persona. Ella sabía que merecía un hombre que estuviera perdidamente enamorado de ella y dispuesto a luchar por su corazón. Eso fue exactamente lo que ella le dijo a Juan, "Juan, he estado pensando bien las cosas y este no es el tipo de relación que he estado esperando. Me he esforzado mucho para que las cosas entre nosotros funcionen, pero todo lo que obtengo de ti es un trato más distante, más frío, sin interés. No me siento amada. Pienso que lo mejor es terminar."

Al principio Juan pareció desconcertado. Él no podía creer lo que estaba escuchando. Pero no intentó resolver las cosas, solo respondió, "Bueno pues este soy yo. Di lo mejor que pude. Lo siento si no cumplí con tus expectativas."

Esa no era la respuesta que Cindy esperaba escuchar. Ella pensaba que tal vez Juan se esforzaría un poco más y lucharía por la relación, pero no fue así. Él no luchó en lo absoluto.

Obviamente a Cindy le tomó tiempo olvidar a Juan y sanar su corazón. En el fondo, ella pensaba que Juan la extrañaría y que él regresaría, pero él ni siquiera volvió a contactarla. En ocasiones Cindy sentía la necesidad de mandarle algún mensaje de texto; sin embargo, fue fuerte y se abstuvo. Ella decidió no conformarse con menos de lo que Dios le había prometido, un hombre que la amara y cuidara de su corazón.

* * *

Cindy pudo haber regresado con Juan si ella así lo hubiera querido, pero ella no deseaba una relación mediocre y vacía. Ella aspiraba a algo mejor, una relación que viniera de parte de Dios, llena de emoción, romance y compromiso. Cuando Dios vio la fe de Cindy, Él la recompensó a su debido tiempo con un maravilloso esposo que la amaba.

> Y si en verdad hubieran estado pensando en aquella *patria* de donde salieron, habrían tenido oportunidad de volver. Pero en realidad, anhelan una *patria* mejor, es decir, celestial. Por lo cual, Dios no se avergüenza de ser llamado Dios de ellos, pues les ha preparado *una ciudad*. (Heb. 11:15-16, LBLA)

Lee nuevamente el versículo anterior, pero ahora remplaza la palabra *patria* por la palabra *relación,* y *una ciudad* por *un esposo.* ¿Entiendes el mensaje? La razón por la cual tú no debes de regresar a una relación mediocre y vacía, es porque tú anhelas obtener lo mejor de Dios, lo que Él ha preparado para ti; una relación con un buen hombre que te ame, que te valore y que se comprometa contigo.

Cuando tú dejas atrás a alguien a fin de seguir adelante y alcanzar lo que Dios te ha prometido, Dios no escatima en recompensar tu fe y bendecirte. Las bendiciones de Dios no se comparan en nada a lo que tú dejaste ir; ellas sobrepasan cualquier cosa que tú hayas imaginado.

Por qué no es bueno seguir pensando en el pasado

Hay varias razones importantes por las cuales no es bueno seguir pensando en tus relaciones pasadas. Te voy a mencionar algunas:

- *Será un obstáculo para que inicies nuevas relaciones.* Cuando tu mente y tu corazón están puestos en una relación del pasado, es muy difícil seguir avanzando y darte la oportunidad de explorar relaciones con otras personas. No pierdas tu valioso tiempo pensando en algo que no vale la pena. Recuerda, un hombre que realmente te ame, va a luchar por recuperarte. Pero ya sea que eso suceda o no, date la oportunidad de conocer nuevas personas. Disfruta tu soltería, haz nuevos amigos, y explora nuevas avenidas del amor cuando se presenten a tu vida. Tal vez al principio va a ser difícil porque sigues pensando en la otra persona, pero eso va a pasar con el tiempo.
- *Inspirará temores e inseguridades en ti.* Lo más peligroso de vivir en tu pasado y pensar en el fracaso de relaciones pasadas, es creer que las mismas experiencias dolorosas volverán a repetirse. ¡No permitas que esos temores te controlen! Avanza con confianza. La bendición de Dios no añade tristeza con ella (Prov. 10:22). Si la bendición de Dios es lo que tú estás esperando, entonces no tienes nada que temer.
- *Comenzarás a hacer comparaciones destructivas.* Algunas personas hacen comparaciones de sus relaciones actuales con sus relaciones pasadas. Comparan tanto las cosas buenas, como las malas. Por ejemplo, si tu novio anterior te mandaba flores cada semana, y el que tienes actualmente te manda flores solo en ocasiones especiales, tal vez puedas pensar que no te ama tanto. O tal vez tu novio anterior te fue infiel, y ahora piensas que, si tu novio actual no te contesta el teléfono es porque está con otra persona. Hacer comparaciones puede ser injusto y ofensivo para la persona con la que estás, y además puede destruir tu relación. Mi consejo es, no permitas que ninguna relación pasada se convierta en tu estándar de comparación. Deja que tu estándar de comparación sea la Palabra de Dios y lo que Él ha hablado a tu corazón. El pasado es el pasado, y no hay que compararlo ni con tu presente, ni con tu futuro.
- *Tu proceso de sanidad tomará más tiempo.* Sanar el dolor de una

ruptura puede tomarte un par de semanas, meses, años o quizá toda la vida. La cantidad de tiempo depende de tu actitud y determinación para seguir adelante. Es una decisión que tú debes de tomar— aferrarte a tu pasado y vivir constantemente en él, o dejarlo ir y seguir avanzando. La vida es muy corta como para no ser feliz.

No distorsiones la realidad

En ocasiones, Cindy se sentía culpable de que la relación con Juan hubiera terminado. Ella pensaba que tal vez ella no había sido comprensiva; quizá Juan sí se había esforzado y ella no había apreciado sus esfuerzos. Ella seguía pensando en él y extrañándolo. Se enfocaba en pensar solamente en las cosas positivas de Juan, en los buenos momentos que pasó con él, pero a menudo olvidaba las razones por las cuales había decidido terminar: El desamor, la falta de interés y de romance, el trato frío y distante, la comunicación inexistente.

Los padres de Cindy la ayudaron a ver las cosas de manera objetiva, aquello que ella en ocasiones no podía ver claramente debido a que estaba cegada por sus emociones. Eso la ayudó a mantenerse firme en no seguir volteando atrás, pues todo lo que estaba extrañando era simplemente una distorsión de la realidad, algo que nunca había existido.

Por alguna extraña razón, cuando una relación termina, las personas tienden a recordar solo las cosas buenas y se olvidan de aquello que realmente los llevó a tomar la decisión de terminar. Nuestros sentimientos y emociones en ocasiones nublan nuestro razonamiento, distorsionando la realidad. Vemos las cosas bajo el efecto de lo que llamo una *fantasía mental*. Por ejemplo, pensamos en los momentos en que la otra persona nos dijo, "te amo," en aquellas citas divertidas, en el primer beso, o en aquella tarjeta de amor que recibiste en San Valentín. Sí, todas esas son memorias bonitas, pero ¿Fuiste feliz?, ¿Los momentos buenos superaron los momentos malos?

En momentos difíciles, cuando estas triste por recordar cosas del pasado, no corras inmediatamente a escribirle o llamarle a esa persona.

Mas bien, platica primeramente con alguien que te ame, como tus padres o tus hermanos, tu pastor, o una mejor amiga. Ellos te ayudarán a ver la realidad de una manera objetiva. Ellos serán tu apoyo cuando te sientas agobiada por emociones, y no permitirán que vuelvas a una relación que no era conveniente para ti.

Quiero motivarte a que des la vuelta a la página y que dejes de pensar en tus relaciones pasadas. Fija tus ojos en Dios y camina hacia adelante. Se llegará el día en que veas esas relaciones como un instrumento que Dios usó para cumplir un delicado propósito en ti. Tal vez hasta llegues a sentirte agradecida de haber cruzado tu camino con esas personas, a pesar del dolor que te ocasionaron. Gracias a ellos maduraste, aprendiste de tus errores, descubriste quién eres, y ahora sabes lo que realmente quieres y necesitas. Posiblemente tu carácter fue moldeado y tu fe fortalecida. Quizá era necesario que atravesaras por esas dolorosas decepciones para llegar al lugar en el cual te encuentras ahora. Mantén tu cabeza en alto y no te desanimes. ¡Lo mejor está aún por venir!

ESCUCHANDO A DIOS
PARA ACTUAR EN FE

Todo lo que has leído hasta el momento en este libro, se ha enfocado en la importancia de *esperar* en Dios para que Él traiga el amor a tu vida. ¿Acaso esperar significa permanecer de brazos cruzados indefinidamente hasta que algo suceda?, ¿Hasta qué punto Dios nos llama a dejar nuestra zona de comodidad y caminar en fe? Este capítulo posiblemente cambiará tu perspectiva acerca de cómo debes esperar. Si bien Dios puede llamarnos a permanecer quietos por algún tiempo, indudablemente se llegará el momento en que Dios también nos llamé a *tomar acciones de fe* para alcanzar sus propósitos.

Muchas personas permanecen solteras por años, debido a que en todos esos años nada cambia en sus vidas. Para muchos, todo ha permanecido exactamente igual que varios años atrás. Siguen saliendo con el mismo círculo de amigos, teniendo los mismos pasatiempos y siguiendo la misma rutina de siempre.

Tal vez, muchas personas se sienten cómodas de hacer lo mismo una y otra vez. Quizá han permanecido en el mismo lugar, con las mismas personas, haciendo las mismas cosas, porque en ello encuentran una sensación de seguridad. Sin embargo, esta monotonía y falta de crecimiento personal, eventualmente causa tristeza y desánimo, porque Dios no es un Dios de estancamiento. Él no nos creó para llevar vidas monótonas.

En tu búsqueda del amor, va a ser extremadamente importante que busques la dirección del Espíritu Santo para lograr el éxito en esta área. En este capítulo, me enfocaré en hablar precisamente de cuando Dios nos llama a *tomar acciones de fe* y dejar nuestra zona de comodidad. Primeramente, explicaré lo que es una acción de fe. Después, te enseñaré a discernir la voz de Dios y cómo seguir su dirección para recibir *tu promesa*.

¿QUÉ ES UNA ACCIÓN DE FE?

Casi todos los personajes de la Biblia que alcanzaron grandes proezas, conquistaron reinos, obtuvieron victorias, y recibieron lo que Dios les había prometido, tuvieron primeramente que tomar acciones de fe.

> La fe viene como resultado de oír el mensaje,
> y el mensaje que se oye es la Palabra de Dios. (Rom.
> 10:17, NVI)

Esto significa que la fe es demostrada cuando primeramente *escuchamos* lo que Dios ha dicho y después *caminamos* en ello. *Para que una acción sea de fe, debe cumplir un importante requerimiento: debe ser iniciada, inspirada y dirigida por Dios, y no por voluntad humana.*

Veamos algunos ejemplos bíblicos de personas que escucharon la instrucción de Dios y después pusieron su fe en acción.

Noé

Instrucción de Dios:
> Construye un gran barco de madera de ciprés y
> recúbrelo con brea por dentro y por fuera para que no
> le entre agua... ¡Mira! Estoy a punto de cubrir la tierra

con un diluvio que destruirá a todo ser vivo que respira. Todo lo que hay en la tierra morirá, pero confirmaré mi pacto contigo. Así que entren en el barco tú y tu mujer, y tus hijos y sus esposas. (Gén. 6:14, 17; NTV)

Acción de fe:

Fue por la fe que Noé construyó un barco grande para salvar a su familia del diluvio en obediencia a Dios, quien le advirtió de cosas que nunca antes habían sucedido. (Heb. 11:7, NTV)

Abraham

Instrucción de Dios:

El Señor le había dicho a Abram: "Deja tu patria y a tus parientes y a la familia de tu padre, y vete a la tierra que yo te mostraré. Haré de ti una gran nación; te bendeciré y te haré famoso, y serás una bendición para otros." (Gén. 12:1, NTV)

Acción de fe:

Fue por la fe que Abraham obedeció cuando Dios lo llamó para que dejara su tierra y fuera a otra que Él le daría por herencia. Se fue sin saber adónde iba. (Heb. 11:8, NTV)

Moisés

Instrucción de Dios:

¡Mira! El clamor de los israelitas me ha llegado y he visto con cuánta crueldad abusan de ellos los egipcios. Ahora ve, porque te envío al faraón. Tú vas a sacar de Egipto a mi pueblo Israel. (Éxod. 3:9-10, NTV)

Acción de fe:

> Fue por la fe que Moisés salió de la tierra de Egipto sin temer el enojo del rey. Siguió firme en su camino porque tenía los ojos puestos en el Invisible. (Heb. 11:27, NTV)

¿Ves el patrón? Una acción de fe es seguida por una clara instrucción de Dios. *Fue por la fe* que Noé, Abraham y Moisés recibieron las promesas. La fe debe de ir de la mano de acciones que vayan de acuerdo a lo que hemos *escuchado* que Dios ha dicho.

Muchas personas actúan sin buscar la dirección de Dios. Ellos primero hacen las cosas y después esperan que Dios intervenga. Cuando todo sale mal o no obtienen el resultado deseado, se dan cuenta de que la acción que tomaron nunca fue inspirada por Dios.

Dios te va a dirigir a llevar a cabo una acción de fe, pero tú necesitas hacer lo siguiente:

- *Orar* para buscar la dirección del Espíritu Santo,
- *Esperar* escuchar Su voz,
- *Recibir* Su instrucción,
- *Tomar acción* de acuerdo a la instrucción que se te ha dado.

Jesús pasaba diariamente horas en oración. Esto era necesario para que él pudiera escuchar la voz de su Padre y tomar acciones correctas. El resultado de primero escuchar y después actuar, era la manifestación de señales poderosas, milagros y prodigios. Todos nosotros como hijos de Dios, hemos sido llamados a tener este tipo de relación cercana con nuestro Padre del cielo, y a participar del poder que existe en caminar bajo la guía del Espíritu Santo. ¿Te gustaría ver milagros en tu vida amorosa? Necesitas entonces caminar en fe.

¿Qué debes de esperar cuando Dios te llame a tomar acción?

• *La instrucción de Dios no siempre va a ir de acuerdo a tus planes.*

La instrucción de Dios no siempre se va a alinear a tus planes, al menos no inmediatamente. Nuestros pensamientos no se parecen en nada a los pensamientos de Dios, y sus caminos están muy por encima de lo que pudiéramos imaginar (Is. 55:8-9). Independientemente de cuál sea nuestro destino final, Dios nos llevará por una travesía que requiere rendición, paciencia y perseverancia de nuestra parte.

¿Recuerdas la historia que te compartí en el primer capítulo acerca de mis planes de irme de casa y mudarme a Canadá? A pesar de que era una idea bastante atractiva y emocionante, no era una decisión guiada por el Espíritu Santo. Yo ni siquiera sabía quién era el Espíritu Santo en aquel entonces, porque era una creyente recién convertida. Yo apenas comenzaba a caminar en mi relación con Dios, y no había adquirido la madurez espiritual para buscar a Dios en decisiones tan importantes como esta. El plan de mudarme a Canadá estaba siendo dirigido completamente por mi voluntad; no la de Dios.

Dios me detuvo de continuar con esos planes. Su instrucción fue, "Permanece, no te vayas." ¡Obviamente, la instrucción de Dios no era lo que yo quería escuchar! La mayoría de las veces que recibo instrucciones de parte de Dios, raramente encajan con mis planes. De hecho, por lo general van en contra de lo que yo quiero hacer. Cuando Dios te llama a tomar acción, prepárate para rendir tus planes y llevar a cabo los de Él.

• *El tiempo de Dios no depende de tus deseos, recursos o circunstancias; aun cuando creas que es el "tiempo correcto."*

Al poco tiempo de haber rendido mis planes a Dios, Él me bendijo con el maravilloso trabajo que ya he mencionado en capítulos anteriores. No solamente podía trabajar desde casa; además, tenía un horario flexible, ganaba un excelente salario, y tenía la libertad de trabajar remotamente desde cualquier lugar que yo quisiera.

Por un momento llegué a pensar que Dios me estaba dando ese trabajo para poder irme segura con un ingreso, y llevar a cabo mis planes de irme a Canadá. Después de todo, era un trabajo estable y mi salario me permitiría pagar todos mis gastos sin problemas. Aparentemente, todas las piezas estaban encajando. Fue entonces cuando pensé, "¡Este es el tiempo correcto! Dios está abriendo el camino para que yo pueda irme de casa."

Durante el curso de los siete años que trabajé con esa empresa, traté de irme dos veces; y en ambas ocasiones, Dios me detuvo y me mostró que aún no era Su tiempo. Un obstáculo tras otro, se presentaban en mi camino: mis padres no estaban de acuerdo, mis pastores tampoco y, además, tenía altas deudas de estudio que pagar.

Aunque contaba con los recursos necesarios, y las circunstancias a mi alrededor parecían favorables, Dios no me estaba dirigiendo a tomar ninguna acción. Tuve que seguir esperando, hasta que Él me diera luz verde.

Tal vez, tú también te sientas tentada a tomar decisiones basadas en lo que consideras es el *tiempo correcto*. Ten en mente que, aun y cuando todo parezca apuntar a que es el tiempo, puede que no sea el tiempo perfecto de Dios.

Tener los recursos suficientes, o las circunstancias favorables para llevar a cabo un sueño, no necesariamente significa que Dios te está llamando a que hagas algo. Dios pone sueños en nuestro corazón que pueden tomar mucho tiempo antes de cumplirse. Esto es especialmente cierto cuando se trata de encontrar a la pareja correcta y casarte.

- *No todas las personas van a creer o apoyar lo que Dios te ha hablado.*

La Biblia nos cuenta la historia de José, un hombre al cual Dios le comenzó a hablar en sueños desde temprana edad. En sus sueños, Dios le dijo que él reinaría sobre su padre, su madre y sus once hermanos, y que todos ellos se someterían bajo su autoridad. La familia de José no creía en estos sueños. Quizá, José llegó a preguntarse por qué estaba soñando estas cosas. No obstante, Dios le estaba mostrando lo que iba a ocurrir. Tuvieron que pasar primero trece largos años antes de que José pudiera ver esos sueños cumplirse.

Cuando Dios te da un sueño o una visión, no todas las personas lo creerán; no todos estarán emocionados por ti. Eso le pasó a José y eso me pasó a mí también. Tal vez algunas personas, incluyendo tus seres queridos, tratarán de convencerte de que lo que Dios te ha hablado no es cierto, o que nunca va a ocurrir. No te desanimes. Si Dios realmente te habló, va a suceder, sin importar lo que otros piensen. Persevera en la fe y mantente expectante acerca del cumplimento de Su promesa.

El día en que Dios me sacó de mi zona de comodidad

Volviendo a mi historia, siete años después de que le rindiera a Dios mi sueño de irme a Canadá, Dios me habló otra vez, y me dijo lo siguiente: "Cintia, el tiempo se ha llegado para que dejes tu casa. Te llevaré a una tierra que aún no conoces y ahí te bendeciré."

"Señor, ¡En serio!" exclamé. No podía creer lo que estaba escuchado. Mi corazón se llenó de emoción, alegría y expectativa. No obstante, el destino final no iba a ser Canadá como yo había pensado, sino otro lugar que no conocía.

Tal vez, el sueño de irme a Canadá era después de todo, una mala interpretación, del verdadero sueño que Dios había puesto en mi corazón desde antes de nacer. Yo mezclé el sueño de Dios con el mío, y el resultado fue una distorsión de la verdad.

Después de orar por mucho tiempo, Dios me mostró que el lugar al cual me quería enviar era Austin, Texas. Yo le pregunté a Dios que cómo podía estar segura de que había escuchado correctamente. Quería asegurarme de que no se trataba nuevamente de una "gran idea" que yo había creado, como en ocasiones anteriores. Solo iría a Austin, si realmente Dios me estaba mandando a ir ahí. Fue entonces cuando le pedí varias señales de confirmación:

- Completa bendición y apoyo de mis padres.
- Bendición de mis pastores.
- Provisión financiera para pagar todos mis gastos de viaje por adelantado; incluyendo, la renta de un departamento por seis meses durante mi estancia en Austin.
- Estar libre de deudas antes de irme. Esto incluía, pagar por completo mis deudas de estudio y liquidar el pago de mi carro.
- Al menos $5,000 dólares en ahorros en caso de que surgiera alguna emergencia.

Las señales de confirmación que estaba pidiendo, no eran sencillas. Si Dios realmente quería que yo saliera de mi casa, entonces, un milagro tenía que ocurrir para que estas cinco señales sucedieran. Dios las cumplió todas una por una, de tal manera que no me quedó lugar a dudas de que el tiempo de Dios se había llegado, y que Austin, era el lugar al cual Él me estaba enviando.

Por primera vez en siete años, mis padres y pastores apoyaron mis planes, y sintieron completa paz de dejarme ir. ¡Esta fue la más grande confirmación de todas! Ellos me concedieron su bendición sin reservas.

Así que un buen día emprendí el viaje; empaqué dos maletas llenas de ropa, llené el tanque de gasolina de mi carro, y manejé de Monterrey, México a Austin, Texas en la primavera del 2012. Esta fue una *acción de fe*.

Nunca antes había estado en Austin, ni tampoco conocía a nadie ahí. Sin embargo, aunque esta ciudad era completamente desconocida para mí, todo se acomodó perfectamente; no tuve ningún problema. Inmediatamente me establecí. Dios proveyó un lugar seguro para vivir con dos jóvenes cristianas. También me llevó a una iglesia en donde mi fe fue fortalecida aún más. Pero lo más importante que Dios hizo durante este viaje, es que me presentó al hombre que sería mi futuro esposo.

Una acción de fe inspirada por el Espíritu Santo puede cambiar el curso de tu vida para siempre. Yo estoy convencida de que Dios llama a muchos a dar pasos de fe como los que yo di, pero pocos atienden el llamado.

Tal vez se escuche bastante radical lo que yo hice; dejar mi casa e irme a vivir a otro país por un tiempo. Pero esa fue la instrucción que Dios me dio. Esto no significa que tú tengas que hacer lo mismo, a menos que Dios te guíe a hacerlo. Quizá para ti, dejar tu zona de comodidad represente: cambiar de trabajo; o iniciar un nuevo proyecto; o unirte a una causa social; o afiliarte a un partido político; o formar parte de un nuevo ministerio; o salir de tu cerrado círculo de amigos y comenzar a hacer nuevas amistades. Todo depende de qué es lo que Dios está hablando a tu corazón, y para ello, es necesario buscar Su dirección en oración.

ACCIONES DE FE VS. ACCIONES EN LA CARNE

Hasta aquí parece emocionante dejar tu zona de comodidad, ¿verdad? Suena muy bien aventurarse a intentar algo nuevo. Pero ¿Qué pasaría si aquella acción que estás por llevar a cabo no está siendo dirigida por Dios?, ¿O si no es aún Su tiempo? La línea entre caminar bajo la dirección del Espíritu Santo, y caminar bajo los deseos de nuestra carne, no siempre puede ser muy clara; y cruzarla, puede resultar bastante peligroso.

La desesperación de no querer estar sola y desear tener una relación, puede orillar a muchas mujeres solteras a tomar decisiones precipitadas. Esto es especialmente cierto entre aquellas personas que han estado solteras por muchos años. Pero no te precipites a tomar decisiones basadas solamente en emociones; tu carne terminará dirigiéndote y no Dios. Si bien una acción inspirada e iniciada por Dios es una *acción de fe*; una acción iniciada por voluntad humana y emociones es una *acción en la carne*. Veamos las diferencias entre ambas:

Acción de fe	Acción en la Carne
Hay fe.	No hay fe.

Es iniciada, inspirada y dirigida por el Espíritu Santo.	Es iniciada, inspirada y dirigida por voluntad humana, sentimientos y emociones.
Requiere buscar la dirección de Dios, para que Él muestre lo que se ha de hacer.	No hay búsqueda de Dios. La acción se toma basándose en emociones e intereses personales.
Es energizada por Dios. Existe intervención divina.	Dios no interviene en lo absoluto. Está desprovista de la vida de Dios.
Es una obra hecha en el tiempo de Dios, con el motivo correcto, y se hace para la gloria de Dios.	Es una obra hecha en el momento incorrecto y con un motivo equivocado, para satisfacer deseos personales.
Es basada en un pensamiento inspirado por Dios, y que al efectuarse resulta en bendición.	Es basada en una "buena idea" que proviene del razonamiento humano. Sin embargo, no funciona.

La tabla anterior se resume en el siguiente versículo:

> Porque los que son de la *carne* piensan en las *cosas de la carne*; pero los que son del *Espíritu*, en las *cosas del Espíritu*. Porque el ocuparse de la carne es muerte, pero el ocuparse del Espíritu es vida y paz. (Rom. 8:5-6, RVR1960)

Cuando tenemos una relación con Dios, eso nos da acceso a poder escuchar su voz. Él nos muestra por medio de Su Palabra y de la oración el camino a seguir. Es posible que Su instrucción sea contraria a aquello que tú deseas hacer; pero tú confía. Si sigues Su dirección, el resultado será mucho más grande y glorioso de lo que tú hayas soñado o imaginado.

Tal vez estés pensando en este momento, "Cintia, tu historia es grandiosa; pero yo nunca he tenido una convicción tan clara y precisa como la tuya de que Dios me ha hablado. ¿Cómo puedo saber que

Él me está dirigiendo a hacer esto, o aquello?" Primeramente, quiero que sepas, que Dios puede hablarle a cualquier persona que tiene una relación con Él. No solamente me habla a mí, ni tampoco solo a unos cuantos escogidos. Tú también puedes obtener instrucciones precisas y detalladas de parte de Él, en la medida en que tú lo busques y desarrolles una relación con Él. En la siguiente sección, explicaré cómo puedes asegurarte de haber escuchado a Dios.

¿Has escuchado a Dios correctamente?

Dios nos promete que, al nosotros buscarlo, Él se dará a conocer, y nos revelará sus secretos y misterios; cosas que nadie sabe, cosas que tú aún no conoces, pero que Él desea compartirte (Jer. 33:3).

Es normal, y de hecho importante, preguntarnos si hemos escuchado correctamente a Dios. La Biblia dice, que la voz de Dios es como un "suave murmullo" (1 Rey. 19:12); puede ser fácilmente confundida con nuestros pensamientos. Por esta razón, es imposible escucharla si no callamos nuestra mente, y hacemos a un lado todas las distracciones que están a nuestro alrededor.

Si quieres probar que efectivamente has escuchado a Dios, tú puedes pedir señales de confirmación. Pero, además, te voy a dar tres consejos importantes que te ayudarán a tener más confianza de que es Dios quien te está guiando y no tú misma:

1. Cualquier instrucción dada por Dios no debe contradecir Su Palabra, la Biblia.

Y así tenemos *la palabra profética más segura*, a la cual
hacéis bien en prestar atención como a una lámpara
que brilla en el lugar oscuro. (2 Pe. 1:19, LBLA)

Nada de lo que Dios te pida que hagas va a ir en contra de Su Palabra, y de los principios y mandamientos que vienen en la Biblia. La Biblia es la palabra profética más segura y fue inspirada por Dios. Es el manual más completo y seguro para tomar decisiones y dirigir tu vida.

Para ello, es necesario que conozcas la Biblia, que medites en ella diariamente, y que la puedas entender. Al hacerte parte de algún grupo de estudio bíblico, o de alguna iglesia, tú puedes aprender a leerla e interpretarla.

2. *Tener la aprobación y el respaldo de tus padres es una buena señal de confirmación.*

> Honra a tu padre y a tu madre, como el Señor tu Dios te lo ha ordenado, para que disfrutes de una larga vida y te vaya bien en la tierra que te da el Señor tu Dios. (Deut. 5:16, NVI)

Buscar la dirección de los padres tal vez resulte muy difícil para algunos. La sociedad de hoy está regida por un espíritu de independencia, lo cual hace imposible para muchos vivir bajo la autoridad de los padres. Esto es especialmente cierto entre jóvenes solteros.

Si eres soltera, tus padres son la autoridad que Dios ha establecido sobre ti. Hay gran poder y bendición en caminar bajo la cobertura, dirección y consejo de tus padres. Dios honra y bendice a quienes honran a sus padres; este es el primer mandamiento con promesa. Dios abrirá el camino para que tú obtengas las promesas que Él te ha dado, en la medida que respetes la autoridad que Él ha puesto sobre tu vida.

Si por alguna razón tus padres no pueden ser tu autoridad, entonces puedes buscar la cobertura espiritual de alguien que esté bajo el señorío de Cristo. Esta persona puede ser un pastor, un mentor espiritual, un líder de la iglesia, u otro miembro de tu familia. Debe ser alguien en quien tú confíes plenamente, que te ame, de quien puedas recibir instrucción, y lo más importante, corrección.

3. *Ninguna instrucción dada por Dios va a requerir que tú persigas o vayas tras de un hombre que no es tu esposo.*

Prométanme, oh mujeres de Jerusalén, por las gacelas
y los ciervos salvajes, que no despertarán al amor hasta
que llegue el momento apropiado. (Cant. 2:7, NTV)

Dios nunca te va a guiar a perseguir a ningún hombre, en ninguna
manera, a menos que ese hombre sea tu esposo. Como mujeres, somos
rápidas para actuar basándonos en sentimientos o emociones. Nuestra
tendencia es querer *facilitar* las cosas al hombre que nos interesa. Pensamos que somos las que debemos tomar la iniciativa: ser la primera en
llamarlo por teléfono, ser la que lo invita a salir, mudarte a otra ciudad
para estar cerca de él, aceptar vivir con él antes de casarte, pedirle que
te proponga matrimonio, y cosas por el estilo.

Las mujeres que dan el primer paso, que persiguen a un hombre y le
facilitan las cosas, por lo general terminan lastimadas, decepcionadas o
rechazadas; porque este no es el orden establecido por Dios. Dios creó al
hombre con el deseo de perseguir, cortejar y conquistar. No le niegues
este placer al hombre que va a ser tu esposo. Él lo va a apreciar y te va a
valorar mucho más si él tiene que luchar por ganarse tu corazón. Si un
hombre no te persigue y no lucha por conquistarte; puedes permanecer
tranquila en que ese hombre simplemente no es para ti.

En conclusión, si eres soltera y sientes que estás lista para casarte,
pregúntale a Dios si hay algo nuevo que tengas que hacer a fin de
conocer a tu futuro esposo. Por lo general, hay solo dos instrucciones
que puedes recibir de Dios: puede que Él te diga que no tienes que hacer
nada por el momento; o quizá, Él te pida que camines en fe, en la instrucción que Él va a darte. Tanto el tiempo de espera, como el tiempo
de tomar acciones de fe, son importantes, y trabajan en conjunto para
el cumplimiento de los propósitos de Dios.

Si en este momento Dios te tiene en una etapa de espera, no te
precipites a hacer cosas que Él no te ha llamado a hacer. Deja que este
tiempo de espera haga su obra en ti y en el hombre que va a ser tu
futuro esposo. Ten por seguro que, el tiempo de espera siempre llega a
un fin. Mantén tu oído en sintonía con el Espíritu Santo. Una vez que
Dios te llame a caminar en fe y tomar acción, ¡alégrate y emociónate!

Es el tiempo de dejar tu zona de comodidad. Yo te garantizo que, una vez que la dejes, nada volverá a ser igual. Mi oración es, que cada acción de fe que tú tomes en tu travesía por encontrar el amor, bendiga tu relación con Dios, y te ponga cada vez un paso más cerca de encontrar al amor de tu vida.

13

ENCUENTRO DIVINO

Después de haber recibido las señales de confirmación por las cuales estuve orando, dejé mi casa para comenzar el viaje hacia mi sueño. Manejé por casi nueve horas en carretera, antes de llegar a la ciudad de Austin. No conocía absolutamente a nadie en esa ciudad, pero eso no me preocupaba. Me bastaba con saber que Dios me estaba enviado ahí, para sentirme tranquila. Me propuse dedicar las primeras dos semanas en buscar una iglesia cristiana en la cual congregarme. Llevaba conmigo una lista de cinco iglesias que planeaba visitar. Durante mi tercer día en Austin visité la primera. Asistí a una clase de conexión que esta iglesia ofrecía el martes por la noche. No tenía idea de lo que Dios tenía preparado para mí en ese lugar.

La clase de conexión constaba de ocho sesiones, una por semana. Debido al tiempo de mi llegada, me perdí la primera sesión, pero asistí a la segunda. Al entrar en aquella sala, había aproximadamente unas cincuenta personas, y varias mesas redondas con diez sillas cada una. Me senté en el primer asiento que vi disponible y esperé a que comenzara la sesión.

Pasados algunos minutos, una joven llegó por detrás de mí, me tocó el hombro y me preguntó, "¿Disculpa, en qué parte de Austin vives?"

"En Riverside," le respondí.

"Oh, vives en el Sur de Austin. Estamos sentando a las personas de acuerdo a la zona en la que viven —Norte, Sur, Este y Oeste— La mesa en la que estás es la mesa del Norte. Déjame mostrarte la mesa del Sur de Austin en la cual debes sentarte."

Yo solo encogí los hombros y la seguí. No sé por qué aquella joven tocó mi hombro. ¿Cómo es que se percató de mi presencia en medio de tantas personas? No tenía idea de que su simple acto de ir a tocarme, y dirigirme a una nueva mesa, cambiaría mi vida para siempre. Algunas veces me pregunto, si tal vez fue un ángel asignado por Dios para realizar esta tarea. Si ese fue el caso, nunca lo sabré.

En la mesa del Sur de Austin, había nueve personas sentadas y solo un asiento disponible; el mío. Tomé mi asiento y solo sonreí a las personas que estaban ahí. Para cuando esto sucedió, la mayoría de las mesas ya estaban llenas. En eso el presentador tomó el micrófono y comenzó a dar la bienvenida a todos los presentes. Luego sugirió que dedicáramos algunos minutos en conversar con las personas que estaban sentadas en nuestra mesa para conocernos.

El silencio inmediatamente fue roto por las voces de todos los asistentes tratando de conocerse entre sí. Una por una de las personas en mi mesa comenzó a presentarse. Compartían sus nombres, en qué trabajaban, cuánto tiempo tenían de ser miembros de la iglesia, y la razón por la que habían decidido asistir a la clase de conexión. Algunos de ellos tenían meses de asistir a esta iglesia, y otros un par de años. Primero habló Bud, después Alicia, después Heather, y así sucesivamente hasta que se llegó el turno de Caleb, el hombre que estaba sentado a mi lado.

Caleb dijo que él tenía cerca de dos años asistiendo a la iglesia y que siempre se sentaba en la última fila. Dijo que él era el primero en irse tan pronto el servicio terminaba, y que por tal motivo nunca se había relacionado con nadie. La razón por la que él había llegado a la clase de conexión, era porque pensaba que era tiempo de dar un siguiente paso, involucrarse un poco más, y conocer a más personas.

Una vez que terminó su presentación, no dije nada al respecto, pero pensé, *Wow ¡En serio! ¿Dos años en la iglesia y no te has involucrado, ni tampoco has conocido a nadie? ¡Qué pena!* Pensé que eso era bastante extraño, pero al menos, él ahora estaba dando pasos en la dirección correcta, tratando de establecer relación con algunos miembros de la congregación.

Después de Caleb, seguí yo de presentarme. Dije lo siguiente: "Hola a todos, mi nombre es Cintia. Soy de México y este es mi tercer día en Austin. La razón por la que vine a esta clase es porque estoy buscando una iglesia en la cual congregarme. Decidí asistir a esta clase para aprender más acerca de esta iglesia."

Mi breve presentación hizo que muchas personas alzaran las cejas y se mostraron curiosos haciéndome varias preguntas:

"Cintia, ¿Cómo es que supiste de esta clase si solo llevas tres días en Austin?" preguntaron ellos.

"Bueno, hice una búsqueda en internet, y encontré información de esta clase hace un par de días," les respondí.

"¿Viniste a Austin tú sola?"

"Sí, así es. De hecho, manejé mi propio carro desde México a Austin."

"Wow, ¿Hiciste el viaje tú misma por carretera? ¡Qué valiente! ¿Tienes familia o amigos aquí? ¿Conoces a alguien?"

"No, no conozco a nadie. Ustedes son, de hecho, las primeras personas que conozco y con las cuales he hablado en los últimos tres días," dije sonriendo.

"Y ¿Qué te trajo a Austin?" Preguntaron.

"Dios," les respondí.

"¿Dios?" Quedaron sorprendidos con mi respuesta.

En ese momento el presentador tomó el micrófono nuevamente y dijo que era tiempo de comenzar con la sesión. Sin yo saberlo, Caleb había quedado muy intrigado en saber más acerca de mí, e impresionado con mi breve historia.

Al terminar la sesión, el Espíritu Santo me mostró que esa no era la iglesia en la cual habría de congregarme; por lo que esa fue la primera y última vez que asistí a la clase de conexión. En las siguientes semanas me dediqué a continuar mi búsqueda y visité otras iglesias, hasta encontrar la que Dios finalmente me confirmó.

Antes de despedirme del grupo, Caleb me pidió mi teléfono; se lo di y él me dio el suyo. Muy amablemente me encaminó hasta mi carro. Conforme me abrió la puerta del carro, me dijo: "Cintia, esta es una ciudad muy peligrosa para una señorita como tú, ten mucho cuidado. Si necesitas algo, por favor no dudes en llamarme. Me encantaría ayudarte."

En ese momento, supe que Caleb estaba interesado en mí, pero mi mente y mi corazón estaban muy lejos de poner mi atención en él. Tenía demasiadas cosas que descubrir en Austin: una vibrante ciudad que conocer, una iglesia por encontrar, hacer nuevas amistades, etc. Además, había decidido no involucrarme ya más en ninguna relación amorosa, hasta estar cien por ciento convencida de que Dios estaba mandando al hombre que sería mi esposo. Lo que yo no sabía, era que Dios, de hecho, había preparado esa clase de conexión, asignado a esa persona que tocó mi hombro, y reservado ese asiento en la mesa del Sur de Austin, para propiciar un *encuentro divino*.

Dios no creó el amor para que fuera tan difícil de encontrar

Casi toda mujer soltera sueña con dos momentos en su vida: el día en que encontrará el amor, y el día de su boda. Algunas mujeres pasan su vida entera buscando el amor, solo para terminar lastimadas y sufrir decepción, tras decepción. Yo era una de esas mujeres. Deseaba enamorarme; intentaba muchas cosas para conocer al hombre correcto y nada resultaba. Hombres llegaban y se iban de mi vida. Relaciones comenzaban y terminaban rápidamente. Un día, entre lágrimas y con mucha frustración, le dije a Dios: "Señor, ¡no puedo creer que Tú hayas creador el amor así de difícil! ¿Por qué si he dado lo mejor de mí, aún no he logrado encontrarlo?" Y Dios permaneció en silencio.

Cuando Dios permanece en silencio, es porque Él está obrando en nuestros corazones. Él está tocando lo más profundo de nuestro ser y lo está transformando. Aquel día, Dios estaba sanando mi dolido corazón y llevándome nuevamente a un momento de rendición. Dios me estaba pidiendo que le rindiera mi deseo de encontrar esposo y de casarme.

En ese momento, con gran dolor y quebranto, puse delante de Dios mi anhelo. Aún deseaba encontrar el amor y casarme, pero estaba renunciando a seguir buscándolo a mi manera. Decidí permitir que fuera Dios quien lo trajera, cuando Él quisiera. Había estado buscando el amor por años sin éxito. Obviamente, mis estrategias para encontrarlo no eran las mejores, porque no habían funcionado en lo absoluto. Necesitaba la intervención de Dios; me di cuenta de que este asunto estaba completamente fuera de mi control.

Decidí entonces enfocar mi atención en fortalecer mi relación con Dios, en lugar de buscar el amor de un hombre. Dejé de perseguir relaciones amorosas, porque eso me estaba consumiendo emocionalmente; era estresante, debilitante y producía mucha frustración. Ya no deseaba más ser yo quien controlara esta situación, sino dejar que Dios lo hiciera. Estas decisiones se convirtieron en el prefacio perfecto para que Dios interviniera, y preparara un encuentro divino con el hombre que sería mi esposo.

Los encuentros divinos son reales y no solo se limitan a tiempo bíblicos. El anhelo de Dios es ser el protagonista de cada historia de amor y originar un encuentro divino para cada uno de sus hijos con sus futuras parejas. Si cada matrimonio hermoso, inspirador y exitoso que conocieras, tuviera una increíble y cautivante historia de amor, en la que Dios intervino de maneras asombrosas para que ambas personas se conocieran, ¿No te motivaría eso a esperar diligentemente a que Él hiciera lo mismo por ti? Dios quiere llevarse toda la gloria en tu vida, así como se llevó la gloria en la vida de varias mujeres solteras de la Biblia; tales como Ester, Rut, Rebeca y Raquel. Veamos cómo es que tomaron lugar algunos de los más cautivantes encuentros divinos de la Biblia y las maneras milagrosas en las que Dios intervino para que ocurrieran.

LOS ENCUENTROS DIVINOS DE LA BIBLIA

La Biblia revela detalles de la intervención divina de Dios en la vida de algunas mujeres solteras, a fin de presentarlas y unirlas a sus esposos. Podemos aprender acerca de los encuentros sobrenaturales planeados por Dios entre Isaac y Rebeca, Jacob y Raquel, Booz y Rut. Historias como estas, aún dejan a mujeres solteras de nuestra era, suspirando y deseando experimentar algún día una historia de amor así.

Todas estas mujeres se encontraron justo en el momento, lugar y tiempo señalado por Dios, para cruzar camino con el hombre que se convertiría en su esposo. Las historias narran detalles asombrosos de cómo Dios hizo que estos encuentros fueran posibles. Aunque cada uno de estos encuentros fue planeado por Dios, fue necesario que todas estas personas tuvieran fe y fueran obedientes a la instrucción que Él les había dado.

Los matrimonios resultantes tuvieron gran impacto en generaciones futuras. Dios honró de tal manera la fe y obediencia de estas mujeres y de sus esposos, entregándoles como herencia hijos que llevarían a cabo grandes hazañas, y que marcarían para siempre la historia de la humanidad. Por ejemplo, Jacob y Obed, hijos de Rebeca y Rut respectivamente, fueron ancestros de Jesús, y se encuentran dentro de su genealogía. Por otra parte, José, hijo de Raquel, fue usado grandemente por Dios para salvar la vida de miles de personas, incluyendo al pueblo de Israel.

Tu historia de amor y tu matrimonio también tienen un gran propósito establecido por Dios. Este propósito es eterno y va más allá de lo que tú puedes pensar, imaginar o entender. ¿Cómo sabes si tu futuro matrimonio será grandemente usado por Dios para traer salvación a muchos?, ¿O si tus hijos serán futuros líderes que cambiarán la historia? ¡No lo sabes! Pero Dios sí lo sabe, y ya lo tiene todo preparado. *Si tú honras a Dios con tu fe, y esperas a que sea Él quien traiga a tu esposo a tu vida, Él te honrará con un hombre de bendición, y tus hijos serán una nación santa.*

Veamos ahora cómo es que tomaron lugar los encuentros divinos de la Biblia en la vida de Rebeca, Raquel y Rut.

Isaac y Rebeca
(Lee Gén. 24)

La Rebeca de la Biblia es un ejemplo de una mujer trabajadora, esforzada y servicial. Su nombre en hebreo significa, "mujer de belleza encantadora." Ella vivía en la ciudad de Najor en Aram; mientas que Isaac, el hombre con quien se casaría, vivía en Canaán. Dada la distancia y ubicación geográfica entre ellos, el encuentro de Isaac y Rebeca no puede ser explicado de otra manera, mas que por una evidente intervención de Dios.

Para Abraham, padre de Isaac, era importante encontrar una buena esposa para su hijo; una mujer de Dios. Él no quería que Isaac se casara con una mujer de Canaán, porque los cananeos eran gente idólatra, que adoraban a otros dioses, y no al Dios verdadero. Es por ello, que Abraham envió a su siervo a buscar una doncella a la tierra de Najor en Aram; lugar en el cual vivían los parientes de Abraham. "El ángel de Dios irá delante de ti para hacer prosperar tu viaje," Abraham le dijo. El siervo, después de recibir la bendición de su amo, emprendió el largo camino, llevando consigo diez camellos.

La distancia entre Aram y Canaán era de aproximadamente quinientas millas, un recorrido que tomaría aproximadamente un mes. No me puedo imaginar lo que fue para el siervo realizar un viaje tan largo y agotador, bajo el ardiente sol, cruzando terrenos montañosos. Sin embargo, esta historia deja de manifiesto que, para Dios, no hay distancia imposible, ni tampoco ubicación geográfica que sea una limitante para unir a dos personas.

El siervo llegó finalmente a un pozo de agua a las afueras de la ciudad de Najor, donde varias jóvenes se acercaban con sus cántaros para sacar agua. Sediento y agotado, el siervo pide una señal a Dios para saber si alguna de esas mujeres ha de ser la que Él ha elegido como esposa para Isaac.

El oró de la siguiente manera:

"Señor, Dios de mi amo Abraham, si es tu voluntad, te ruego que hagas prosperar mi viaje. Aquí me tienes, a la espera junto a la fuente. Si una joven sale a buscar agua, y yo le digo: 'Por favor, déjeme usted beber un poco de agua de su cántaro', y ella me contesta: 'Beba usted, y también le daré agua a sus camellos', que sea ella la mujer que tú, Señor, has escogido para el hijo de mi amo." Todavía no había terminado yo de orar cuando vi que Rebeca se acercaba con un cántaro sobre el hombro. (Gén. 24:42-45, NVI)

Observa que el siervo no oró por una mujer bella y atractiva, o por una mujer de personalidad agradable; aunque estas son cualidades muy deseables, y Rebeca las reunía todas. No, él oró por una mujer dispuesta a servirlo; en otras palabras, él oró por una mujer de *carácter servicial*.

Rebeca vio una necesidad que ella podía cubrir, y de inmediato fue a la fuente, llenó su cántaro, y regresó con el siervo para darle de beber. Ella no solamente le dio a él, sino además se ofreció a darle agua a todos los camellos. Como referencia, un camello sediento puedo consumir hasta doscientos litros de agua. ¿Puedes imaginarte cuántas veces Rebeca tuvo que llenar su cántaro? Supongamos que el cántaro tenía una capacidad de cinco litros. Si este es el caso, Rebeca tuvo que llenarlo unas cuarenta veces para dar de beber a un solo camello. Posiblemente, los camellos no bebieron doscientos litros de agua ese día, pero captas la idea. Le tomó a Rebeca mucho trabajo y viajes a la fuente, para llevar a cabo esta tarea.

Este *carácter servicial* fue la señal de confirmación por la que el siervo había orado. Dios recompensó la gentileza, humildad, generosidad y esfuerzo de Rebeca, eligiéndola para ser la esposa de Isaac.

Los padres de Rebeca conocieron al siervo de Abraham y escucharon la historia. Ellos se dieron cuenta de que este encuentro había sido propiciado por Dios, por lo que bendijeron a su hija, y Rebeca aceptó viajar con el siervo a Canaán para conocer a Isaac. La Biblia nos dice que Isaac tomó a Rebeca por esposa, y la amó.

Esta historia demuestra la intervención de Dios para unir a dos personas que vivían en tierras distintas pero que compartían la misma fe. Hoy en día, por lo general, nadie se casa sin conocer bien a la otra persona primero. Podemos pensar que la decisión de Isaac y Rebeca de casarse sin conocerse, fue bastante arriesgada. Sin embargo, para

el momento en que ambos se reconocen el uno al otro como esposo
y esposa, Dios ya había obrado de maneras sobrenaturales, mostrando
evidentes confirmaciones de que este encuentro había sido orquestado
por Él. Muy posiblemente, Dios también preparó los corazones de Isaac
y Rebeca, para que ambos experimentaran un *amor a primera vista*. Por
esta razón, el matrimonio de ellos fue un matrimonio de fe. Fe en que
Dios había preparado todos los eventos previos, para que un día, ellos
pudieran estar cara a cara y unir sus vidas para siempre.

Jacob y Raquel
(Lee Gén. 28 - 29)

La Biblia habla de Raquel, una mujer mansa y humilde de corazón. Su
nombre en hebreo significa, "La Oveja de Dios." Raquel vivía en Padám
Aram; mientras que Jacob, hijo de Isaac y Rebeca, vivía en Canaán.
La historia de Jacob y Raquel tiene cierta semejanza con la historia de
Isaac y Rebeca. Así como Abraham buscó para su hijo una esposa que
fuera de su propia tierra y parentela; así también Isaac le aconsejó a
Jacob, seguir los mismos pasos. Isaac no quería que su hijo se casara con
una mujer Cananea, por lo que lo envió a la tierra de Padám Aram,
para que allí buscara una mujer de entre las hijas de su tío Labán.

En ambas historias podemos constatar que, tanto para Abraham
como para Isaac, era importante que sus hijos no se unieran a una mujer
Cananea, porque ellas adoraban y creían en otros dioses. Casarse con
alguna de ellas, era unirse a un *yugo desigual*.

Siguiendo la instrucción de su padre, Jacob emprendió el viaje a
Padám Aram. Al llegar a ese lugar, encontró un pozo de agua donde
unos pastores apacentaban sus rebaños de ovejas. Jacob los saludó y les
preguntó si de casualidad conocían a Labán, su tío. Todavía estaba él
hablando con ellos, cuando Raquel, hija de Labán, llegó con las ovejas
de su padre, pues era ella quien las cuidaba. En cuanto Jacob vio a
Raquel, se acercó y quitó la piedra que estaba sobre la boca del pozo, y
les dio de beber a las ovejas (Gén. 29:9-10).

No fue coincidencia que Raquel se presentara justo en el momento en que Jacob iba llegando al pozo, ya que cada evento había sido previamente preparado por Dios para originar un encuentro divino entre ellos.

En el libro, *Todas las Mujeres de la Biblia*, el autor Herbert Lockyer, describe este momento de la siguiente manera:

> "Aquel encuentro entre Jacob y Raquel fue de Dios, y fue su providencia la que dispuso la primera mirada de cada uno junto al pozo. Tenemos la tendencia a olvidar que a menudo los incidentes de la vida aparentemente más comunes y corrientes son parte del plan divino, así como las piezas más pequeñas de un reloj, y de esas piezas más pequeñas del plan dependen todas las otras. Nuestros pasos, cuando son ordenados por el Señor, nos llevan a grandes cosas. En cuanto a Jacob y Raquel, aquel encuentro fue imprevisto y no premeditado."[14]

Jacob estuvo tan cautivado por la hermosura de Raquel, que se enamoró de ella a primera vista. Raquel se encontraba haciendo justo lo que se esperaba de ella en aquel momento, cuidando de las ovejas de su padre. Lo que Raquel estaba haciendo es una representación de lo que Dios, nuestro Padre, espera de nosotras como sus hijas—que cuidemos de Sus ovejas. Las ovejas de Dios son tus hermanos y hermanas en Cristo. Es el enfermo y el necesitado. Es aquella persona que aún no conoce a Dios, pero que Él quiere alcanzar por medio de ti. Así como Raquel estaba al servicio de su padre cuidando de sus ovejas, así también Dios quiere que cuidemos de su redil.

Raquel se encontraba haciendo la *obra de Dios* cuando Él le presentó a su esposo. Cuando estamos haciendo lo que a Dios le agrada y lo servimos, Él tomará cuidado de toda necesidad de nuestra alma y nuestro corazón.

Booz y Rut
(Lee Rut 1- 4)

Rut es un ejemplo de una mujer leal, dispuesta a sacrificarse por amor a otros. Su nombre en hebreo significa, "compañera y amiga fiel." Rut vivía con su suegra Noemí, quien era viuda y tenía dos hijos: Majlón, quien estaba casado con Rut; y Quilión, quien estaba casado con Orfa. Ambos hijos murieron y dejaron viudas a estas jóvenes, por lo que ellas quedaron bajo el cuidado de Noemí.

Al ver que Rut y Orfa todavía tenían la oportunidad de volverse a casar, Noemí les sugirió que cada una regresara a su casa, y les dijo:

"Que el Señor les conceda hallar seguridad en un
nuevo hogar, al lado de un nuevo esposo." (Rut 1:9, NVI)

Orfa y Rut no aceptaron la propuesta de Noemí. Sin embargo, después de que ella les insistió que así lo hicieran, la Biblia nos dice que Orfa se despidió de Noemí con un beso, pero Rut se aferró a ella.

Muy seguramente Orfa pensó que la sugerencia de Noemí era lo mejor que ella podía hacer, si acaso quería volver a encontrar la felicidad con un nuevo esposo. Después de todo ¿Qué futuro podría esperarle al lado de una anciana como Noemí?, ¿Qué tipo de sueños y aspiraciones podría ella alcanzar si se quedaba a vivir en la pobreza, sin un hombre que pudiera proveerles?

Sin embargo, Rut no pensó para sí misma. Ella puso por encima su amor incondicional por Noemí. Para ella, era más importante cuidar de su suegra, que encontrar un hombre y volverse a casar.

Pero Rut respondió: —¡No insistas en que te
abandone o en que me separe de ti! Porque iré adonde
tú vayas, y viviré donde tú vivas. Tu pueblo será mi
pueblo, y tu Dios será mi Dios. (Rut 1:17, NVI)

He aquí dos jóvenes que experimentaron la misma tragedia de

perder a sus esposos y enfrentarse a un futuro incierto. A ambas se les presentó una misma oportunidad de regresar a sus casas para encontrar pareja y volverse a casar. Pero la elección de cada una fue diferente. La decisión de Orfa fue basándose en sus intereses personales; mientras que Rut no buscó lo suyo, sino que decidió permanecer con su suegra, amarla y cuidar de ella.

Sin saber lo que el futuro le tendría deparado, Rut dejó su tierra y su familia, y partió con Noemí hacia Belén, confiando en que Dios proveería para ellas. Al ver que su suegra ya era anciana y no tenía fuerzas para trabajar, Rut asumió la responsabilidad de trabajar y proveer alimento para ambas.

Al llegar a Belén, los campos estaban listos para la cosecha de cebada. La historia relata que Rut salió a recoger espigas. Dio la casualidad de que el campo donde estaba trabajando pertenecía a Booz, pariente de Elimélec; el difunto esposo de Noemí.

No fue mera coincidencia que Rut entrara en el campo de uno de los parientes de Elimélec, ya que Dios había previamente planeado este momento. Dios había guiado a Rut a trabajar precisamente en ese campo, porque Él tenía un plan muy especial para que ella conociera al hombre que se convertiría en su futuro esposo.

Dios preparó un encuentro divino entre Rut y Booz. Este encuentro ocurrió mientras ella se encontraba recogiendo espigas en el campo. Es posible que la belleza de Rut haya llamado inicialmente la atención de Booz y él se haya sentido atraído por ella; sin embargo, la Biblia no deja nada escrito sobre esto. Si tal fue el caso, Booz siempre mostró una actitud de respeto hacia Rut y no se precipitó a cortejarla, sino que solo se concretó a ayudarla dejando que ella trabajara en su campo. La actitud de Booz es digna de un hombre de Dios, un hombre que sabe respetar a una mujer y que no actúa basándose en impulsos emocionales o mera atracción física. Booz respetó a Rut en todo momento, y proporcionó protección y provisión para ella y para su suegra.

Lo que la Biblia sí menciona es que hubo tres cualidades en Rut que captaron la atención de Booz:

1) La lealtad de Rut hacia su suegra Noemí (Rut 2:11a).

2) La valentía de Rut demostrada cuando dejó todo por seguir a su suegra (Rut 2:11b).

3) Que Rut era una mujer esforzada y trabajadora, dispuesta a servir a otros (Rut 2:5-7).

Rut sin saberlo, se había ganado la simpatía y la admiración de Booz, y por esta razón él la llamó una "mujer ejemplar" (Rut 3:11, NVI). Su belleza, su carácter de servicio, su fidelidad a Noemí, su valentía, y su amor sacrificial, cautivaron el corazón de Booz.

Ya que Booz era pariente del difunto esposo de Noemí, él estaba en una posición de poder redimir a Rut y a su suegra. Por lo que Booz y Rut se casaron, y Dios le concedió a ella quedar embaraza y dar a luz un hijo. El hijo de ellos fue Obed, quien fue ancestro de Jesús (Rut 4:13).

Rut nunca se imaginó que ella terminaría siendo la esposa de un hombre de Dios, tan respetable e influyente. Mucho menos se imaginó que tendría un hijo que llegaría ser ancestro de nuestro Salvador. Tal vez Rut pensó que sería viuda por el resto de su vida. Pero Dios tenía un plan diferente.

Esta inspiradora historia brinda esperanza a muchas mujeres de hoy que han quedado viudas o han atravesado por un divorcio. Si tú te encuentras en alguna de estas situaciones y pones tu confianza en Dios, Él tiene el poder para volverte a bendecir con un nuevo esposo, si ese es el anhelo de tu corazón.

¿Qué podemos aprender de Rebeca, Raquel y Rut?

De estas tres historias, vemos un común denominador—Dios colocó a cada una de estas jóvenes en el lugar y momento propicio para tener un encuentro divino con sus futuros esposos. Ellas no lo planearon. Ninguna de ellas estaba activamente buscando esposo cuando estos encuentros tomaron lugar. Muy posiblemente todas soñaban con casarse algún día. Sin embargo, la bendición de encontrar esposo no fue gracias a sus esfuerzos, sino gracias a la intervención de Dios.

Algo que podemos aprender de Rebeca, Raquel y Rut es que estas tres mujeres tenían un *carácter de servicio*. Todas estaban trabajando y sirviendo a otros en el momento en que Dios trajo la bendición a sus vidas.

Si tú te ocupas de las cosas de Dios, Él se ocupará de las tuyas. Si tú sirves a Dios con tu tiempo, talento y habilidades, y lo haces de todo corazón por amor a otros, Dios te va a bendecir.

El encuentro divino que Dios tiene preparado para tu vida ocurrirá justo en el momento que menos lo esperas. Es importante que pidas a Dios discernimiento y sabiduría, para reconocer a tu esposo cuando Él lo ponga delante de ti. Mientras tanto enfócate en servir a Dios y en servir a otros por amor a Él.

Que tu carácter y tu personalidad reflejen el carácter de Cristo —lleno de amor, gentileza, amabilidad, generosidad, lealtad, humildad, obediencia y sacrificio— tal y como lo fue el carácter de Rebeca, Raquel y Rut.

Dios ya lo tiene todo preparado

Así como lo podemos constatar en las tres historias anteriores, Dios ha preparado de antemano tiempos, lugares, personas y momentos, para llevar a cabo sus propósitos y bendecirnos. Si buscamos su dirección, tarde o temprano, nuestras vidas interceptarán sus promesas, y veremos cosas sobrenaturales y milagrosas ocurrir.

Estoy convencida de que muchos encuentros con personas y circunstancias que tuve en mi vida, fueron previamente preparados y orquestados por Dios, para que yo pudiera conocer al hombre que sería mi esposo. El lugar donde nací, la escuela donde estudié, el viaje de estudios que hice al extranjero, el trabajo que obtuve, mi viaje a Austin, la decisión de asistir a esa clase de conexión, el que aquella persona tocara mi hombro para dirigirme a una nueva mesa; todo, absolutamente todo se alineó, a fin de que el encuentro divino con mi futuro esposo pudiera ocurrir. Si tan solo un detalle hubiera sido diferente, todo habría cambiado para siempre.

Caleb fue el hombre que Dios trajo a mi vida. Las cosas entre nosotros se dieron de una manera hermosa y natural, sin presiones, sin drama, sin problemas, sin obstáculos, sin angustia; todo porque Dios había originado un encuentro entre nosotros. Cuando Dios orquesta tu historia, el amor no es tormentoso, ni difícil, ni forzado. Al contrario, es hermoso, placentero y emocionante.

Cree en que Dios está preparando para ti un encuentro divino. Es posible que Él está cegando los ojos de hombres que no tienen parte en tu vida. Lo único que ellos podrán ver, es la gloria de Dios brillando en ti y no podrán ver nada más. No te desanimes si relaciones que iniciaste no funcionaron; y si hombres que inicialmente aparentaron estar interesados en ti, repentinamente perdieron el interés sin motivo. Esa es posiblemente la misma mano de Dios haciendo que esos hombres se aparten. Él está protegiéndote de que termines con alguien que no estaba destinado a estar contigo.

Pero el hombre que Dios tiene para ti sabrá reconocerte, y va a valorarte y a cuidar tu corazón. Abraza esta promesa con fe; porque, así como Dios lo hizo por Rebeca, Raquel, Rut y por mí, Él también lo hará por ti. Confía y continúa rindiéndole tu deseo de amor. No permitas que ese anhelo de tu corazón te haga atraer a tu vida hombres que nunca debieron ni siquiera acercarse a ti. Yo espero que tú seas una mujer que se levante en fe y que comiences a orar por un encuentro divino. Un encuentro que ocurra en el momento en que menos lo esperes, pero en el perfecto tiempo de Dios.

14

NO SABÍA QUE ÉL IBA A SER MI ESPOSO

Apenas habían pasado dos semanas de haber conocido a Caleb en aquella clase de conexión. Él me invitó a ir a cenar, y yo acepté. Esa noche, disfrutamos de una gran plática, acompañada de unas copas de vino tinto, en un restaurante del sur de Austin. Caleb estaba muy intrigado acerca de mí. Él tenía muchas preguntas, y a mí me agradaba eso. Él era atento, bueno para escuchar, y muy divertido. Parecía un hombre muy inteligente, simplemente por la manera en la que hablaba. Nos acoplamos muy bien desde el principio; yo me sentía a gusto con su compañía y pensé que podríamos ser buenos amigos.

Una semana después, volvimos a vernos para celebrar el día de San Patricio con algunos de sus amigos; esta fue la segunda vez que salíamos. Esa noche, ¡nos divertimos tanto! Me percaté de que él era muy protector—siempre manteniendo la mirada en mí, preguntándome si la estaba pasando bien, y si necesitaba algo.

Al final de la noche, me llevó a mi casa. Una vez que llegamos, se estacionó; y cuando yo estaba a punto de despedirme y salir del carro, él me vio a los ojos e hizo una importante declaración. "Cintia, pienso que Dios te trajo a Austin, para que me conocieras a mí."

Yo quedé desconcertada. "¿Por qué piensas eso?" le pregunté.

Entonces él respondió, "He estado orando por una esposa, una ayuda idónea, una mujer de Dios. Pienso que esa persona eres tú. Yo creo que Dios te trajo a Austin para conocerme a mí porque tú vas a ser mi esposa."

Yo no podía creer lo que Caleb me estaba diciendo. ¡Era apenas nuestra segunda cita! Él no me conocía lo suficiente. ¿Cómo podía estar tan seguro de algo así? Por un momento, hice una pausa mientras asimilaba sus palabras. Él tenía muchas cualidades que yo estaba buscando en un hombre. Primeramente, él era creyente; para mí, eso era lo más importante. En segundo lugar, él era inteligente, respetuoso, atento, divertido, y muy exitoso en su profesión. En tercer lugar, era atractivo —alto, de ojos azules, y complexión atlética. Todas esas eran buenas razones para emocionarme de comenzar una relación con él; pero era demasiado pronto. Apenas nos habíamos conocido, y él aún era un extraño para mí. Además, yo siempre había pensado que me casaría con un pastor, y él no lo era. No podía imaginarme ser algo más que amigos en aquel momento.

"Ohm, no estoy segura de eso. Yo no pienso lo mismo," le respondí vacilante.

Entonces él me pidió lo siguiente, "Bueno, ¿podrías orar para que Dios te muestre cuál es Su voluntad acerca de nosotros?"

"Claro. Lo haré," le dije. Después sonreí y lo abracé.

Me despedí y salí del carro. A pesar de que le dije que iba a orar, no lo hice. Estaba convencida de que él y yo solo estábamos destinados a ser amigos y nada más.

Por muchos años, había creado en mi mente un *modelo* del hombre que yo quería como esposo. Había orado fervientemente por él. Yo le pedía a Dios por un esposo que fuera pastor o evangelista. En términos prácticos, si el hombre que me pretendía, no estaba detrás de un púlpito predicando los domingos, inmediatamente yo pensaba, "Este no es. Dios tiene un pastor para mí."

Realmente había creído que Dios me había llamado a ser la esposa de un pastor. Hombres que no encajaban con este modelo, eran inmediatamente echados fuera de mi radar. Caleb no parecía ser el hombre por el cual yo había estado orando.

Dios cegó mis ojos temporalmente

Durante los siguientes cinco meses, Caleb y yo continuamos saliendo ocasionalmente como amigos. Aunque yo no lo veía como el hombre que sería mi futuro esposo, él nunca perdió la convicción de que yo era la mujer que Dios había traído a su vida. Él estaba tan confiado de eso y no quitaba el dedo del renglón. Él perseveraba sin poner ningún tipo de presión sobre mí. Siempre se mostró tranquilo y satisfecho con cualquiera que fuera mi pauta. No se molestaba si yo no aceptaba alguna invitación a salir, tampoco se ofendía si no respondía el teléfono cuando me llamaba, ni tampoco se dio por vencido cuando le dije que solo quería ser su amiga. Pero en todo momento, él estaba luchando por conquistar mi corazón. Su manera de luchar no era como la mayoría de los hombres luchan, basándose en esfuerzos humanos. Estoy convencida de que su campo de batalla era en el lugar secreto—a solas en oración, para que Dios cambiara mi manera de pensar acerca de él.

Algunos años atrás, antes de conocer a Caleb, hubo un momento en que me encontré con el corazón destrozado por una relación que no funcionó. Esa relación había sido precisamente con un joven que aparentemente reunía toda la exhaustiva lista de estándares por los cuales yo había estado orando. Me sentía profundamente atraída hacia él, convencida de que él era la respuesta a mis oraciones. ¡Oh, qué gran decepción fue aquella! Los seis meses en los que estuve en relación con él, fueron los más angustiantes de toda mi vida de soltera.

Él no era una mala persona; simplemente no lográbamos entendernos. Nunca pudimos ser felices; no importaba cuánto lo intentáramos. Parecía que no éramos compatibles en nada, a pesar de que nos sentíamos atraídos. Queríamos que las cosas funcionaran, pero eso no ocurría. Pienso que lo único que nos mantuvo unidos esos meses, fue mera atracción física, y nada más. Fuera de eso, la relación era muy vacía. Dios me permitió obtener temporalmente exactamente lo que yo quería, solo para darme un gran tope contra la pared, y darme cuenta que, muchas veces, lo que pedimos no es lo mejor para nosotros, y no es lo que nos hará felices.

Después de terminar con esa relación, oré a Dios, y entre lágrimas le pedí que cegara mis ojos espirituales cuando Él trajera a mi esposo a mi vida:

"Señor, te pido que cuando tú me presentes a mi esposo, yo no pueda reconocerlo inmediatamente. Por favor, ciega mis ojos, para así proteger mi corazón y mis emociones. Pero permítele a él saber, que soy yo la mujer para él, para que luche por mí. Y una vez que yo esté lista y él esté perdidamente enamorado, entonces abre mis ojos y has que yo pueda reconocerlo, y me enamore de él."

Nunca pensé que esa oración sería honrada y respondida, ¡pero sí lo fue! Dios cegó mis ojos temporalmente. Él puso un velo sobre ellos, para que yo no pudiera reconocer a Caleb como mi futuro esposo, sino hasta el momento en el que Dios así lo tenía predispuesto. Durante ese tiempo de ceguera espiritual, Dios estaba trabajando en ambos, moldeando nuestro carácter y nuestra fe. La obra que Él hizo durante ese tiempo, no hubiera sido posible si hubiéramos iniciado un romance de inmediato.

Muchas veces, Dios cegará los ojos de jóvenes solteros para que no puedan reconocer a su esposo o esposa. Dios hará esto, cuando Él considere que ellos no están aún listos para iniciar una relación de noviazgo y casarse. Una razón por la que creo que Dios hace esto, es porque Él primero preparará el corazón de cada persona, para que puedan valorar y amar a su futura pareja de la manera correcta. Una vez que Dios termina su trabajo y los considera listos, Él remueve el velo que había puesto sobre sus ojos, para que puedan reconocerse el uno al otro, como la bendición que Dios ha proveído.

Una Carta de Amor

Caleb y yo continuamos siendo amigos durante mi estancia en Austin. Después de cinco meses, se llegó el tiempo de mi partida; el día en que regresaría a México. Un día antes, Caleb fue a mi departamento para ayudarme a empacar. En ese momento, él me entregó una carta que decía lo siguiente:

Querida Cintia,

¡Qué maravilloso impacto has tenido en mi vida!

Cuando me registré en aquella clase de conexión, no tenía idea de que ahí iba a conocerte—¡Ha sido una verdadera bendición! Tan pronto como te conocí, me cautivaste. Tu presencia, encanto y belleza, hicieron que quisiera pasar más tiempo contigo. Yo sé que eso que vi en ti, era el Espíritu Santo y el amor de Dios brillando a través de ti.

Tú tuviste convicción en seguir la instrucción de Dios cuando Él te envió a Austin; y aunque tú no sabías exactamente la razón por la cual Él te trajo aquí, Él sí la sabe. El te envió para que alcanzaras nuevos retos, para inspirarte y... tú ya sabes lo que sigue: ¡para conocerme a mí!

Yo he estado orando para que Dios me provea una ayuda idónea; la esposa que Él ha destinado para mí desde el principio de la creación. Y aunque no sé exactamente qué es lo que viene más adelante, Él ya lo sabe.

Tengo fe en que Él continuará guiándonos a ambos para que alcancemos los planes que Él tiene para nosotros. Él es el que crea los rompecabezas de nuestra vida en los cuales operamos. Tal y como dice Jeremías 29:11, "Él tiene planes para nosotros, planes para prosperarnos," y yo tengo fe en Su plan.

Aunque apenas hemos comenzado a conocernos, hay una cosa de la cual estoy seguro—quiero conocerte más. Quiero conocer a tus padres, a tu familia y a tus pastores. Quiero continuar nuestras conversaciones y seguir comiendo sushi contigo.

Cintia, estoy tan agradecido y bendecido de que hayas llegado a mi vida. Definitivamente estoy en espera del siguiente capítulo.

Para Su gloria y en Su amor,
Caleb

Leí su carta en silencio y él se encontraba justo a mi lado. Quedé asombrada y halagada por sus palabras, pero no supe qué decir al terminarlas de leer. Me sorprendía su perseverancia y su convicción acerca de que habría algo más entre nosotros. Su compromiso y determinación estaban comenzando a llamar mi atención. Caleb no era un hombre que me haría perder el tiempo; él estaba listo para hacerme su esposa. Yo sabía que si aceptaba ser su novia, no pasaría mucho tiempo antes de que me propusiera matrimonio. Su actitud me agradaba, pero al mismo tiempo me hacía sentir nerviosa. Yo no lo veía a él de la misma manera en que él me veía a mí; él estaba convencido de que yo era la esposa por la cual él había estado orando.

Al terminar de leer la carta, yo solo sonreí, lo abracé y le di las gracias. Aunque yo sabía que Caleb era un gran hombre, mis ojos aún estaban cegados. Mi corazón hasta ese momento estaba cerrado a la idea de tener sentimientos románticos por él. Tal vez, Dios ya estaba tratando de decirme que Caleb estaba destinado a ser más que solo un amigo, pero yo era muy obstinada.

Al día siguiente, Caleb regresó nuevamente a mi departamento para despedirse de mí y ayudarme a subir las maletas al auto. Cuando todo quedó listo, me despedí de él con un abrazo. Me subí a mi carro, Caleb se subió al suyo, y me siguió por detrás por algunos minutos, hasta que yo tomé el camino que me llevaría de regreso a mi país, y él tomó el camino que lo llevaría de regreso a su casa. Saqué mi mano por la ventana, le dije adiós a lo lejos, y él hizo lo mismo. Nuestros vehículos poco a poco se distanciaron, hasta que finalmente nos perdimos de vista.

Un cambio de Paradigma

Dos semanas después de mi partida, Caleb se encontraba a bordo de un avión rumbo a Monterrey, México. Él había decidido irme a visitar, firmemente convencido de que yo era el amor de su vida.

La perseverancia, determinación y el carácter de Caleb eran cosas que realmente admiraba de él. Sin embargo, mi convicción acerca de que Dios me entregaría por esposo a un pastor, era hasta ese momento, inconmovible. Después de todo, ¿Quién podía haber puesto un deseo así en mi corazón, sino Dios mismo? Y si Dios había puesto ese deseo ¿Acaso no tenía Él el poder para realizarlo? Estaba plenamente segura de que mis expectativas eran santas, divinamente inspiradas y yo no estaba dispuesta a conformarme con otra cosa, que no fuera lo que yo consideraba *el llamado* de Dios para mi vida—ser la esposa de un pastor.

Sucedió que, en aquella visita de Caleb a Monterrey, mi pastor tuvo el gusto de conocerlo, y ellos buscaron un momento para hablar a solas. Yo no supe de qué había tratado esa conversación. Cuando le pregunté a Caleb, él solo me dijo que había sido una conversación de "hombre a hombre", y eso fue todo.

Sentí curiosidad de saber de qué había tratado esta misteriosa plática. Así que, cuando Caleb se fue, yo le llamé a mi pastor por teléfono. Nunca pensé que esa llamada cambiaría el rumbo de mi vida para siempre. La conversación fue algo así:

* * *

Yo: "¡Pastor Eduardo! ¿Como está? Soy Cintia."

Pastor: "Cintia, ¡Hola mija! Qué gusto saludarte. Estoy muy bien. ¿En qué puedo servirte?"

Yo: "Pastor, Caleb me dijo que él había tenido una conversación con usted este fin de semana. Solo quería saber ¿Cuál fue su impresión acerca de él?"

Pastor: "Ah, pues muy buena impresión. Pienso que Caleb es muy buen muchacho. Él parece un hombre sencillo. Tuvimos una conversación muy amena. ¿Por qué?"

Yo: "Bueno, es que, tenía curiosidad de saber de qué habían hablado."

Pastor: "Ah, ok. Caleb se acercó a mí para buscar consejo."

Yo: "¿Consejo? ¿Qué tipo de consejo Pastor?"

Pastor: "Déjame primeramente hacerte una pregunta Cintia."

Yo: "Sí, dígame."

Pastor: "¿Quién es para ti Caleb?"

Yo: "Ohm, él es un buen amigo, ¿Por qué?"

Pastor: "Por que él no te ve solo como una amiga. Ningún hombre viene a otro país a buscar a una mujer solo por amistad. Él me ha pedido consejo porque me comentó que él quiere iniciar una relación de noviazgo contigo."

Yo: "Sí, lo sé Pastor. Sé que él quiere que yo sea su novia; y no solo eso, él piensa que yo seré su esposa, pero yo no siento lo mismo. No siento que él es el hombre que Dios ha escogido para que sea mi esposo."

Pastor: "Y ¿Por qué piensas eso Cintia?"

Yo: "Lo que pasa es que, por muchos años, yo he estado orando a Dios por un pastor, un hombre que tenga un llamado al ministerio. A mí me gustaría ser esposa de un pastor."

Pastor: "Ah ok."

Yo: "Y Caleb no es ese tipo de hombre. Él ama a Dios, busca a Dios, tiene una relación con Dios; pero él no es un pastor."

Pastor: "Cintia, lo que tú pides es muy bueno; y quien sabe, tal vez eso es lo que Dios tiene para ti. Pero pienso que es tiempo de que le rindas tus paradigmas al Espíritu Santo."

Yo: ¿Qué le rinda qué?

Pastor: "Tus paradigmas. Es decir, los conceptos o ideas que has formado en tu mente acerca del tipo de hombre que Dios tiene para ti."

Yo: "¿Usted cree que tal vez he estado orando incorrectamente todo este tiempo?"

Pastor: "No, no lo sé. Eso solo el Espíritu de Dios puede revelártelo, no yo. Cintia, pídele al Espíritu Santo que él quiebre por completo tus paradigmas. Quiero animarte a que comiences a pedirle a Dios que te muestre el corazón de Caleb, y si es que Él tiene algún plan para ustedes. Mi esposa y yo también te estaremos apoyando en oración para que Dios revele su voluntad acerca de este asunto."

* * *

La conversación con mi Pastor me dejó muy pensativa. Sus palabras estaban dando vueltas en mi mente una y otra vez. *"Es tiempo de que le rindas tus paradigmas al Espíritu Santo."* ¿Acaso yo había estado orando equivocadamente por años? ¿Acaso el deseo de casarme con un pastor no había sido puesto por Dios en mi corazón después de todo? Estaba muy confundida.

Inmediatamente sentí la urgencia de buscar a Dios y ponerme a orar. Tal vez la bendición de Dios estaba frente a mis ojos y yo no había querido verla. Tal vez estaba tan enfocada en obtener lo que yo quería, que me había olvidado de dejar que Dios me mostrara lo que Él tenía para mí.

Me encerré a solas en mi cuarto con Dios y oré. Le supliqué que por favor me perdonara si yo había sido egoísta, y si había estado orando por un hombre conforme a mis deseos personales, y no conforme a Su perfecta voluntad. Le rendí a Dios mis expectativas acerca de apariencia, físico, profesión, edad, etc. Le supliqué que quebrara todos esos conceptos que había creado en mi mente acerca del hombre que sería mi esposo. Desesperadamente quería que Él alumbrara mi entendimiento para poder ver Su voluntad.

"Señor, muéstrame el corazón de Caleb. Si él es el hombre que tú tienes para mí, ayúdame a no seguirlo viendo solamente como un amigo, sino como mi futuro esposo. Si Caleb es el hombre que tú me estás entregando, permíteme sentir ese tipo de amor romántico por él. Si realmente es él, pon en mí tu amor para poder amarlo como tú deseas que lo ame."

Dios permaneció en silencio, no escuché que Él dijera absolutamente nada. No me dio instrucción de qué hacer, ni ningún tipo de revelación. Pero el Espíritu Santo comenzó a tocarme poco a poco, hasta quebrantarme por completo. Supe que en ese momento Dios estaba derribando por completo todo el orgullo, egoísmo, vanidad y motivos incorrectos que había en mi corazón.

Paradigmas que engañan

Un *paradigma* es un modelo a seguir. Es un grupo de conceptos que creamos en nuestra mente acerca de cómo queremos que sea algo o alguien. Existen muchos tipos de paradigmas por medio de los cuales podemos elegir pareja. Entre ellos se encuentran paradigmas relacionados con la apariencia física, personalidad, estilo de vida, edad, intereses, vida espiritual, profesión, cultura, nacionalidad, posición económica, etc.

Por ejemplo, una mujer profesionista exitosa, puede haber creado el paradigma de que su futuro esposo debe percibir un sueldo mayor al de ella. Otra mujer soltera, puede haber creado el paradigma de que su futuro esposo debe de tener determinada edad. En mi caso, yo había creado el paradigma de que mi futuro esposo debía ser un pastor.

Otros paradigmas son aquellos relacionados con la estatura, tipo de cuerpo, color de piel, raza, tipo de trabajo, etc. Estos son algunos ejemplos de modelos que personas solteras han creado acerca de lo que consideran deseable, atractivo y aceptable. He encontrado que, a mayor edad, los paradigmas y requerimientos que tienen las personas acerca de con quién se quieren casar, también aumentan. Esto hace que encontrar el amor se convierta en una tarea muy complicada.

Estos paradigmas, si no están siendo inspirados por el Espíritu Santo, pueden ser muy engañosos e inclusive peligrosos. Tienen el poder de desviarnos completamente del plan de Dios. Pueden ocasionar que alguien termine con la persona equivocada, o que permanezca soltero para toda la vida, sin tener éxito en encontrar el amor.

¿Cuáles son los paradigmas que has formado acerca de cómo debe ser tu futuro esposo? Dedica algunos segundos a pensar en esta pregunta. Piensa en los atributos físicos, de carácter, profesionales y espirituales que has estado buscando. Ahora, imagina que Dios te presentara a un hombre que no se parece al prototipo que tienes en mente. Tal vez ese hombre no es físicamente como lo imaginaste, o es mucho más grande o menor de lo que tú esperabas, o no parece tener el tipo de personalidad por la cual tú te sientes atraída ¿Crees que podrías reconocer a ese hombre como el esposo que Dios te está entregando? ¿Crees que podrías confiar más en la sabiduría de Dios que en tu propia sabiduría?

Tu argumento puede ser, "Bueno, Dios conoce mis deseos. Él no me va a entregar a alguien que no sea lo que a mí me hace feliz." ¡En ese argumento tienes toda la razón! Sin embargo, tal vez lo que tú deseas vs. lo que realmente te hará feliz, pueden ser cosas totalmente distintas, y tú no lo sabes. Pero Dios sí. Dios no te entregará lo que deseas, sino lo que Él sabe que necesitas. Él traerá un hombre que te complementará perfectamente y que te ayudará a convertirte en la mujer y esposa que Él te ha llamado a ser.

> Nada hay tan engañoso como el corazón. No tiene remedio. ¿Quién puede comprenderlo? «Yo, el Señor, sondeo el corazón y examino los pensamientos, para darle a cada uno según sus acciones y según el fruto de sus obras.» (Jer. 17:9-10, NVI)

La Biblia dice que nuestro corazón es engañoso; puede desviarnos del plan de Dios. Nuestros deseos y pensamientos acerca de lo que esperamos encontrar en nuestro futuro esposo, tal vez tengan apariencia de algo bueno y puedan seducirnos. Pero quizá, están muy lejos de traer un bien a nuestras vidas. Solo Dios conoce nuestros corazones y sabe lo que realmente necesitamos. Solo Él conoce los anhelos más profundos de nuestra alma. Él no nos dará conforme a nuestros deseos, a menos que estén alineados a su perfecta voluntad.

Pienso que lo más importante que un joven soltero debe buscar en su futura pareja, es compatibilidad espiritual. Unirse en *yugo desigual* puede ser muy destructivo para el éxito de cualquier relación o matrimonio. Fuera de eso, todas las otras características que estamos buscando, deben ser rendidas delante de Dios. ¿Estarías dispuesta a decir, "Señor, esto es lo que yo quiero, pero que no sea mi voluntad sino la tuya"?

Habrá muchas ocasiones en que Dios nos guíe en un camino muy diferente al que habíamos imaginado. Al final, comprobaremos que sus designios siempre serán mejores que los nuestros. Él nos dará el fin que estamos buscando. Él concederá los anhelos más profundos de nuestro corazón (Jer. 29:11).

Prepárate para que Dios cambie tus paradigmas

Después de que Caleb tuvo esa conversación con mi pastor, me puse a orar para que Dios me revelara cuáles eran sus planes con respecto a nosotros. Mis pastores y mis padres también se unieron en oración conmigo. Pasadas tres semanas, Dios removió el velo de mis ojos. Finalmente pude ver a Caleb por quien él era—el hombre que Dios me estaba entregando como esposo. Se cumplió entonces la profecía que me había sido dada un año atrás:

> "Cuando Yo (Dios) traiga al hombre que he elegido para ti, tú vas a estar cegada por la corona de gloria que él lleva puesta. Pero él va a llamar tu atención, y después tú vas a saber que él viene de mi parte."
>
> Enero 2012
> Profecía dada por el Pastor Brent Luck,
> Dunamis ARC

No tuve más dudas. ¡Caleb iba a ser mi esposo! Sentí completa paz, gozo y emoción.

Yo consideraba que mi petición de casarme con un pastor, había sido puesta por Dios en mi corazón. Por tal motivo, me aferré a esperar que Él respondiera a mi oración. Oré de esta manera por muchos años, pensando equivocadamente que Dios era quien me estaba guiando a orar así. Hoy puedo entender que, la razón por la que estuve orando de esa manera, era porque el esposo que Dios me entregaría tendría un corazón de pastor.

Caleb me guía a la verdad, en el amor de Dios, todo el tiempo. Él conforta mi alma en tiempos de pruebas. Él es un hombre de oración, que cuida por otras personas. Es el tipo de hombre que entrega su vida por sus ovejas (Juan 10:11). Aunque él no tiene un título de pastor en ninguna iglesia, él es pastor de su propio hogar. Mi editora y amiga Suzanne Zucca describe la manera en que Dios obra de la siguiente forma, "Nuestro Dios es maravilloso, Él nunca encajará en el molde de nuestra limitada imaginación."

Es necesario rendir a Dios nuestros paradigmas. Lo que pensamos que es mejor para nosotros, no siempre será la voluntad de Dios para nuestra vida, o la manera en que Él nos presentará sus bendiciones. *Muchas veces podemos estar tan seguros de lo que queremos, y tan enfocados en obtenerlo, que nos perdemos de ver lo que Dios está haciendo, y lo que Él quiere entregarnos.*

Cuando Dios envió al profeta Samuel a buscar a un hombre que fuera el sucesor del rey Saúl, Dios le dijo, "Voy a enviarte a Belén, a la casa de Isaí, pues he escogido como rey a uno de sus hijos" (1 Sam. 16:1b, NVI). Isaí tenía en total ocho hijos. Al llegar Samuel a su casa, vio a Eliab, el hijo mayor de Isaí. Muy seguramente, Eliab era un varón fornido, bien parecido, y con porte para ser rey; ya que cuando Samuel lo vio, inmediatamente pensó, "Sin duda que este es el ungido del Señor" (1 Sam. 16:6). Samuel había creado un paradigma acerca de cómo debía de ser la apariencia del futuro rey elegido por Dios. Pero observa en la siguiente escritura lo que Dios le dice a Samuel:

> No te dejes impresionar por su *apariencia*, ni por su *estatura*, pues yo lo he rechazado. La gente se fija en las *apariencias*, pero yo me fijo en el *corazón*. (1 Sam. 16:7, NVI)

Luego de examinar a todos los hijos de Isaí, Dios le reveló a Samuel que el hijo menor, el más pequeño; un jovencito llamado David, de tez blanca y cabello rojo, que era pastor de ovejas; sería el nuevo rey. David no tenía ni el porte, ni la apariencia de Eliab, como para que Samuel pensara que él sería el escogido de Dios. Sin embargo, Dios dijo que

David realizaría todo lo que Él quería, ya que era un hombro conforme a Su corazón (Hech. 13:22).

El instinto de Samuel fue poner sus ojos en el hombre más alto y mejor parecido; pero Dios había elegido a alguien diferente, alguien que ni siquiera estaba presente. David también era guapo, pero era tan solo un niño al momento que fue ungido para ser el futuro rey. Con esta historia, Dios le enseñó al profeta Samuel, y también nos enseña a nosotros, una importante lección: cuando solo nos fijamos en la apariencia física de las personas, podemos hacer juicios incorrectos y elegir equivocadamente. Si le pedimos a Dios que habrá nuestros ojos espirituales para ver lo que Él ve, podremos tomar mejores decisiones en nuestra vida amorosa.

¿Cuántas veces has iniciado relaciones meramente por atracción física? ¿Cuántas veces te has dejado deslumbrar por el éxito profesional o la personalidad de alguien? Tal vez tú has llegado a pensar, "¡este es!," pero Dios ve más allá. Él ve la esencia de esa persona, las intenciones de su corazón y sus motivaciones. ¡Él también ve las tuyas! Cuando busques esposo, es muy importante la oración. Pídele a Dios dirección y discernimiento para reconocer a la persona correcta, y para no tomar decisiones basándose en lo que tus ojos ven. El que una persona cuente con ciertas características que te hacen sentir atraída, no significa que esa es la persona que Dios ha destinado para ti. Tus criterios pueden estar equivocados.

Si yo hubiera elegido pareja basándome en los paradigmas que había formado en mi mente, nunca me hubiera casado con el maravilloso esposo con el que Dios me bendijo. Tal vez, aún seguiría soltera, esperando por mi bendición. O tal vez, me hubiera casado con la persona equivocada. Hoy sé, que la perfecta voluntad de Dios para mi vida fue Caleb. Yo no hubiera podido reconocerlo como mi esposo, si no hubiera rendido por completo mis paradigmas a Dios.

Muchos solteros están siendo engañados. Se han enfocado tanto en sus propias convicciones de lo que quieren, y han creado modelos tan específicos acerca de cómo debe ser su futuro cónyuge, que se han olvidado de elegir pareja pidiendo la dirección de Dios. Sus altas expectativas y requisitos se convierten frecuentemente en el principal obstáculo para que puedan encontrar el amor, o para lograr reconocer al hombre o mujer que Dios está poniendo delante de ellos. Dios no tiene moldes, ni protocolos. Para Dios, un hombre completamente diferente a lo que tú has imaginado, puede ser precisamente lo que tu corazón verdaderamente anhela y necesita, y lo que Él quiere entregarte. Yo te animo a que sinceramente le rindas a Dios todos tus paradigmas y permitas que Él elija por ti.

15

LA HONRA A LOS PADRES

Durante los siete meses que Caleb y yo fuimos amigos, él me preguntó tres veces si quería ser su novia. Las primeras dos veces respondí que *no*. Simplemente yo no tenía convicción de que él fuera el hombre que Dios había destinado para que fuera mi esposo. Pero para el tiempo en que él me hizo la pregunta por tercera vez, mi manera de pensar había cambiado; ya lo podía ver como a alguien más que un amigo. Mi respuesta a Caleb fue la siguiente: "Cualquier hombre que quiera tener una relación conmigo, debe primeramente hablar con los dos hombres más importantes en mi vida. El primero es mi papá, y el segundo es mi pastor." No pensaba que Caleb diría que *sí* a eso. Primeramente, él tendría que viajar a México. En segundo lugar, había una barrera de lenguaje entre él y mi familia que haría la comunicación difícil. En tercer lugar, yo no creía que él estuviera tan determinado en tener una relación conmigo. Pensé que Caleb se asustaría ante mi petición. Mi gran sorpresa fue cuando sin dudarlo él respondió, "Estoy listo."

Desde mucho antes de conocer a Caleb, yo había estado orando a Dios por una confirmación acerca del hombre que sería mi esposo.

Mi oración era la siguiente: "Señor, te pido que el hombre que vaya a ser mi esposo se gane la confianza y el afecto de mis padres y mis pastores. Permite que en sus corazones haya completa paz cuando lo conozcan."

Se había llegado entonces el momento de saber si esta señal se cumpliría o no. Hablar con mis padres y mis pastores no iba a ser una hazaña sencilla para Caleb. Mis padres no hablaban absolutamente nada de inglés, y Caleb hablaba muy poco español. Sin embargo, esto no fue un obstáculo que lo detuviera. Con un curso intensivo de español en línea de tres semanas, y un ticket de avión en mano, Caleb viajó a México y tuvo una plática de "hombre a hombre" primero con mi papá, y días después con mi pastor.

Y tal y como yo lo pedí en oración, Dios confirmó con completa paz en el corazón de las personas que más me aman, que Caleb era un hombre que venía de la mano de Dios. Antes de tener esta confirmación, mis padres, pastores y yo, dedicamos tres semanas a orar de común acuerdo acerca de este asunto. Pasado este tiempo, Dios reveló que Caleb sería mi esposo. No tuve más dudas; fue entonces cuando dije *sí* a la petición de ser su novia. Yo sabía que decir *sí* a ser su novia, era decir *sí* a ser también su esposa. Dos meses después de haber comenzado nuestra relación, nos comprometimos; y cinco meses después del compromiso, nos casamos.

Para mí, la opinión y el consejo de mis padres con respecto a este asunto era sumamente importante. Con los años, Dios me enseñó que hay gran poder y bendición en la *honra a los padres*. No fue una lección que aprendí fácilmente. Tuve que cometer primero muchos errores y tener grandes tropiezos antes de darme cuenta que, cuando yo desobedecía a mis padres o ignoraba su consejo, por lo general siempre me sobrevenían muchos problemas. Pero lo contrario era también cierto. Cuando los obedecía, aunque no me gustara, había gran bendición y recompensa.

Tengo que ser honesta. Cuando yo era más joven, era rebelde, obstinada y desobediente. Me molestaba que mis padres me dijeran todo el tiempo:

• "No hagas esto."

- "Escúchame y obedéceme, es por tu propio bien."
- "Lo mejor es que dejes de ver a esa persona, no te conviene."

Normalmente, obedecer a los padres no se da de forma natural. Queremos hacer las cosas a nuestra manera; no a la manera en que alguien más nos está dirigiendo, ¿verdad? No obstante, cuando yo desobedecía a mis padres, me pasaba justo lo que ellos me habían advertido que iba a suceder. No me iba bien; de hecho, me iba muy mal. Se llegó el punto, en que mi mamá comenzó a decir que ella tenía "boca de profeta," porque todo lo que ella me decía que iba a suceder si no seguía su consejo, al final de cuentas sucedía.

Vi un patrón repetirse muchas veces:

Obediencia = bendición y recompensa.
Desobediencia = problemas, angustia, frustración.

Fue entonces, cuando decidí esforzarme en buscar siempre el consejo de mis padres y seguirlo, aun y cuando fuera contrario a lo que yo quería hacer. Llegué al punto de sentir temor de no seguir su consejo o de desobedecerlos, pues yo sabía que en la desobediencia no habría bendición.

Comencé a practicar la obediencia como una manera de honrar, no solo a mis padres, sino también a Dios. Entre más obedecía, me resultaba menos difícil. La obediencia se convirtió para mí, en un acto de descansar y confiar en la dirección que se me estaba dando, y dejar que Dios actuara a mi favor. Una y otra vez, Dios bendijo mi obediencia, porque Dios honra a aquellos que le honran; cuando tú honras a tus padres, estás también honrando a Dios.

(Nota: Habrá situaciones en las que los padres no estén presentes para proporcionar protección, dirección y sabio consejo a sus hijos. Hablaré más acerca de qué hacer en estos casos, en la segunda mitad de este capítulo. También existen ocasiones en que los padres son negligentes o abusivos con sus hijos. No es el plan de Dios que tengamos que tolerar abuso de aquellos que estaban destinados a modelar el amor de Cristo en nuestras vidas. Si tú has sufrido abuso, busca ayuda de alguien en quien puedas confiar o de algún mentor espiritual que tengas en tu vida.)

UN MANDAMIENTO CON PROMESA

Hijos, obedezcan en el Señor a sus padres, porque esto es justo. Honra a tu padre y a tu madre —que es el primer mandamiento con promesa— para que te vaya bien y disfrutes de una larga vida en la tierra. (Ef. 6:1-3, NVI)

La Biblia dice que honrar a tu padre y a tu madre es el primer mandamiento con promesa. ¿Cuál es la promesa? Que te irá bien; Dios bendecirá tu camino, te prosperará, te dará éxito en todos tus planes.

Dios eligió a tus padres y los puso como autoridad, cabeza y cobertura espiritual sobre ti. Él les dio una sabiduría especial para guiarte en los caminos de esta vida. Ellos tienen una capacidad de ver más allá de lo que nosotros vemos; tal vez, sea por la sabiduría que han adquirido con los años, o por experiencias que ellos ya han vivido.

"¿Qué dicen tus padres acerca de tu novio o de la persona con la que estás saliendo?" Le hice esta pregunta a varias jóvenes solteras. Sus respuestas fueron variadas:

- "No tengo una buena comunicación con mis padres."
- "Ellos no saben que estoy saliendo con alguien."
- "Ya no vivo con mis padres. Tengo mucho de no hablar con ellos."
- "No creo que tengan ningún problema acerca de la persona con quien estoy."
- "A ellos no les cae bien mi novio, pero yo realmente lo amo."
- "No sé. No les he preguntado."
- "Ya soy lo suficientemente grande para tomar mis propias decisiones."

- "Ellos saben que tengo una relación. Creo que sí les agrada mi novio."

¡Estas respuestas me asombran! Muchas mujeres solteras deciden iniciar relaciones sin antes preguntarles a sus padres qué opinan. En algunas ocasiones, si los padres les dan un consejo, ellas deciden no seguirlo y hacen lo que mejor les parece.

El involucrar a tus padres al momento de iniciar una relación de noviazgo, no es una señal de inmadurez; al contrario, es una señal de madurez espiritual. Esto no quiere decir que tú no tengas la capacidad de tomar tus propias decisiones. Considerar a tus padres en la elección de pareja es una cuestión de honra, y de querer hacer las cosas en la manera que a Dios le agrada. Tu edad no debe ser un impedimento. Como dato, yo tenía veintinueve años y Caleb tenía treinta y cuatro, cuando nos hicimos novios. Él primero les pidió permiso a mis padres para cortejarme, y después les pidió su bendición para proponerme matrimonio.

Una buena amiga cierta vez me preguntó, "¿Qué pasa si mi novio no quiere hablar con mis padres? No lo puedo forzar, ¿o sí?"

Mi respuesta fue la siguiente, "No, no debes forzarlo. Pero si para ti esto es importante, entonces para él también debería serlo. El hombre que te ame y que tenga intenciones serias contigo, no tendrá ningún problema en hablar con tus papás."

El hombre que verdaderamente quiere casarse contigo, debería estar más que emocionado de ir a conocer a tus papás, y pedirles formalmente permiso de iniciar una relación contigo, o su bendición para proponerte matrimonio. Recuerda una cosa, ¡tú eres el premio que él se quiere ganar! Él debería de estar dispuesto a hacer lo que sea necesario para obtenerte. Si ese no es el caso, tal vez hay cuestiones que tienes que analizar. Por ejemplo, quizá él no esté listo para comprometerse contigo o para formalizar la relación; o puede que sea muy tímido y no se atreva a hablar con tus padres. Todas estas son señales de alerta en las que debes de poner mucha atención.

Tú decides el grado de formalidad o de informalidad que debe de existir en tu relación; no hay protocolos a seguir. Lo importante es que sientas paz, y que tu familia también esté de acuerdo en la decisión que estás por tomar. En mi experiencia personal, cuando un hombre va y habla con tus padres acerca de sus intenciones contigo; eso es una señal de formalidad, madurez y compromiso. Él no tiene intenciones de perder su tiempo, ni de hacértelo perder a ti. Su objetivo es claro; él quiere iniciar una relación contigo con el propósito de casarse algún día. Esto es una gran muestra de honor y respeto hacia tus padres, que ellos van a apreciar. Como resultado, tú te sentirás segura, confiada, y sabrás que ese hombre también te honra y te respeta a ti. Y déjame decirte, ¡sentirte de esa manera, es maravilloso!

Isaac, Rebeca y las tres señales de confirmación

En la historia de Isaac y Rebeca podemos ver la aplicación del principio de *la honra a los padres*.

Abraham mandó a su siervo a buscar esposa para su hijo Isaac a la tierra en la que él había vivido antes. Esta era una importante encomienda para el siervo; posiblemente él sintió nervios de equivocarse y elegir a la persona incorrecta, o simplemente de no encontrarla y regresar con las manos vacías. Es por ello que el siervo le preguntó a su amo lo siguiente:

> ¿Y si no encuentro una joven que esté dispuesta a regresar conmigo? (Gén. 24:39, NTV)

Y Abraham le respondió:

> El Señor, en cuya presencia he vivido, enviará a su ángel contigo y hará que tu misión tenga éxito. Es verdad, debes encontrar una esposa para mi hijo entre mis parientes, en la familia de mi padre. Entonces habrás

cumplido tu obligación; *pero si vas a mis parientes y ellos se niegan a dejarla ir contigo, quedarás libre de mi juramento.* (Gén. 24:40-41, NTV)

Abraham le dio al siervo dos requisitos acerca de la mujer que debía de escoger: ella tenía que ser una mujer de la familia de su padre, y los padres de la joven debían *consentir* y *estar de acuerdo* en entregar a su hija como esposa para Isaac. Este último requisito no era negociable para Abraham, ya que él sabía lo importante que era *honrar a los padres* de la joven.

Como ya lo vimos en el capítulo Encuentro Divino, Dios prosperó el viaje del siervo cuando encontró a una hermosa doncella llamada Rebeca, que iba a sacar agua de la fuente. El Espíritu Santo confirmó que ella era a quien debía elegir como esposa para Isaac, cuando se ofreció a darle agua de beber a él y a sus camellos. Esta fue la señal por la cual el siervo había orado y la primera confirmación de Dios.

El siervo entonces le pregunta de quién era ella hija, y si se podía hospedar en casa de su familia. Resultó que Rebeca era hija de parientes de Abraham. Esta fue la segunda señal de confirmación.

La joven corrió a su casa para contarle a su familia todo lo que había ocurrido. (Gén. 24:28, NTV)

La actitud de Rebeca deja al manifiesto que ella tenía buena comunicación con sus padres, y que además buscaba el consejo de ellos y su dirección. El siervo se encuentra con los familiares y les cuenta todo acerca de su siervo Abraham; del viaje que emprendió para encontrar esposa para Isaac, y de cómo Dios respondió con una señal de confirmación, que Rebeca era la mujer a la cual él debía de elegir. El siervo, entonces, le pide a los padres *permiso* para que Rebeca vaya con él y se convierta en la esposa del hijo de su amo.

Los padres de Rebeca *consienten* en dejarla ir, lo cual se convirtió en la tercera confirmación de Dios (Gén. 24:50-51). Los padres también consideraron la opinión de Rebeca y le permitieron decidir:

—Llamemos a la joven, a ver qué piensa ella— respondieron.

Así que llamaron a Rebeca y le preguntaron:

—¿Quieres irte con este hombre?

—Sí—respondió ella. (Gén. 24:57-58, NVI)

Dios confirmó tres veces que Rebeca sería la esposa para Isaac. Observa que, los parientes no dieron su consentimiento basándose en su propia opinión, ya que dijeron, "Sin duda todo esto proviene del Señor, y nosotros no podemos decir ni que sí ni que no" (Gén. 24:50, NVI). Los padres de Rebeca eran personas que tenían temor de Dios y que estaban en sintonía con el Espíritu Santo. Bajo circunstancias ordinarias, hubiera sido negligente dejar ir a su hija con un extraño. Pero esta no era una situación ordinaria, ya que la intervención de Dios se había manifestado a través de varias señales y confirmaciones. Dios les dejó a todos bien en claro que este era Su plan.

El matrimonio entre Isaac y Rebeca fue, de principio a fin, una decisión de fe guiada por el Espíritu Santo. *Abraham tuvo fe* en que Dios enviaría su ángel delante del siervo para hacer prosperar su viaje. *El siervo tuvo fe* en pedir a Dios una señal de confirmación, cuando vio que las jóvenes se acercaban a la fuente. *Los padres de Rebeca tuvieron fe* en que Dios lo había planeado todo. *Rebeca tuvo fe* cuando creyó que Isaac era el hombre que Dios había destinado para que fuera su futuro esposo, sin siquiera conocerlo. *Isaac tuvo fe* de que Rebeca era la mujer que Dios había elegido para ser su esposa cuando la vio por primera vez.

La fe es el elemento más importante para recibir un esposo o esposa de Dios. Cuando busques un esposo, es importante que bases tus decisiones en la fe. Esto incluye, poner a Dios en primer lugar, orar, buscar la guía del Espíritu Santo y considerar el consejo de tus padres.

Hay tres detalles que me gustaría destacar de esta historia:

- Primeramente, Dios todo lo hace en orden.
- En segundo lugar, Él confirma cuando dos personas están destinadas a ser esposo y esposa.

- En tercer lugar, el principio de *honra a los padres* es parte del orden de Dios y no debe ser ignorado al momento de buscar pareja.

Ya sea que estés planeando iniciar un noviazgo con alguien o casarte, es fundamental que les permitas a tus padres involucrase en esta decisión tan importante. Cuando tú honras a tus padres, también honras a Dios. Él te bendecirá y recompensará, porque tú estás haciendo las cosas a Su manera.

DIFERENCIAS ENTRE EL NOVIAZGO MODERNO Y EL CORTEJO

La historia de Isaac y Rebeca demuestra el principio de la *honra a los padres*; pero, además, es un modelo bíblico de cómo puede llegar a ser una relación amorosa entre dos personas—una relación donde hay honra, compromiso y la intervención del Espíritu Santo. En esta historia, no hay referencia acerca de un tiempo de *noviazgo*, ya que la Biblia dice que cuando Isaac vio a Rebeca por primera vez, él la llevó a casa de su madre Sara y se casó con ella (Gén. 24:67).

En realidad, el concepto de *noviazgo* en la Biblia, no existe. Lo que hoy conocemos como noviazgo, es solamente un enfoque moderno para encontrar el amor. Algunas personas son *amigos* por largo tiempo, antes de comenzar una relación formal o casarse. Otros, comienzan una *relación romántica* desde el momento en que se conocen; algunas veces se casan y otras no. Otras personas tienen relaciones sexuales desde que comienzan a salir; mientras que otras, se esperan hasta el matrimonio. Todos estos escenarios demuestran la ambigüedad e informalidad que existe en el *noviazgo moderno*.

Para muchas parejas, el noviazgo moderno ha resultado un modelo exitoso para encontrar el amor y casarse. Sin embargo, por cada historia de éxito, encontramos cientos de historias de ruptura, decepción, frustración, confusión y pérdida de tiempo. ¿Por qué? Porque en la mayoría de los casos, el *noviazgo moderno* carece de compromiso y de la guía del Espíritu Santo.

Existen dos tipos de relaciones que puedes iniciar antes a casarte. La mayor diferencia entre ellas es el grado de compromiso que asumen las personas: La primera es el *noviazgo moderno*; el cual, como ya lo mencionamos, carece de compromiso y formalidad. La segunda es el *cortejo*; en el cual existe un mayor compromiso, y las personas tienden a buscar la guía del Espíritu Santo.

Veamos las diferencias entre ambos tipos de relaciones:

El *noviazgo moderno* es altamente influenciado por las corrientes de este mundo:

- Es *casual*; las relaciones puedes ser cortas, de algunos cuantos días; o largas, de varios años.
- Frecuentemente *carece de compromiso*; normalmente la relación no inicia con el objetivo de llegar al matrimonio.
- La selección de pareja es principalmente *basada en la química y la atracción física*.
- Este modelo de encontrar el amor *es egoísta*; busca la gratificación física, emocional y sexual instantánea, sin asumir ningún tipo de responsabilidad.
- La relación es altamente *susceptible a cometer pecado sexual (sexo premarital)*.
- Es *inestable*; es fácil comenzar una relación y terminarla rápidamente si no resulta conveniente.

En resumen, el *noviazgo moderno* puede ser bastante problemático; resulta en mucho sufrimiento, decepción y pérdida de tiempo. Para mí, este tipo de relaciones siempre fueron un callejón sin salida; no llegaron a nada. Solo me dejaron con el corazón destrozado y lastimada. Yo pienso que el noviazgo moderno nunca fue el plan de Dios, porque Él es un Dios de pactos.

Por otra parte, *el cortejo* es una mejor manera de encontrar el amor, que dista mucho del modelo que el mundo ofrece. El concepto de cortejo tampoco es mencionado en la Biblia; sin embargo, es un enfoque para encontrar el amor que involucra la intervención divina.

El *cortejo* es altamente influenciado por estándares bíblicos:

- Es una *relación de corta o mediana duración*, que comienza con el fin de matrimonio.
- En el cortejo, *ambas personas están comprometidas* desde el principio.
- Normalmente, las personas involucradas y sus familiares *han dedicado un tiempo de oración* antes de que la relación comience.
- Es una *decisión de fe*.
- Las personas *se abstienen de tener relaciones sexuales* hasta el matrimonio.
- Las personas *honran a sus padres* buscando su consejo, aprobación, y bendición durante el proceso.

La siguiente tabla resume las diferencias entre *noviazgo moderno* y *cortejo*:

Tabla comparativa de Amor en Espera
Noviazgo Moderno vs. Cortejo

NOVIAZGO MODERNO	CORTEJO
Relación basada principalmente en la atracción física y sexual. El aspecto espiritual no es una prioridad.	Relación basada principalmente en el aspecto espiritual. La atracción física es importante, pero no es la prioridad.
No inicia con el objetivo de casarse en un futuro cercano.	Inicia con un único propósito: El matrimonio dentro de poco tiempo.

Puede ser una relación de larga duración (de varios años); con o sin fines de matrimonio.	Por lo general es una relación corta, que puede durar algunos meses o hasta un año antes de llegar a casarse.
Es una relación casual donde no hay ningún compromiso.	Es una relación formal donde existe compromiso.
No se considera a Dios en el proceso de elección de pareja.	Buscar la dirección de Dios es sumamente importante durante la selección de pareja. La relación comienza cuando hay convicción y confirmación de que Dios está uniendo a ambas personas. (Ej. Isaac y Rebeca)
La relación es más susceptible a ruptura. Y si llega a terminar, ambas personas quedan emocionalmente afectadas.	La relación tiene menos probabilidades de llegar a un término, ya que ambas partes están comprometidas a llegar al matrimonio.
Los padres no son tomados en cuenta.	Los padres juegan un papel muy importante proporcionando dirección, consejo, aprobación y bendición.
Este tipo de relación no crea un fundamento sólido para el matrimonio.	Se construye un fundamento para el matrimonio que dura toda la vida, donde las personas aprenden a tener dominio propio y esperar los tiempos de Dios.
Se basa en el amor *eros* (El amor que proviene de la atracción física, la gratificación sexual y la lujuria.) Interpone la satisfacción personal, sobre la satisfacción de la otra persona.	Se basa en el en amor *ágape* (El que proviene de Dios. Es un amor sacrificial e incondicional.) Tiene por prioridad la satisfacción y bienestar de la otra persona sobre la satisfacción propia.

Para mí, el noviazgo moderno solo fue una pérdida de tiempo y una montaña rusa de emociones dolorosas. Cuando finalmente me cansé de todo eso, me propuse hacer las cosas a la manera de Dios (¡Si tan solo hubiera hecho eso desde el principio!). Decidí ya no salir en citas amorosas con nadie, a menos que fuera un hombre que me estuviera cortejando a fin de casarse conmigo. Te recomiendo que tú también hagas lo mismo. Vas a salvarte de perder un valiosísimo tiempo de tu vida y te vas a evitar muchas decepciones y rupturas amorosas.

Invierte la mayor parte de tu tiempo en conocer a la otra persona como amigo. Una *amistad* es una relación donde no hay besos, ni caricias, ni coqueteo, ni conversaciones acerca del futuro como pareja, ni insinuaciones amorosas, ni nada de eso. Si después de ser amigos por un tiempo, tú y la otra persona piensan que están destinados a casarse, entonces ese es el tiempo indicado para comenzar una relación de cortejo. Recuerda, el cortejo es una preparación para el matrimonio, y debe ser corto. Un par de meses o tal vez un año, es lo mejor; pero la cantidad de tiempo que dure el cortejo depende de cada pareja. Cortejos de larga duración pueden resultar en tentación sexual y pecado; por lo tanto, no son recomendables.

La amistad es el mejor fundamento para un matrimonio exitoso. Tristemente, muchas parejas se saltan esta importante etapa y comienzan relaciones amorosas de inmediato, porque se sienten físicamente atraídos. Por lo general, esto resulta en relaciones que no tienen un fundamento sólido. Lo más importante es que busques la dirección, consejo y sabiduría de tus padres cuando comiences una relación de cortejo.

¿Qué hacer cuando tus padres no pueden ser tu cobertura espiritual?

Hay casos en que los padres biológicos no pueden ser la cobertura espiritual de los hijos, debido a muerte, abandono, abuso, a no ser creyentes, u otras circunstancias. En casos como estos ¿Quién es entonces la cobertura de la mujer soltera? Si tú te encuentras en alguna de estas situaciones, tú puedes buscar la dirección, sabiduría y consejo de otro creyente. Puede ser algún familiar, como tus abuelos, tíos, o incluso tus hermanos mayores. También lo pueden ser tus padres adoptivos, tu pastor, un líder de la iglesia o un mentor espiritual.

Un mentor espiritual es una persona que:

- Está bajo el señorío de Cristo,
- tiene sabiduría espiritual,
- te conoce, te ama, y está genuinamente interesado en tu bienestar,
- ha aceptado proporcionarte cobertura espiritual,
- está disponible para darte consejo, instrucción, corrección y dirección cuando la necesites,
- es alguien a quien respetas y en quien puedes confiar.

Si necesitas un mentor espiritual, pregúntale a Dios quién puede ser esa persona para ti. Una vez que Él te lo revele, ve a esa persona y pregúntale si podría ser tu mentor. Si acepta, entonces puedes comenzar a buscar su dirección, consejo y oración; pero también debes aceptar su corrección. Recuerda, esa persona se convertirá en un padre o madre espiritual para ti; por lo tanto, debes de someterte a su sabiduría.

Si estás asistiendo a una iglesia en la que no tienes relación con tus pastores y líderes, y ellos ni siquiera conocen tu nombre, puede ser porque tú no te has presentado. Yo te animo a que lo hagas, que les compartas un poco de ti, y comiences a buscar a alguien que pueda ayudarte. Si sientes que en tu iglesia no hay nadie que genuinamente se interese en ti, tal vez sea buena idea buscar otra iglesia.

La cobertura de la viuda, la divorciada y la madre soltera

Como ya la he mencionado, cuando una mujer soltera se casa, su cobertura ya no son sus padres, sino su esposo. Pero ¿Qué pasa si la mujer casada queda viuda o se divorcia? ¿Quién será ahora su nueva cobertura? La Biblia dice que para la viuda o la abandonada, el Señor es su esposo (Is. 54:4-5). Aquella que ha quedado sola, debe poner su esperanza en Dios, y orar continuamente pidiéndole ayuda (1 Tim. 5:5). Si tú eres viuda, divorciada, abandonada, o madre soltera, Dios es tu esposo; pero depende de ti buscarlo diligentemente en oración, para que Él te de dirección.

Sin embargo, es aconsejable que también haya una persona física de la cual tú puedas recibir cobertura. Tú puedes siempre buscar el consejo de tus padres, o buscar refugio y protección bajo el cuidado de un mentor espiritual.

Mujeres de la Biblia bajo el cuidado de personas que no eran sus padres

La Biblia deja varios ejemplos de mujeres cuyos padres biológicos no estuvieron presentes, pero que encontraron protección y sabiduría bajo el cuidado de otra persona.

Veamos quiénes fueron ellas:

Ester

> Mardoqueo tenía una prima llamada Jadasá. Esta joven, conocida también como Ester, a quien había criado porque era huérfana de padre y madre, tenía una figura atractiva y era muy hermosa. Al morir sus padres, Mardoqueo la adoptó como su hija. (Est. 2:7, NVI)

Los padres de Ester murieron, y ella fue criada bajo el cuidado de otra persona, su primo Mardoqueo. Ester honraba y obedecía a Mardoqueo en todo, tal y como si fuera su padre. Ella buscaba su consejo y lo seguía obedientemente.

El resultado de que Ester caminara bajo el cuidado y dirección de Mardoqueo, fue que Dios bendijo su vida. No solamente ella se convirtió en reina cuando el Rey Asuero la eligió como esposa, sino también, alcanzó su propósito en Dios: Llevar salvación y libertad a todo el pueblo judío, del cual ella misma era parte.

Rut

Rut es un ejemplo de una mujer que enviudó y que quedó bajo el cuidado y cobertura de otra persona diferente a sus padres, en este caso fue su suegra Noemí.

Noemí era una mujer entregada a Dios, llena de sabiduría, y quien amaba a Rut como si fuera su hija. Rut sabía que ella necesitaría a alguien que cuidara de ella y que pudiera proporcionar consejo y dirección a su vida. Noemí se convirtió entonces en una madre espiritual y mentora para Rut.

Durante toda la historia de Rut se relatan momentos en que Noemí le aconsejó qué decir y qué hacer en ciertas circunstancias. Rut honró a Noemí no solamente cuidando de ella, sino además siendo obediente a todas sus indicaciones. Debido a que Rut honró a Noemí, Dios honró a Rut entregándole un nuevo esposo, Booz.

Todas nosotras como mujeres necesitamos una "Noemí" en nuestras vidas. Noemí representa a una mentora y madre espiritual, una mujer que te ame y se preocupe por tu bienestar, y que tenga sabiduría para darte consejo y corregirte.

Busca el consejo de tus padres y síguelo

Quisiera cerrar este capítulo animándote a buscar y seguir el consejo de tus padres, o de quien sea tu cobertura espiritual. Yo sé que este concepto de caminar bajo la guía y autoridad de alguien, puede que sea difícil de entender; especialmente si tú has crecido como una mujer independiente y has aprendido, a través de los años, a no consultar a nadie y tomar tus propias decisiones. Entiendo tu manera de pensar porque yo también estuve en esa situación, y me fue difícil al principio buscar consejo y dirección. Sin embargo, cuando puse en práctica este principio y fui obediente a la dirección que mis padres me estaban dando, Dios fue abriendo puertas de bendición en mi vida. Esa es la sabiduría que te quiero compartir. Dios honra la obediencia. Cuando tú honras a la autoridad que Él ha puesto sobre tu vida, Él va a bendecirte.

Como mujer soltera, busca la dirección y el consejo de tus padres en tu travesía por encontrar el amor. Te lo digo como una mujer que ha experimentado los dos lados de la moneda: hacer las cosas a mi manera y terminar lastimada por hombres que no valían la pena; y hacer las cosas a la manera de Dios. Cuando yo comencé a seguir la dirección de mis padres, experimenté la más hermosa relación de cortejo y fui bendecida con un matrimonio que nunca imaginé tener.

Si tus padres no son parte de tu vida o no pueden proporcionarte el consejo sabio que necesitas, piensa en quién podría ser la persona más indicada para convertirse en tu cobertura o mentor espiritual. Pídele ayuda y dirección al Espíritu Santo para que Él te revele quien podría ser esa persona. Una vez que la encuentres, aférrate al consejo e instrucción que se te estará dando, porque *la honra* es clave para obtener las bendiciones de Dios.

16

UN COMPROMISO
MUTUO DE PUREZA

Después de obtener la bendición y el permiso de mis padres y pastores, Caleb y yo iniciamos un noviazgo. Ambos sabíamos que era un noviazgo con el propósito de casarnos dentro de poco tiempo. Por primera vez, mi corazón descansó en paz, en los brazos de un hombre que realmente estaba comprometido conmigo. Como vivíamos en países diferentes, ambos viajábamos regularmente para vernos y pasar tiempo juntos. Cuando yo viajaba para ver a Caleb, me hospedaba en casa de una amiga; cuando él viajaba para verme, él se hospedaba en un hotel. Decidimos hospedarnos en lugares separados para evitar encontrarnos a solas, en privado, y dar lugar a tentaciones. Desde el principio tuvimos la convicción de conservar nuestra relación en pureza para agradar a Dios, aunque no habíamos tocado el punto de cuáles serían nuestros límites de trato físico.

Conforme los besos comenzaron a tomar lugar, yo empecé a preguntarme qué tipo de límites yo debía de establecer para mantener la relación dentro de los estándares de Dios. "¿Qué tanto es demasiado?, ¿Qué tipo de trato físico me está permitido que no comprometa mi fe?, ¿Hasta qué punto una caricia se convierte en pecado?, ¿Debo de esperar hasta que algo inapropiado esté por ocurrir para tener una conversación con Caleb?" Todas estas preguntas comenzaron a invadir mi mente. Las mismas preguntas e inquietudes estaban también dando vueltas en la mente de Caleb, aunque yo aún no lo sabía.

Ambos queríamos hacer las cosas bien; queríamos honrar a Dios con nuestros cuerpos, respetarnos mutuamente y no hacer nada que fuera indebido, inapropiado o pecaminoso. Pero, ¿Cómo podríamos mantenernos firmes en nuestras convicciones de fe y no ceder ante la seducción de la tentación física y sexual? Era algo que no podríamos lograr a menos que llegáramos a un acuerdo y compromiso mutuo de pureza. Fue entonces cuando tuvimos "la plática."

La caja de regalo

Nos encontrábamos Caleb y yo en una cafetería del aeropuerto de Austin esperando mi vuelo de regreso a Monterrey. Yo había viajado a Austin ese fin de semana para pasar tiempo con él. Estábamos ahí sentados, platicando, cuando Caleb me dijo, "Cintia, quiero hacerte una pregunta. Necesito saber qué piensas."

"Sí ¿qué pasa? Dime." Le respondí.

"Quiero saber ¿Qué está permitido y qué no está permitido con respecto a nuestro trato físico? Me gustaría que tú te sintieras cómoda en todo momento. Quiero respetarte y honrar a Dios."

Yo sonreí. Realmente me pareció que él era todo un caballero al hacerme una pregunta así. Pero no sabía exactamente qué responder. Entonces le dije, "Ohm, bueno obviamente, el sexo queda fuera de lo que está permitido; y toda caricia que nos lleve demasiado lejos y nos haga caer en tentación sexual."

Caleb asintió con la cabeza en señal de estar de acuerdo.

"Ok mira, vamos a hacer lo siguiente," respondió él. Entonces tomó una servilleta y una pluma, y comenzó a dibujar en ella, mientras yo observaba en silencio lo que él hacía.

"¿Qué es esto?" Me preguntó, mostrándome su dibujo.

"Ohm, parece un campo de futbol soccer," le respondí.

"¡Sí! ¡Es un campo de futbol soccer!" respondió él. "Nosotros somos los jugadores. Todo lo que está dentro del campo, nos está permitido; pero lo que está fuera del campo, no nos está permitido. Entonces, empieza a escribir aquellas cosas que están permitidas dentro del campo, y las que no están permitidas fuera de él."

Yo solo enrollé mis ojos, sonreí y pensé, *¿Campo de futbol? ¡Él es demasiado niño!* Entonces le respondí, "Tengo una idea mejor. En lugar de un campo de futbol, supongamos que esta es una caja de regalo. Todo aquello que escribamos dentro de la caja de regalo, está reservado para el matrimonio. Todo aquello que escribamos fuera de la caja de regalo, podemos gozar de ello durante el noviazgo. Esta caja será nuestro regalo de bodas, y solo la podremos abrir hasta que nos casemos."

"¡Oh! ¡Eso suena aún mejor!" exclamó él, y ambos comenzamos a reírnos.

Antes de escribir algo fuera o dentro de la caja, primeramente nos preguntábamos el uno al otro, "¿Qué piensas tú de esto?" y conforme llegábamos a un común acuerdo, lo escribíamos sobre el papel. Fue un ejercicio bastante fácil, y era obvio distinguir lo que debía ir dentro, y lo que debía de ir fuera de la caja. Conforme lo hacíamos, quedábamos a cuentas el uno con el otro de lo que estábamos acordando. Este ejercicio nos permitió trazar la línea de lo que para nosotros era aceptable y permitido en cuanto a trato físico, conforme a nuestra fe.

Una vez que Caleb y yo terminamos de escribir, oramos a Dios para que Él fuera testigo de nuestro compromiso mutuo de pureza. Este ejercicio fue sumamente útil. Nos ayudó a mantenernos firmes de no ceder ante la tentación. Al escribirlo en papel, también había quedado escrito en nuestra mente, nuestro espíritu y nuestro corazón.

Cosas que quedaron fuera de la caja:

- besos en los labios, el rostro, manos y cuello.
- abrazos,
- tomarnos de las manos.

Cosas que quedaron dentro de la caja:

- acostarnos juntos,
- tener relaciones sexuales,
- quitarnos la ropa o desnudarnos,
- tocar áreas genitales y senos,
- caricias por debajo de la ropa,
- besos en otras partes que no fueran el rostro.

Pienso que esta conversación es algo que toda pareja cristiana debe de tener al inicio de una relación. Porque de no tener esta conversación, no va a haber un acuerdo mutuo y, por lo tanto, ambos estarán caminando en direcciones diferentes y va a ser muy difícil resistir la tentación. También es muy probable que, a lo largo del camino, haya malos entendidos y diferencia de expectativas que ocasionen problemas.

Por ejemplo, si tu novio quiere tocarte de una manera que tú sientes que compromete la pureza de la relación, él puede sentirse rechazado o avergonzado al momento de que tú le pongas un alto. Él puede llegar a pensar, "Tal vez a ella no le gusta que la toque," o "Tal vez no se siente atraída hacia mí." Por otra parte, puede que él no se atreva a tocarte en una manera en que tú quisieras, porque él piensa que tal vez eso es ir demasiado lejos y no quiere incomodarte. Tú puedes llegar pensar, "Tal vez él no me encuentra lo suficientemente atractiva," o "Tal vez él no me ama." Mi consejo es que, desde el principio, ambos estén de acuerdo en lo que es aceptable y permisible, y no esperar a que sea demasiado tarde.

Esperar a tener esa conversación hasta que ambos se encuentren en medio del fuego de la pasión, posiblemente puede ocasionar que el momento se vuelva bastante incómodo. Tal vez ni siquiera puedan detenerse, y terminen llegando más lejos de lo que hubieran preferido.

Estabilidad emocional vendrá con pureza moral

Pamela y Cristian se conocieron por medio de una página web de citas en línea. Cada uno había estado casado anteriormente, y ambos se habían divorciado. Ellos querían volver a encontrar el amor y casarse

otra vez, si Dios les permitía conocer a alguien especial. Afortunadamente, desde el primer día en que se conocieron en persona, fue amor
a primera vista. Ellos se sintieron muy cómodos el uno con el otro, se
divertían en todo lo que hacían juntos, estaban igualmente apasionados
acerca de su fe, y además se sentían atraídos físicamente.

Comenzaron a salir como amigos, y después de unas cuantas citas,
Cristian trató de besar a Pamela. A pesar de que Pamela anhelaba ese
beso, ella lo detuvo y le dijo, "He estado soltera por siete años y no
he besado a nadie. La última persona a quien besé fue mi ex esposo,
y la siguiente persona a quien bese, será mi nuevo esposo." Cristian
se quedó muy sorprendido con lo que ella le dijo. La convicción de
Pamela de guardar su corazón y su cuerpo para su futuro esposo, la hizo
más deseable e interesante ante los ojos de Cristian. Él inmediatamente
sintió más respecto y admiración por ella, ¡y su deseo de besarla solo
se intensificó más! pero esa noche, él tuvo que esperar. Para no hacer
la historia tan larga, ellos terminaron casándose a los pocos meses, y su
primer beso fue el día de su boda.

Hoy Pamela nos cuenta, "Yo decidí no besar a Cristian antes de
casarme con él, porque quería que ambos lográramos conocernos sin
añadir todo ese trato físico en nuestra relación. Una vez que comienzan
los besos, las caricias y los toqueteos, el enfoque de la relación cambia.
Dejas de pensar objetivamente porque comienzas a involucrar emociones y estímulo físico dentro de la relación. Estas cosas realmente nos
distraen y no nos permiten conocer a la otra persona verdaderamente.
Esa es la razón por la cual decidimos esperar, y la espera realmente
valió la pena."

* * *

Pamela conocía la importancia y el poder que existe cuando uno se
abstiene de tener intimidad física durante el noviazgo. La abstinencia
no le quitará nada a tu relación; al contrario, añadirá cosas muy buenas
a ella—respeto, honor, confianza, compromiso, deseo, expectativa, emoción, y lo más importante, un amor que es puro y no es egoísta.

Algo de lo que pude darme cuenta al sostener una relación de noviazgo completamente en pureza con Caleb, fue que gocé de una claridad de pensamiento y estabilidad emocional todo el tiempo. ¡Y realmente esto fue grandioso! Nunca me sentí insegura, ni necesitada, ni tampoco más invertida emocionalmente que él. Nuestro compromiso de pureza nos permitió conocernos íntima y profundamente, sin tener que tocar nuestros cuerpos inapropiadamente, más allá de lo que nuestra fe nos permitía. Logramos experimentar plenitud, un amor único y un gozo como el que nunca habíamos experimentado en ninguna otra relación del pasado.

La intimidad física y sexual fuera del matrimonio puede nublar el pensamiento de las personas y confundir sus emociones. Muchas mujeres pierden la capacidad de pensar objetivamente, y no logran tomar las decisiones correctas cuando permiten que sus cuerpos sean tocados íntimamente, o cuando sostienen relaciones sexuales antes de casarse. Cuando un hombre toca el cuerpo de una mujer o tiene relaciones sexuales con ella, también toca su alma. Para una mujer no es posible tener relaciones sexuales, sin que sus emociones sean alteradas. Una vez que el alma de la mujer es tocada, ella deja de pensar objetivamente y comienza a tomar decisiones basándose en sentimientos y emociones que pueden ser engañosos.

Es por ello que nuestro Padre Celestial desea que guardemos nuestro corazón, que esté íntegro; y que solo lo entreguemos a aquel hombre que va a saber cuidarlo—nuestro esposo.

> Sobre todas las cosas cuida tu corazón, porque
> este determina el rumbo de tu vida. (Prov. 4:23, NTV)

¿Qué significa *guarda nuestro corazón* y cómo podemos lograr esto? *Guardar* significa: proteger, cuidar de algo, poner una cosa en un lugar que no se pierda o se altere, conservar algo en buen estado. También significa, "mantener algo guardado y protegerlo [como algo de gran valor]."[15] Tú puedes guardar tu corazón cuando te abstienes de hacer aquello que es incorrecto, impuro, inmoral, y que no agrada a Dios. Una manera efectiva de guardar nuestro corazón es no teniendo intimidad física fuera del matrimonio.

Las consecuencias de jugar con fuego

"¿Qué tan lejos puedo llegar con mi pareja sin que caigamos en pecado?" Esta es la pregunta que muchos creyentes se hacen. Esto es similar a preguntarse, "¿Qué tanto puedo jugar con fuego sin quemarme?" No se trata de qué tan lejos puedes llegar con tu pareja sin cometer pecado, sino de evitar cualquier situación que pueda hacerte caer en tentación. Inevitablemente, el que juega con fuego terminará quemándose, de la misma manera en que el que juega a alimentar las pasiones del cuerpo, terminará pecando.

* * *

Roxana estaba muy feliz y emocionada cuando inició una relación de noviazgo con Jorge. Él era atento, cariñoso, caballero y formal, la trataba como princesa. Roxana se sentía amada y valorada. Ellos acordaron desde muy temprano no tener relaciones sexuales hasta el matrimonio. Aunque ninguno de los dos eran vírgenes, y ambos lo sabían, ellos habían decidido esta vez honrar a Dios con sus cuerpos.

Con el paso del tiempo se sentían más unidos que nunca. Roxana estaba completamente segura de que Jorge sería su esposo. Ella pensaba que era solamente cuestión de tiempo para que él le propusiera matrimonio. Un día, mientras se encontraban a solas, los besos y caricias entre ellos llegaron un poco más lejos de lo usual. Ellos comenzaron a tocarse y a besarse en lugares que despertaban un profundo deseo sexual. Ese día, ninguno de los dos dijo absolutamente nada al respecto, solo decidieron disfrutar del momento. Roxana pensó que mientras no hubiera sexo todo estaba bien. Sin embargo, en siguientes ocasiones, los tocamientos y avances fueron aún más lejos. La relación se tornó más física de lo que Roxana hubiera deseado, pero por temor a parecer anticuada ella continuó sin decir nada, y complaciendo y accediendo a los avances de Jorge.

La relación comenzó a enfriarse poco a poco. Roxana ahora se sentía muy insegura. Pensamientos intrusivos la atormentaban "¿Será que Jorge verdaderamente me ama?, ¿Habrá cambiado el concepto que él tenía de mí debido a nuestro trato íntimo?" Finalmente, abrumada por el temor y sentimiento de culpa, Roxana habló con Jorge y de su preocupación acerca del trato físico que habían tenido últimamente. Jorge, después de escucharla, le dijo que no había nada de malo en lo que habían hecho, que no debía de preocuparse. Después de todo, no habían tenido sexo. Por un momento, ella sintió un poco de alivio al oír estas palabras, pero en el fondo de su corazón no sentía completa paz.

Roxana se sentía más angustiada y confundida que nunca. Sus emociones nublaban su capacidad para pensar y decidir objetivamente. Por una parte, ella quería complacer a Jorge y disfrutar esos momentos de intimidad con él; por otra parte, esos momentos de placer momentáneo, traían un profundo y constante sentimiento de culpa y pena sobre ella. Ella sabía que lo que ellos estaban haciendo era pecado. No obstante, el temor de ser rechazada o parecer anticuada, arrastró a Roxana a no detenerse y seguir adelante. Un día, el trato físico entre ellos llegó demasiado lejos. En un momento de pasión, la tensión sexual llegó a tal punto que no pudieron detenerse y tuvieron relaciones sexuales.

Al día siguiente, ambos se sintieron convencidos de que lo que había pasado la noche anterior no había estado bien. Lejos de sentirse más cerca el uno del otro, se sentían apenados y arrepentidos. Decidieron pedirse perdón mutuamente y pedir perdón a Dios. Pensaron que de ahí en adelante todo volvería a la normalidad. Sin embargo, la relación entre ellos nunca volvió a ser lo que era al principio: emocionante, divertida, espontanea y alegre. Algo se había apagado y dañado de manera permanente.

Jorge se volvió más distante y frío que nunca; Roxana se volvió más insegura y necesitada de afirmación conforme pasó el tiempo. Tristemente, la relación solo duró un par de meses más y terminó, dejando a ambos profundamente lastimados.

Roxana afirma lo siguiente, "Yo sé que, si Jorge y yo hubiéramos mantenido la relación completamente en pureza, la historia hubiera sido muy diferente. Tal vez ahorita estaríamos comprometidos y planeando nuestra boda. La relación era hermosa y perfecta cuando nuestro trato era puro. Todo comenzó a cambiar desde el momento en que comenzamos a tocarnos y besarnos de maneras inapropiadas—maneras que ambos sabíamos desagradaban a Dios. El pecado se infiltró, y poco a poco fue arruinando todas las cosas. ¡Si tan solo pudiera volver atrás y hacer las cosas diferentes! Eso, desafortunadamente, ya no es posible."

* * *

Roxana aún es una mujer soltera. Su deseo más profundo es encontrar a un hombre que tenga las mismas convicciones de pureza que ella ahora tiene. Ella confía en que su próxima relación será muy diferente a la anterior, y que ella y su pareja establecerán los límites de trato físicos desde el principio. Ella ha decidido mantenerse firme en no ceder nuevamente ante la tentación sexual, y en guardar su cuerpo de ahora en adelante hasta el matrimonio.

El amor no hace nada indebido

> El amor no hace nada indebido, no busca lo suyo. (1 Cor. 13:5, NVI)

No seas engañada por la falsa creencia de que, para probar el amor a tu pareja, debes entregar tu cuerpo antes del matrimonio. La Biblia dice en 1 Corintios 13:4-7 que el amor no se deleita en la maldad, no deshonra a otros, no busca lo suyo. El verdadero amor no presiona o manipula a la otra persona para obtener lo que quiere. Al contrario, el amor es paciente y bondadoso, se regocija en la verdad y en la pureza, busca hacer aquello que agrada a Dios. El amor todo lo espera y todo soporta. Esa es la prueba del verdadero amor.

Tener relaciones sexuales antes del matrimonio no es *amor*, sino *lujuria*. La mejor manera de evitar caer en la tentación sexual antes del matrimonio, es teniendo una comunicación abierta con tu pareja acerca de cuáles serán los límites físicos, que no comprometan la pureza de su relación. La caja de regalo (o el campo de futbol) es una manera práctica y sencilla de llegar a un acuerdo mutuo de pureza. El simple acto de escribir los límites físicos en papel, establece un fundamento de buena comunicación y respeto, entre tú y la persona que posiblemente será tu esposo algún día.

Tener una buena comunicación acerca de lo que es y lo que no es aceptable, es algo que tú y tu esposo van a necesitar por el resto de sus vidas. Van a tener que tener este mismo tipo de conversaciones acerca de finanzas y de cómo criar a los hijos. Establecer límites físicos en la relación posiblemente represente un reto para ustedes, pero sin duda proporcionará una gran recompensa. La recompensa es un fundamento de amor verdadero, respeto mutuo, paciencia y honra a Dios.

Además, tener "la plática" hará que ambos asuman una responsabilidad mutua sobre sus actos. Los ayudará a caminar juntos hacia una misma dirección. Créeme, va a haber ocasiones en las que tú quieras romper las reglas o cruzar los límites, y tu pareja te recuerde el acuerdo al que llegaron. O tal vez sea él quien quiera cruzar los límites, y seas tú la que lo detenga, y le haga recordar el compromiso que hicieron delante de Dios al inicio de su relación. La responsabilidad es mutua. Si ambos no caminan tomados de la mano hacia una misma meta, tarde o temprano, terminarán por caer.

Satanás es tu adversario, Él va a intentar todo lo posible para seducirte y hacerte caer en tentación. Tal vez Dios tenga un propósito muy grande para ti y la persona con la cual tienes una relación. Quizá Su plan sea que ustedes se casen y formen un matrimonio poderoso en Cristo; pero Satanás va a presentarles tentaciones a fin de destruir el plan de Dios. Lo que pudo haber sido una hermosa relación establecida sobre un fundamento de pureza, será dañada y corrompida por las garras del pecado.

> Uno solo puede ser vencido, pero dos pueden resistir. ¡La cuerda de tres hilos no se rompe fácilmente!
> (Ecles. 4:12, NVI)

Tal vez tú sola no puedas resistir la tentación sexual cuando ésta se presente, pero la Biblia nos dice que dos, unidos, pueden resistir al enemigo mejor que uno solo. ¡La unión hace la fuerza! Si tú y tu pareja han hecho un compromiso delante de Dios, les será más fácil mantenerse firmes y no caer en tentación. Tu relación será semejante a esa *cuerda de tres hilos* de la cual habla la Biblia, que es muy difícil de romper. Ustedes dos son los primeros dos cordeles, que están siendo unidos y fortalecidos por un tercer cordel aún más fuerte y poderoso, el Espíritu Santo.

Algunos consejos prácticos que puedes seguir para mantener tu relación en pureza y santidad son los siguientes:

1. *Platiquen:* Ten una conversación con tu pareja acerca de los límites físicos lo más temprano posible.
2. *Acuerden:* Lleguen a un acuerdo de lo que es permisible y lo que no. Si es posible escríbanlo en papel para que ambos sean testigos y puedan recordar el acuerdo al que han llegado en el futuro. (La caja de regalo)
3. *Eviten:* Eviten estar a solas en lugares que puedan prestarse a que ambos tengan un trato íntimo físico más allá de los límites que han establecido. No se acuesten juntos.
4. *Revisen:* Si hay algo que te incomoda y que sientes está comprometiendo la pureza de la relación, no sientas temor ni vergüenza de platicarlo con tu pareja lo más pronto posible. Revisen los límites de pureza y lleguen nuevamente a un acuerdo.
5. *Arrepiéntanse:* Si hay algo de lo que tengan que arrepentirse, háganlo juntos delante de Dios, y renueven nuevamente su compromiso.

Nunca es tarde para enderezar el camino y apartarse del mal. Se va a requerir de mucha fe, determinación y dominio propio, pero es posible lograrlo.

Aparta tu cuerpo y corazón para el hombre que será tu esposo, y para ese momento tan especial que será tu noche de bodas. La caja de regalo va a añadir un nivel de emoción y expectativa tremendo para tu luna de miel. Será hermoso finalmente poderla abrir después de tanto esfuerzo y paciencia en mantenerla intacta. Y lo mejor de todo es que no habrá temor, ni culpabilidad, ni remordimiento, ni vergüenza, ni nada que ocultar. La intimidad entre tú y tu esposo será pura, santa y bendecida, tal como Dios la diseñó.

I7

VALIÓ LA PENA LA ESPERA

Fue una tarde de abril. El momento por el cual tanto había esperado toda mi vida finalmente había llegado, el día de mi boda. Mi cabello y maquillaje ya estaban terminados, tenía mi vestido y velo puesto; estaba lista. Miré por la ventanilla de la habitación donde me encontraba y me asomé a ver el jardín donde, horas más tarde, comenzaría la ceremonia religiosa. Ahí, en el silencio de ese momento, estando a solas, comencé a repasar mi travesía como mujer soltera.

Medité en los tiempos y situaciones que viví durante los últimos veintinueve años de mi vida. Pensé en los momentos difíciles de tristeza y soledad, cuando atravesé por rupturas amorosas que me lastimaron; y solo sonreí. Supe que no guardaría más memoria de ninguna de esas cosas. Todas ellas me habían afectado emocionalmente en el pasado, pero ya ninguna de esas experiencias era relevante. Poco a poco, se irían desvaneciendo hasta que dejaran de existir. Después medité en los buenos tiempos. Recordé momentos con mi familia y amigos, y las muchas relaciones especiales que formé en todos esos años; y al pensar en todo esto, dejé ir un largo suspiro lleno de nostalgia. Supe que

214 - CINTIA STIRLING

esas serían memorias que nunca iba a olvidar, y que el tiempo jamás borraría.

Entre emociones encontradas, Dios estaba preparando mi corazón para comenzar la nueva etapa que estaba frente a mí como mujer casada. Dejaría mi casa, mi familia, mis amigos y mi país para siempre, para comenzar una nueva aventura al lado de Caleb, el amor de mi vida; el hombre que Dios había destinado para que fuera mi esposo.

Después el Espíritu Santo trajo a mi memoria ese día cuando le rendí a Dios la relación con el hombre que conocí en Canadá. "Cintia, ¿recuerdas la promesa que te hice cuando pusiste tu sueño ante Mis pies?" Yo asentí. ¡Claro que lo recordaba! Fijé mi vista al cielo mientras el Espíritu Santo recitaba nuevamente las palabras que Dios había hablado a mi corazón años atrás.

> Mi hija, Yo tengo planes de bien para ti. Si tú me rindes tus sueños, Yo abriré puertas de oportunidad y un camino donde no lo hay. Yo concederé los deseos más profundos de tu corazón. Mientras tanto quiero que seas dócil a mi mano y que permanezcas en mi voluntad. Permanece en Mí y Yo te daré el futuro que tú estás esperando.
>
> Si escuchas mi voz hoy y permaneces en mi voluntad, un día, tú estarás lista para partir, y sabrás que el tiempo ha llegado porque Yo te lo voy a revelar. Y Yo iré contigo, y te bendeciré porque tú pusiste tu confianza en Mí.

Mientras sus palabras llenaban mi espíritu, me maravillé de la fidelidad de Dios, de Su poder, y de Su manera única de cumplir Sus promesas. No era demasiado tarde, ni tampoco demasiado temprano; era el tiempo perfecto. Cuando Dios da una promesa, Él no falla en cumplirla. Dios todo lo hace hermoso en Su tiempo.

Mientras meditaba en todas estas cosas, Dios me mostró que todos los momentos que yo había vivido, tanto los buenos como los malos, eran como piezas de un gran rompecabezas, que cuando se unían, formaban nuestro destino. Todos esos momentos, aún las decepciones más dolorosas y las rupturas amorosas, habían sido necesarios para convertirme en la mujer que ahora era; la mujer de quien Caleb se había enamorado. Todas esas experiencias habían sido conectadas divinamente entre sí y habían formado el camino que me había llevado hasta ese momento, al día en que diría *sí acepto* a mi futuro esposo.

La noche de bodas

Aquel día, Caleb y yo habíamos decidido que no nos veríamos hasta que yo entrara caminando por el altar. Cuando se llegó la hora de la ceremonia religiosa, Caleb salió acompañado de sus padres y la orquesta comenzó a tocar "La Marcha Nupcial." Todos los invitados se prepararon para recibir a la novia. Finalmente salí yo con mi vestido blanco, caminando por aquella alfombra roja. Me sentía emocionada, feliz y expectante de lo que el futuro nos tenía preparado. Conforme caminaba, pude ver a lo lejos a Caleb, quien me esperaba pacientemente en el altar. Cuando me vio por primera vez, sus ojos se llenaron de lágrimas de felicidad. Yo no podía hacer otra cosa más que reír de la emoción y pensar, *¡Ahí está mi esposo, mi bendición, la promesa de Dios finalmente cumplida!*

Llegué a donde estaba él. Nos tomamos de las manos y sonreímos con nerviosismo. Por un instante, nos perdimos en nuestras miradas. Sin decir palabras, sabíamos exactamente en lo que estábamos pensando. Estábamos maravillados de la fidelidad de Dios, y de cómo Él nos había unido de una manera sobrenatural e inesperada. Nuestra travesía como solteros en espera de encontrar el amor, había sido larga y en ocasiones difícil, pero ese día había llegado a un fin. La misericordia de Dios nos había alcanzado. Por fin nuestros ojos pudieron contemplar y palpar la respuesta a nuestras incesantes oraciones.

Al terminar la ceremonia religiosa, procedimos a tener una recepción con los invitados en el Gran Salón del Hotel Quinta Real. Caleb y yo bailamos nuestra primera canción juntos titulada, "Cuando Dios te

Creó" de NewSong. Es una de las canciones de amor más hermosas que he escuchado. Cada línea de esa canción realmente reflejaba nuestro sentir y nuestra historia, como hombre y mujer en espera de recibir el milagro del amor. Y en esa espera, donde hubo tantos momentos difíciles y tantas preguntas sin respuestas, ahí estuvo Dios siempre, preparando el momento de nuestro encuentro divino. No me queda duda de que, tal como dice la canción, "El día que Dios creó a mi esposo, Él debió haber estado pensando en mí." Porque en Caleb encontré todo lo que necesitaba y más de lo que siempre había soñado.

Canciones de alabanza y adoración ambientaron el lugar toda la noche. Para la medianoche, la boda había terminado. Aún habían algunos invitados bailando; Caleb y yo dejamos que la gente siguiera disfrutando de la música, mientras nos despedimos y nos retiramos al hotel donde pasaríamos la primer noche juntos.

Cuando llegamos a nuestra habitación había una botella fría de champagne en la mesa y un plato de fresas cubiertas con chocolate esperándonos, cortesía del hotel. Caleb y yo nos pusimos cómodos y nos sentamos en el sofá. Brindamos por nuestra boda, por nuestra primera noche juntos y por nuestro futuro. No parábamos de reír; sentíamos un gozo indescriptible que no podíamos contener. Mi alma se encontraba en completa paz y descanso al lado de Caleb. Jamás antes había experimentado ese tipo de plenitud en los brazos de ningún otro hombre.

Ambos estábamos un poco nerviosos. Nos sentíamos expectantes de ese tan esperado tiempo a solas como pareja. Por primera vez nos encontrábamos juntos como esposo y esposa.

Observamos que ahí en la cama yacía una *caja de regalo*. Nos acercamos y vimos que sobre la caja había una tarjeta con la siguiente inscripción:

Hijos amados,

Me ha placido unir sus vidas desde hoy y para siempre. Les espera una gran aventura por delante; en todo momento iré con ustedes. Ahora regocíjense y disfruten de mi regalo de bodas. Entren el gozo de su Señor.

Su Padre del Cielo

Caleb y yo nos abrazamos. La caja de regalo que tanto habíamos guardado y cuidado de no abrir antes de tiempo, finalmente estaba lista para ser abierta y disfrutar de lo que había dentro de ella.

Caleb jaló un extremo del listón blanco que adornaba la caja y yo jalé del otro. Después procedimos a remover la envoltura y cuidadosamente quitamos la tapa. Y ahí, en el fondo de la caja, se encontraba lo que tanto habíamos esperado; lo que con esfuerzo y paciencia habíamos cuidado de no corromper: *pura y sublime intimidad*. La presencia de Dios llenó nuestra habitación, y nos deleitamos en el regalo que nuestro Padre del Cielo nos había entregado.

El recorrido para llegar hasta ese momento había sido largo; pero la angustia de la espera, no se comparaba con la gloria y la belleza de alcanzar *la promesa*. Pude comprender que Dios todo lo hace hermoso y perfecto en su tiempo. Esa noche me acosté en paz, con gozo en mi corazón, abrazada por los brazos de mi ahora amado esposo. Cerré los ojos, suspiré profundamente y sonreí diciendo dentro de mí, "Muchas gracias Señor. Valió la pena la espera."

Estás justo en el trayecto

Desde el momento en que Dios me dio la promesa de que me entregaría un esposo, hasta el momento en que vi su cumplimiento, fueron exactamente siete años. Durante esos años, pensé estar lista para recibir esa bendición; sin embargo, no lo estaba. Esos años fueron, de hecho, necesarios; Dios los usó para prepararme para el matrimonio.

Como mujer soltera, cometí muchos errores. Muchas veces hice cosas sin buscar la dirección de Dios. Fui rebelde al no escuchar el consejo de mis padres, tomé decisiones equivocadas, caí en tentaciones, y claro, hubo hombres que me rompieron el corazón. Si alcancé la bendición de Dios, no fue porque haya hecho las cosas de manera perfecta, sino por Su misericordia.

Llegué a un punto en el que me cansé de sufrir y de perder el tiempo, iniciando relaciones con hombres que no estaban listos para un compromiso. Mi manera de hacer las cosas no estaba funcionando. Supe que mientras yo estuviera en control de mi vida amorosa, no llegaría a ningún lado. Cuando finalmente me encomendé a Dios por completo, le rendí mi sueño de encontrar el amor, y le cedí el control de mi vida, fue entonces que Él comenzó a enderezar las cosas y a abrir camino para que yo pudiera recibir la bendición de un esposo, un hombre conforme a su corazón.

Mientras me encontraba en esos años de espera, no lograba entender lo que Dios estaba haciendo, ni tampoco por qué el cumplimiento de la promesa parecía tardar tanto tiempo. Muchas veces, me sentí abrumada por emociones de tristeza, soledad y desánimo. Me atreví a cuestionar a Dios, "¿Por qué Señor no me respondes?, ¿Por qué Señor tardas tanto en bendecirme?" Sin embargo, hoy, finalmente puedo entender que cada día y año de espera no eran una *demora*, sino el *trayecto* hacia mi bendición, el camino que tenía que recorrer.

Todo lo que has vivido, incluyendo el momento en el cual te encuentras hoy, es el *trayecto* hacia tu tierra prometida. El trayecto está lleno de montañas y valles. Un día, sentirás estar en la cima de la montaña; otros días, sentirás estar en la parte más baja de un valle. Pero tanto lo uno como lo otro es parte del recorrido. Un recorrido que día con día te prepara, fortalece tu fe, forma tu carácter y te lleva a depender más de Dios. Tu historia aún no termina, Dios la sigue escribiendo. Sigue el trayecto con tu mirada bien puesta en Cristo, y tarde que temprano llegarás a tu destino.

Un día, tus ojos verán la promesa de amor por la cual has estado orando. Cuando ese día se llegue, vas a sonreír y con un corazón lleno de gozo dirás, "Valió la pena la espera."

18

EXHORTACIONES
FINALES

Lo que me inspiró a escribir este libro has sido tú, mi querida mujer soltera. Conozco tu anhelo de encontrar el amor. Puedo identificarme con ese sentimiento de soledad que a veces te aflige. He peleado las mismas luchas que tú estás enfrentando como mujer soltera, y conozco los temores e inseguridades que a veces te han asaltado. Dios me permitió vivir mi propia experiencia a fin de poder hablar a tu corazón, consolarte, motivarte y darte esperanza.

Como puedes ver, no estás sola en esta travesía por encontrar el amor. La mayor parte de las mujeres solteras comienzan su búsqueda de amor desde muy temprana edad; tal vez demasiado jóvenes como para estar listas. Dios puso ese anhelo en nuestro corazón, y es Su deseo y voluntad cumplirlo.

Conforme terminas de leer este libro, hay tres cosas que me gustaría que siempre lleves contigo presentes:

• *Haz de la Palabra de Dios tu estándar de vida*

La hierba se seca y la flor se marchita, pero la
palabra de nuestro Dios permanece para siempre. (Is.
40:8, NVI)

Tu travesía como mujer soltera y tu historia de amor es única; muy
diferente a la mía o a la de cualquier otra mujer soltera. Estoy segura de
que has tenido experiencias que yo jamás he vivido, y pruebas que yo
nunca he enfrentado. Posiblemente, nuestras edades no son las mismas,
y tampoco lo son nuestras culturas y raíces. Aunque nuestras travesías
son tan diferentes, hay algo que es universal, que no cambia y que aplica
a cualquier situación, generación tras generación: La Palabra de Dios.

Todos los principios que has aprendido en este libro están basados
en la Biblia. Si tú sigues la instrucción que Dios nos ha dejado en Su
Palabra, y buscas la dirección del Espíritu Santo, te garantizo que te irá
bien en todo lo que te propongas, incluyendo encontrar el verdadero
amor. Aférrate a seguir la Palabra de Dios, haz de ella tu guía y estándar
de vida, y alcanzarás el éxito.

- *No hagas lo que todo mundo hace*

No imiten las conductas ni las costumbres de este
mundo, más bien dejen que Dios los transforme en
personas nuevas al cambiarles la manera de pensar. Entonces aprenderán a conocer la voluntad de Dios para
ustedes, la cual es buena, agradable y perfecta. (Rom.
12:2, NTV)

Este libro no se basa en un nuevo modelo de encontrar el amor, sino
en el modelo original que Dios diseñó desde el principio. Un modelo
donde existe compromiso, pureza, honra e intervención del Espíritu
Santo.

El modelo de Dios y el modelo del mundo para encontrar pareja son
muy contrarios. Como ya lo has aprendido en este libro, el modelo del
mundo ofrece noviazgos inmediatos que carecen de compromiso, y que

se basan principalmente en atracción física. El mundo también incita a tener relaciones sexuales e intimidad física antes del matrimonio. El mundo sugiere que te vistas provocativamente para atraer la atención de los hombres, que inicies relaciones con hombres casados, que vayas a un club nocturno para encontrar pareja, que pases la noche con tu novio, etc. Todo esto está fuera del orden de Dios y de Su voluntad, y ninguna de estas cosas te llevará a encontrar el amor verdadero.

No permitas que el mundo sea tu estándar para encontrar el amor. Dios tiene un llamado más alto y excelente para ti, que no se compara en nada a lo que este mundo te pueda ofrecer. Así que no te conformes, no hagas lo que todo el mundo hace, ni te des por vencida. Lucha por ser la mujer que Dios te ha llamado a ser, una mujer de fe, esforzada y apartada de la inmoralidad sexual. Realmente vale la pena entregarle completamente a Dios tu deseo de amor y esperar que Él traiga la bendición de un esposo a tu vida. Realmente vale la pena abstenerse de tener relaciones sexuales e intimidad física antes del matrimonio y guardar tu cuerpo para el hombre que será tu esposo algún día.

Tú eres muy amada y de gran estima para Dios. Si tú le has entregado tu vida a Cristo, tú eres una hija del Rey de reyes, linaje escogido, nación santa, posesión exclusiva de Dios (1 Pe. 2:9). Así que no permitas que nadie se burle de ti, ni que te menosprecien por tu fe, tus creencias o tus estándares. No des entrada en tu vida a ningún hombre que quiera una relación sin compromiso, o que te falte al respeto física o verbalmente. Porque ese hombre no viene de Dios, y solo te va a lastimar y te hará perder más tiempo.

Escúchame bien. Allá afuera hay un hombre que Dios está preparando para ti, que busca esposa, que ha estado orando y que está esperando la bendición de conocerte. Cuando Dios te presente a esa persona, él sabrá reconocerte y estará listo y dispuesto a luchar por ti. Ese hombre sabe que vale la pena esperar por ti, tal como tú has estado esperando por él. Así que no te desanimes y no pierdas la esperanza. Pon tu fe en Dios, ora continuamente por tu futuro esposo, haz lo que Dios te ha pedido que hagas, y deja que Él haga el resto, aquello que tú no puedes hacer. Porque para Dios no hay nada imposible.

• *Vive tu soltería con propósito*

> Busquen el reino de Dios por encima de todo lo
> demás y lleven una vida justa, y él les dará todo lo que
> necesiten. (Mat. 6:33, NTV)

Aunque todo este libro se enfoca en encontrar el amor, no quiero que olvides que la soltería es una etapa hermosa y especial, que tiene un propósito muy importante. Es un tiempo para que te enfoques en conocer a Dios, y para que desarrolles una íntima relación de amor con tu Creador. Es también un tiempo para que uses los talentos y habilidades que Dios te ha dado, para que le sirvas y sirvas a otros.

La Biblia dice que la mujer soltera se enfoca en las cosas de Dios, y cómo agradarlo; mientras que la casada se preocupa de las cosas del mundo y de cómo agradar a su esposo, por lo tanto, sus intereses están divididos (1 Cor. 7:32-34). Así que usa el tiempo que Dios te está entregando como mujer soltera para llevar a cabo los sueños que Él ha puesto en ti y que solo podrás alcanzar con la libertad que la soltería proporciona. Usa tu tiempo para servir a Dios, para bendecir a otras personas, para hacer cambios positivos en la vida de los demás. Y conforme hagas todas estas cosas, tu promesa de amor llegará cuando menos te lo imagines.

Este tiempo como mujer soltera jamás va a regresar una vez que te cases. No tendrás la misma libertad y flexibilidad de la que ahora gozas, para llevar a cabo todo lo que ahora puedes alcanzar. Así que aprovecha al máximo esta etapa, hasta que Dios te entregue la bendición de un esposo.

Lo más importante es que recuerdes que tu plenitud no se encuentra en los brazos de un hombre, sino en tener una relación con Dios y llevar a cabo el propósito para el cual Él te ha creado. Haz de tu relación con Cristo tu prioridad, porque esa es la clave para alcanzar una vida de plenitud, ya sea que seas una mujer soltera o casada. Dios concederá los deseos más profundos de tu corazón conforme tú te acerques a Él y le entregues completamente tu vida.

Palabra final

El amor es tal vez el tesoro más buscado por el hombre y uno de los más difíciles de encontrar. Si pudiera resumir todo lo que he escrito en este libro en una sola línea, sería la siguiente: *El amor de Dios es incondicional, sacrificial y eterno; y Él es el único camino confiable para encontrar un esposo que nos ame de esta misma manera.*

Ama a Dios, busca Su dirección y síguela, y Él concederá las peticiones más profundas de tu corazón.

Si este libro ha sido de bendición y te ayuda a encontrar la bendición de un esposo, me encantaría escuchar tu historia. Espero que a través de las páginas que has leído, Dios haya hablado a tu corazón, te haya inspirado y haya fortalecido tu fe. Estoy convencida de que si sigues Su dirección, Él te va a sorprender. Tu historia de amor traerá gran gloria a Su Nombre y será de testimonio y esperanza para muchos. Persevera en la oración, guarda tu cuerpo en pureza, y permite que el Espíritu Santo sea tu guía siempre.

Espero que seas capaz de comprender cuán ancho, cuán largo, cuán alto y cuán profundo es el amor de Cristo por ti (Ef. 3:18). Es mi oración que tu corazón esté lleno de emoción y expectativa conforme permites que Dios te guíe en tu travesía por encontrar al amor de tu vida. Si tú permites que Dios tome el control, un día tomarás de la mano al hombre que Dios ha escogido para que sea tu esposo, y será un amor que no se comparará en nada, a lo que hayas experimentado anteriormente. Y cuando ese momento llegue, estarás más que lista, equipada y fuerte para abrazar la nueva etapa de tu vida como mujer casada. Por ahora, aprecia el buen trabajo que Dios está haciendo y todo aquello que Él quiere lograr en ti, mientras Él pone tu *Amor en Espera.*

Por el amor que tanto mereces,
Cintia Stirling

INVITACIÓN A RECIBIR
SALVACIÓN

> Pero el *regalo* que Dios da es la vida eterna por
> medio de Cristo Jesús nuestro Señor. (Rom. 6:23)

Todo lo que has leído en este libro se basa en mi relación personal con Cristo Jesús y en las cosas que Él ha hecho en mi vida. Si no le hubiera entregado mi vida a los veintitrés años de edad, yo estaría completamente perdida; este libro no hubiera sido escrito, y mi historia de amor no existiría. Es gracias a Él que tengo un testimonio que compartir, un propósito y lo más importante, *salvación* y *vida eterna*. Tal vez tú ya le has entregado tu vida a Jesús, pero si no lo has hecho, me gustaría que recibieras el regalo de salvación que Él quiere ofrecerte, y que experimentes el amor incondicional y eterno de Dios.

Déjame hacerte una pregunta: ¿Estás plenamente segura de que vas a ir al cielo y a estar con Dios una vez que esta vida se acabe? Piensa en esto por un momento.

La mayoría de las personas quieren ir al cielo, pero ¿Qué nos asegura un lugar ahí? La Biblia dice que la vida eterna es un *regalo* (Rom. 6:23); eso quiere decir que *tú no te la puedes ganar*. Ningún esfuerzo humano es suficiente para asegurar tu salvación (Ef. 2:8-9).

Ya que *todos somos pecadores*, no merecemos la gloria de Dios, ni tampoco un lugar en el cielo (Rom. 3:23). Pero *Dios es misericordioso*; esto significa que a pesar de que *somos culpables*, Él no siempre aplica el castigo que merecemos. *Él nos ama* (Jer. 31:3), y no desea que nadie se pierda (2 Pe. 3:9).

Sin embargo, *Dios es justo*; y debido a Su justicia, *Él debe castigar* el pecado (Éxod. 34:7). Entonces, tenemos un problema. Por una parte, Dios nos ama y no quiere castigarnos; por otra parte, Él es justo y debe castigar el pecado. La *buena noticia* es: Dios resolvió este problema entregando a Su hijo, Jesús.

> Pues Dios amó tanto al mundo que dio a su
> único Hijo, para que todo el que crea en él no se pierda,
> sino que tenga vida eterna. (Juan 3:16, NTV)

Jesús murió en la cruz para pagar la pena por nuestros pecados. La vida eterna es un regalo que se recibe por medio de la fe en Cristo Jesús, no por obras (Ef. 2:8-9). Al creer que Jesús murió por ti, tú recibes salvación (Hech. 16:31).

Para poder *recibir* este regalo de salvación, es necesario *aceptarlo*. No se entrega automáticamente. Tú necesitas *abrir la puerta de tu corazón* e *invitar a Jesús* a que entre en él (Apoc. 3:20). Es necesario que permitas que Él tome el "asiento del conductor" de tu vida, no el "asiento trasero." Lo más importante es arrepentirte y alejarte de todo aquello que a Él no le agrada.

¿Es esto lo que quieres? ¿Quieres recibir salvación? ¿Quieres estar segura de que tendrás vida eterna y un lugar en el cielo? Si tu respuesta es sí, existen dos condiciones que debes cumplir: necesitas *creer* en tu corazón que Jesús es tu Señor y Salvador, y *confesarlo* con tu boca.

> Pues es por *creer en tu corazón* que eres hecho
> justo a los ojos de Dios y es por *declarar abiertamente tu*
> *fe* que eres salvo. (Rom. 10:10, NTV)

Si quieres recibir el regalo de vida eterna por medio de Cristo Jesús, entonces clama a Él, y pídele que Él te entregue este regalo ahora mismo.

Puedes seguir la siguiente oración:

> Señor Jesús, gracias por tu regalo de salvación. Sé que soy pecador y que no merezco vida eterna. Pero tú me amas, y por eso viniste al mundo a morir por mí, para que yo pueda tener un lugar en el cielo. Me arrepiento de mis pecados. Por favor toma control de mi vida como mi Señor y Salvador. En el nombre de Jesús, Amén.

Si esta oración es el deseo sincero de tu corazón, tú has recibido vida eterna. ¡Ahora eres una hija de Dios para siempre!

La historia no termina aquí. Necesitas cultivar tu relación con Dios de ahora en adelante, día con día. Va a requerir esfuerzo, tiempo y dedicación. Si realmente quieres conocer a Dios íntimamente, necesitas buscarlo. Hay varias cosas que puedes hacer para fortalecer tu relación con Él y conocerlo más a fondo:

- lee tu Biblia,
- ora diariamente,
- asiste a una iglesia cristiana que honre a Jesús, y que enseñe la Biblia,
- ten comunión con otros creyentes que te ayuden a crecer en tu fe,
- da testimonio a otros de quién es Jesús y lo que Él ha hecho por ti.[16]

Conforme hagas todas estas cosas, estarás equipada para recibir y conquistar las preciosas y grandes promesas que Dios tiene para tu vida. Estarás también lista para recibir la bendición de un esposo y tener un matrimonio de bendición centrado en Cristo.

PREGUNTAS DE DISCUSIÓN

PREGUNTAS DE DISCUSIÓN

1. Satanás sedujo a Eva presentándole algo que tenía buen aspecto, era agradable a la vista y deseable de adquirir. ¿Cómo es que estas características han influenciado en tu decisión de elegir pareja? ¿Cuál ha sido el resultado de elegir en base a estas cosas? ¿De qué manera crees tú que Dios desea que hagas tu elección de pareja de ahora en adelante?

2. ¿Cuál crees tú que sea el impacto de desarrollar una relación de amor primeramente con Dios, antes de buscar el amor de un hombre? ¿Qué puedes hacer para cultivar tu relación con Dios?

3. La soltería es una importante etapa en la que Dios te prepara para Sus planes y propósitos. ¿Qué es lo que Dios ha estado haciendo en tu vida durante este tiempo? ¿De qué manera su obra en ti, te está preparando para tu futuro y para el matrimonio?

4. En base a las estadísticas del capítulo 1, aprendimos que el noviazgo moderno resulta en mucho dolor, rupturas amorosas y decepciones. ¿Por qué piensas tú que eso está sucediendo? ¿Cuál ha sido tu experiencia con el noviazgo moderno? ¿En qué manera piensas que buscar el amor a la manera de Dios cambiará estas realidades?

5. En tus propias palabras, define lo que para ti significa la rendición.

   ○ Lee Génesis 22:1-19 y piensa en lo siguiente: ¿Existe algo o alguien compitiendo por el lugar en tu corazón que le pertenece a Dios? ¿Cómo es que rindiendo eso a Dios te preparará para recibir Sus promesas?

Aplica lo siguiente:

- Yo te animo a buscar el amor de Dios primero, antes de buscar el amor de un hombre. Tú puedes hacer esto de la siguiente manera:
   ○ leyendo tu Biblia,
   ○ orando más,
   ○ asistiendo a una iglesia que te ayude a crecer en tu fe.
- Pídele a Dios que use esta etapa de soltería como un tiempo de preparación para equiparte para Sus planes y propósitos. Pídele que moldee tu carácter y prepare tu corazón para que puedas recibir la bendición de un esposo.
- Rinde a Dios tu deseo de tener una relación amorosa. Permite que Él obre a tu favor, y que Él sea quien te presente a tu futuro esposo.

Semana 2
Lee los capítulos 3 – 4

PREGUNTAS DE DISCUSIÓN

1. Discute con tu grupo la importancia de orar por tu futuro esposo. ¿Cómo crees tú que la oración puede ayudarte a tomar mejores decisiones en tu vida amorosa? ¿Qué tipo de revelaciones necesitas que te de el Espíritu Santo durante esta etapa de tu vida?

2. Comenta acerca de cuáles han sido las dudas que has experimentado durante el tiempo de espera como mujer soltera. ¿Cuáles han sido las más difíciles de sobrellevar y por qué?
   - Lee Marcos 11:24, Filipenses 4:6-7, y Santiago 1:6-8. Identifica qué es lo que estas escrituras tienen en común. ¿Cómo es que estos versículos cambian tu percepción acerca de la duda?

3. Comparte con tu grupo acerca de un momento de tu vida, en el que tuviste que esperar por algún tiempo antes de recibir una respuesta a tu oración. ¿Cómo te sentías durante el tiempo de espera? ¿Qué emociones experimentaste? ¿A qué tipo de temores te enfrentaste? Una vez que tu oración fue respondida, ¿Qué puedes identificar que Dios hizo durante el tiempo de espera?

4. Cuando oramos existe oposición espiritual. Esta se puede experimentar de varias maneras, tales como: con pensamientos intrusivos, problemas del pasado no resueltos, pecado y tentación. ¿Cuáles de estas cosas aplican a tu situación? ¿Cómo han afectado tu vida amorosa?

5. Después de leer la historia de Adriana y Héctor en el capítulo 4, ¿Qué aprendiste acerca del poder de orar por tu futuro esposo? ¿Qué aprendiste acerca del amor de Dios por las personas que aún no han recibido salvación?

Aplica lo siguiente:

Esta semana aprendiste acerca del poder de la oración y de cómo debes orar por un esposo. También aprendiste qué es la oposición espiritual, y de qué manera esta puede afectar tus esfuerzos mientras oras.

- Pídele al Espíritu Santo que te muestre qué tipo de oposición espiritual esta retardando la respuesta a tus oraciones.
- Pídele a Jesús que te haga libre de problemas y traumas no resueltos del pasado que te están impidiendo seguir adelante. Estos pueden incluir: abuso físico o verbal, pecado sexual, rechazo, divorcio, abandono y heridas emocionales.
- Te animo a que ores por tu futuro esposo diariamente y que le pidas a Dios que los prepare a ti y a él para presentarlos algún día.

Semana 3
Lee los capítulos 5 – 7

PREGUNTAS DE DISCUSIÓN

1. El temor es contrario a la fe, y es uno de los más grandes obstáculos para encontrar el amor. Piensa por un momento en los temores más grandes que has tenido como mujer soltera. Aplica los pasos que aprendiste en el capítulo 5 para vencer esos temores:
    - Identificación – ¿De qué tengo temor?
    - Conocer la raíz – ¿De dónde viene este temor?
    - Confrontación – Con la ayuda de tu grupo, encuentra escrituras que te ayuden a vencer ese temor.

2. Lee 2 Timoteo 1:7. ¿Qué puedes aprender acerca del temor en esta escritura? ¿Cuál es la fuente de todos los temores? ¿Qué puedes hacer para vencer el temor?

3. De acuerdo a lo que aprendiste en el capítulo 6, explica en tus propias palabras ¿Qué es el espíritu de orgullo? ¿Ha influenciado este espíritu tus acciones y decisiones? ¿Cómo es que este espíritu puede afectar tus probabilidades de éxito en encontrar el amor? Con la ayuda de las escrituras, discute cómo es que tú puedes romper el poder del espíritu de orgullo en tu vida.

4. Esta semana aprendiste que existen dos tipos de independencia: una independencia de Dios y una independencia correcta. Explica la diferencia entre ambas. ¿Cómo piensas que tu cultura ha impactado la manera en la que las personas viven de manera independiente? ¿De qué manera puedes cultivar una independencia que agrada a Dios?

5. Lee 1 Juan 2:15-17. Discute con tu grupo el significado de los malos deseos de la carne, la codicia de los ojos, y la arrogancia de la vida. ¿Cuáles de estas tentaciones han tenido mayor influencia en tus decisiones amorosas?

Aplica lo siguiente:

Ahora que has identificado los temores y tentaciones que has estado enfrentado, ora al Espíritu Santo y pídele lo siguiente:

- Valor y poder para vencer esos temores.
- Humildad para resistir al espíritu de orgullo y de independencia.
- Discernimiento para reconocer la obra del enemigo.

Rinde todas las áreas de debilidad ante Dios y pídele que te de fortaleza y sabiduría para vencer.

Semana 4
Lee los capítulos 8 – 9

PREGUNTAS DE DISCUSIÓN

1. En tus propias palabras, describe lo que significa estar unido en un yugo desigual.
   - Lee 2 Corintios 6:14-15. ¿Qué nos advierte la Biblia cuando nos unimos en un yugo con personas no creyentes? ¿Cómo es que esto afecta tu perspectiva acerca de formar relaciones con creyentes versus personas no creyentes?

2. Lee Romanos 8:5-9. ¿Cuál es la diferencia de vivir de acuerdo a la naturaleza pecaminosa de la carne y vivir conforme al Espíritu? Explica por qué entender estas diferencias es de gran importancia al momento de elegir pareja. ¿Cuál crees tú que sería el resultado si una persona que vive conforme al Espíritu se uniera a una persona que vive conforme a la naturaleza de la carne?

3. Discute con tu grupo las tres maneras en las que puedes estar unida a una persona en yugo desigual. ¿Alguna vez has iniciado relaciones con no creyentes o con creyentes no comprometidos en su fe? De ser así, ¿Cuál fue tu experiencia?

4. Piensa en diez cualidades que has estado buscando al momento de elegir pareja y escríbelas.
   - Discute con tu grupo cuáles de estas características se encuentran en la Biblia.
   - ¿Qué necesitas hacer para asegurarte de que las cualidades que estás buscando se alinean a la Palabra de Dios?

5. De los Atributos que Debes Buscar en un Esposo descritos en el capítulo 9, ¿Cuáles de ellos son importantes para ti y por qué? ¿Cómo es que este capítulo ha impactado tu perspectiva acerca del tipo de hombre que te gustaría tener como esposo?

Aplica lo siguiente:

Esta semana has aprendido acerca de lo que significa estar unida en yugo desigual y algunos de los atributos que debes de buscar en un esposo.

- Pídele al Espíritu Santo que te guíe en el proceso de encontrar a un hombre que sea un verdadero creyente en Cristo.
- Ríndele a Dios la lista de cualidades que tú habías estado buscando en un esposo y permite que Él inspire sus pensamientos en tu corazón.
- Cuando ores por un esposo, no olvides orar por los siete atributos que aprendiste en el capítulo 9.
- Cree que Dios realmente puede bendecirte con un hombre que verdaderamente te ame.

Semana 5
Lee los capítulos 10 – 11

PREGUNTAS DE DISCUSIÓN

1. Comparte tu perspectiva acerca del sexo premarital. ¿Por qué crees tú que en la sociedad moderna es aceptable tener relaciones sexuales antes del matrimonio, cuando la Palabra de Dios claramente está en contra de ello? ¿Por qué piensas que es el plan de Dios que las personas disfruten del sexo exclusivamente dentro del matrimonio?

2. Lee Efesios 5:31 y 1 Corintios 6:17. ¿Qué tienen en común estas dos escrituras? ¿Cómo es que el perfecto plan de Dios de unidad entre un hombre y una mujer puede ser corrompido por el sexo premarital?

3. Esta semana aprendiste que el sexo crea poderosas ataduras del alma. ¿Cuál es la diferencia entre una atadura del alma positiva y una atadura del alma negativa? ¿Alguna vez has experimentado una atadura del alma negativa? De ser así, ¿Cómo es que esta atadura afectó tu manera de pensar, tu voluntad y tus emociones?

4. Tomando como referencia Gálatas 2:20, ¿Cuál es el resultado de ser crucificado con Cristo? ¿Cómo es que tu nueva vida en Cristo te da poder para vencer la tentación sexual y cualquier otro tipo de pecado? De acuerdo a Mateo 16:24-25, ¿Qué se requiere para ser un seguidor de Cristo? ¿Qué significa esto con respecto a resistir la tentación sexual?

5. Lee Filipenses 3:13-14. ¿A que se refería el apóstol Pablo cuando dijo, "Olvidando lo que queda atrás y esforzándome por alcanzar lo que está adelante"? ¿Has estado viviendo en el pasado, pensando en una relación que ya terminó? Comparte con tu grupo y discute cómo es que esto puede afectar tus posibilidades de encontrar el amor otra vez.

Aplica lo siguiente:

- Rinde a Dios tu deseo de tener relaciones sexuales con un hombre.
- Ora por fortaleza y dominio propio para resistir la tentación sexual.
- Si tú has formado ataduras del alma negativas como resultado del sexo premarital, pídele al Espíritu Santo que rompa estas ataduras en el nombre de Jesús. Ora por liberación, sanidad, y restauración de tu alma y de tu corazón. Pídele a Dios que renueve tu mente y tu cuerpo y te prepare para tu futuro esposo.
- Ora a Dios para que te ayude a dejar tu pasado atrás y te permita ver lo que Él tiene preparado para ti más adelante.

Semana 6
Lee los capítulos 12 – 13

PREGUNTAS DE DISCUSIÓN

1. En el capítulo 12 aprendiste acerca de las acciones de fe. Explica en tus propias palabras lo que son. ¿Cuáles son los cuatro pasos a seguir para llevar a cabo una acción de fe? ¿Cuáles de estos pasos crees tú que serán los más difíciles y por qué?

2. ¿Alguna vez te ha llamado Dios a tomar una acción de fe en tu vida amorosa? De ser así, ¿Qué obstáculos encontraste para obedecer a Dios?

3. Considera las diferencias entre una acción de fe y una acción en la carne descritos en el capítulo 12. ¿Cuáles de estas acciones describe mejor tu enfoque para encontrar el amor? ¿Qué puedes hacer para implementar más acciones de fe y menos acciones en la carne?

4. De los encuentros divinos de la Biblia que leíste en el capítulo 13, ¿Cuál te gustó más y por qué? ¿Qué similitudes encontraste en estas historias? ¿Crees tú que Dios puede preparar un encuentro divino entre tú y tu futuro esposo? ¿Por qué lo crees así?

5. Discute con tu grupo al menos cinco cualidades que encontraste en común entre Rebeca, Raquel y Rut. ¿Cómo piensas que esas cualidades las prepararon para recibir la bendición de un esposo? ¿Cuáles de ellas piensas que debes de cultivar más en tu vida?

Aplica lo siguiente:

En esta semana aprendiste que una acción de fe requiere una clara instrucción de Dios.

- Cuando ores, presenta tus peticiones a Dios y prepara tu oído espiritual para lo que el Espíritu Santo te quiere decir. Permite un tiempo de silencio para escuchar Su voz. Pregúntale si hay algo que debes de hacer.
- Antes de tomar cualquier decisión importante en tu vida, pregúntale a Dios primero si es Él quien te está dirigiendo a tomar esa acción.
- Comienza a orar por un encuentro divino con el hombre que Dios ha destinado para que sea tu esposo.
- Trata de cultivar en tu vida cualidades de una mujer de Dios. Puedes aprender de las historias de Rebeca, Raquel y Rut, y también de la mujer virtuosa descrita en Proverbios 31.

Semana 7
Lee los capítulos 14 – 15

PREGUNTAS DE DISCUSIÓN

1. En el capítulo 14 aprendiste que los paradigmas son conceptos que creamos en nuestra mente acerca de cómo queremos que sea algo. ¿Qué tipo de paradigmas has creado acerca de tu futuro esposo? ¿Cómo crees tú que esos paradigmas han influenciado, ya sea de manera positiva o negativa, tus decisiones amorosas? ¿Piensas que el Espíritu Santo ha inspirado esos paradigmas?

2. Lee 1 Samuel 16:7. ¿Qué es lo que esta escritura revela acerca del corazón de Dios? Si tú te enfocaras más en las cosas que Dios ve, ¿Cuál sería el impacto que esto tendría en tus relaciones amorosas y en tu manera de elegir pareja?

3. ¿En qué maneras el capítulo 15 ha influenciado tu percepción acerca de la honra? Lee Efesios 6:1-3. ¿Representa esta escritura un reto para ti? De ser así, ¿Por qué? ¿Cómo es que puedes honrar a Dios y a tus padres (o mentores espirituales) con tu relación actual y/o con tus futuras relaciones?

4. Discute con tu grupo lo que piensas acerca de lo siguiente:
   ◦ Obediencia = bendición y recompensa.
   ◦ Desobediencia = problemas, tormento y angustia.
   ¿Estás de acuerdo o en desacuerdo con esto? Comparte tu opinión.

5. Discute con tu grupo la diferencia entre noviazgo moderno y cortejo ¿Cuál de estos dos tipos de relaciones has estado siguiendo? ¿Cuál ha sido el resultado? ¿Cuál seguirás a futuro y por qué?

Aplica lo siguiente:

Esta semana aprendiste que los paradigmas pueden ser engañosos si no son inspirados por el Espíritu Santo. También aprendiste acerca del poder que hay en la honra.

- Yo te animo a que rindas a Dios tus paradigmas acerca de lo que estás buscando en tu futuro esposo. Permítele al Espíritu Santo inspirar sus pensamientos en ti.
- Pídele a Dios que te ayude a ver más allá de la apariencia física de una persona y que te muestre su corazón. Ora por discernimiento para reconocer a tu futuro esposo.
- Pídele al Espíritu Santo que te muestre quién puede ser un mentor espiritual para ti. Permite que tus padres o mentores espirituales te proporcionen dirección al momento de buscar o iniciar una relación amorosa. Sigue el consejo, la sabiduría y la corrección que ellos te puedan ofrecer.
- Proponte iniciar solamente relaciones de cortejo y evitar noviazgos al estilo del mundo. Ora por sabiduría para que puedas establecer parámetros en tu vida amorosa guiados por Dios.

PREGUNTAS DE DISCUSIÓN

1. Comenta con tu grupo acerca de la relevancia de la pureza en el noviazgo moderno. ¿Piensas que es vista como algo valioso? ¿Consideras que la pureza es una cualidad que la gente busca en las relaciones o piensas que está siendo ignorada?

2. ¿Cuál es tu parecer acerca de hacer un compromiso mutuo de pureza con la persona con quien comiences una nueva relación? ¿Crees que esto representará un reto para ambos? De ser así, ¿Por qué? ¿Cómo piensas que impactará tu relación el establecer límites físicos en tu noviazgo que honren a Dios?

3. Abstenerte de tener relaciones sexuales antes del matrimonio puede parecer difícil si intentas hacerlo tú sola sin platicarlo con tu pareja. Lee Eclesiastés 4:12, y explica lo que es el cordón de tres dobleces y por qué no se rompe fácilmente. Ahora explica ¿Por qué es poderoso hacer un compromiso mutuo de pureza con tu pareja?

4. Todo lo que has experimentado en tu vida como mujer soltera es parte de la travesía hacia tu promesa. Comparte cómo es que lo que has vivido hasta ahorita te ha equipado y preparado para recibir la bendición de un esposo. ¿En qué áreas de tu vida necesitas trabajar? ¿Qué cosas necesitas rendir a Dios?

5. En el capítulo 18, leíste tres exhortaciones que me gustaría que siempre recordaras:
   ◦ Haz de la Palabra de Dios tu estándar de vida.
   ◦ No hagas lo que todo mundo hace.
   ◦ Vive tu soltería con propósito.

Discute con tu grupo qué es lo que cada una de estas exhortaciones significa para ti. ¿Cómo es que Amor en Espera ha cambiado tu perspectiva acerca de cómo buscar y perseguir el amor?

Aplica lo siguiente:

En esta semana has aprendido acerca de la importancia de la pureza en la relación.

- Pídele a Dios que ponga un deseo en tu corazón por buscar y perseguir pureza y santidad.
- Si te encuentras en una relación, te animo a tener "la plática" con tu pareja y a establecer límites físicos de acuerdo a los estándares de Dios. Oren juntos. Hagan un compromiso mutuo de pureza.
- Si eres soltera, ora a Dios para que te presente un hombre que te respete, te valore, y que apoye tu decisión de mantener la pureza de la relación.
- Comparte con otras mujeres lo que has aprendido en Amor en Espera, y motívalas a que, como tú, inicien una travesía con Dios para encontrar el verdadero amor.

ACERCA DE LA AUTORA

Cintia Stirling es esposa, mamá, escritora cristiana, expositora y autora de *Amor en Espera: Esperando por el Esposo que Dios Tiene Para Ti*. Su pasión es brindar esperanza y motivación a mujeres que se encuentran en áreas de necesidad. Usando verdades bíblicas, historias y testimonios, Cintia inspira a creyentes a caminar en fe. Esto lo hace por medio de sus libros, blogs y social media.

Nacida y criada en México, Cintia se graduó del ITESM Campus Monterrey de la carrera de Negocios Internacionales. Después de estudiar un año en Canadá, a Cintia se le presentó la oportunidad de trabajar para una empresa internacional como analista de mercados.

Durante sus años como analista, Cintia recibió el llamado de Dios de escribir acerca de la fe y la vida cristiana con temas enfocados a las mujeres. Ella se dio cuenta de que por medio de su experiencia laboral, Dios la había estado preparando y equipando para llevar a cabo este ministerio.

En el 2013, Cintia se casó con su esposo Caleb Stirling, a quien conoció en Austin, Texas, y se mudó a los Estados Unidos. Desde el inicio de su matrimonio, ella comenzó a perseguir el llamado que Dios le entregó como autora cristiana. En el 2019, Cintia lanzó su primer libro titulado *Love on Hold: Waiting on the Man of God*; la versión en inglés de *Amor en Espera*.

Cintia, su esposo y sus dos hijos, Nicole y William, viven en San Antonio, Texas. Cintia habla fluidamente inglés y español. Para ella es un privilegio compartir el mensaje de *Love on Hold* y *Amor en Espera* en eventos, conferencias, iglesias y en grupos de estudio bíblico.

Para mayor información acerca de la autora, de sus libros y de cómo invitarla a compartir en tu evento, por favor visita:

www.cintiastirling.com

REFERENCIAS

1. Bevere, John. *Good or God?* [¿Bueno o Eterno?] Messenger International, Inc., 2015, p. 24.

2. News agencies, "Average woman will kiss 15 men and be heartbroken twice before meeting 'The One', study reveals." *The Telegraph*, January 01, 2014, http://www.telegraph.co.uk/news/picturegalleries/howaboutthat/10545810/Average-woman-will-kiss-15-men-and-be-heartbroken-twice-before-meeting-The-One-study-reveals.html Accessed November 17, 2016.

3. Hanes, Stephanie. "Singles nation: Why so many Americans are unmarried." *The Christian Science Monitor*, June 14, 2015, http://www.csmonitor.com/USA/Society/2015/0614/Singles-nation-Why-so-many-Americans-are-unmarried. Accessed November 17, 2016.

4. "Americans' moral stance towards sex between unmarried persons in 2016." *Statista*, https://www.statista.com/statistics/225947/americans-moral-stance-towards-inter-course-between-unmarried-partners. Accessed December 5, 2016.

5. Wolfinger, Nicolas H. "Counterintuitive Trends in the Link Between Premarital Sex and Marital Stability." *Family Studies*, June 6, 2016, http://family-studies.org/counterintuitive-trends-in-the-link-between-premarital-sex-and-marital-stability. Accessed December 5, 2016.

6. Richards, Lawrence O. *New International Encyclopedia of Bible Words* [Nueva Enciclopedia Internacional de Palabras Bíblicas] (Grand Rapids, MI: Zondervan, 1991), p. 484.

7. Richards, Lawrence O. *New International Encyclopedia of Bible Words* [Nueva Enciclopedia Internacional de Palabras Bíblicas] (Grand Rapids, MI: Zondervan, 1991), p. 272.

8. Evans, Jimmy. *Marriage on the Rock Couple's Workbook* [Matrimonio sobre la Roca, Guía de Estudio para Parejas], (Dallas, TX. Marriage Today ™, 2014) p. 102.

9. Easton, Matthew George. "Entry for Temptation." *Illustrated Bible Dictionary*, Third Edition, published by Thomas Nelson, 1897. Bible Study Tools, https://www.Biblestudytools.com/dictionary/temptation. Accessed January 17, 2018.

10. Jimmy Evans and Marriage Today, *One: Marriage Devotional* [Uno: Devocional para Matrimonios] by Jimmy Evans, Day 3. Accessed through YouVersion Bible on March 27 2017. https://www.Bible.com/en-GB/reading-plans/407-one-a-marriage-devotional/day/3

11. Richards, Lawrence O. *New International Encyclopedia of Bible Words* [Nueva Enciclopedia Internacional de Palabras Bíblicas] (Grand Rapids, MI: Zondervan, 1991), pp. 272-273.

12. Richards, Lawrence O. *New International Encyclopedia of Bible Words* (Grand Rapids, MI: Zondervan, 1991), p. 347

13. Austin Institute, "Divorce in America: Who Wants Out and Why," *The Austin Institute for the Study of Family and Culture*, Abril 9, 2014. http://www.austin-institute.org/research/divorce-in-america. Accessed on March 17, 2017.

14. Lockyer, Herbert, *Todas las Mujeres de la Biblia*, Editorial Vida, Dec. 12, 2004. Versión eBook. Loc. 4731.

15. Richards, Lawrence O. *New International Encyclopedia of Bible Words* [Translated from English to Spanish.] (Grand Rapids, MI: Zondervan, 1991), p. 322.

16. *Do You Know*, ©2016 Evangelism Explosion International, Inc., www.evangelismexplosion.org, 10 Misty Valley Parkway, Arden, NC 28704-6112

Made in the USA
Middletown, DE
11 October 2023

40571884R00156